洞见未来
科技 社会 经济

未来工场

未来技术的工业场景化应用

兰建平 著

浙江科学技术出版社

版权所有　侵权必究

图书在版编目（CIP）数据

未来工场 / 兰建平著 . — 杭州：浙江科学技术出版社，2022.6
（洞见未来）
ISBN 978-7-5341-9454-2

I.①未… II.①兰… III.①产业发展－研究－中国 IV.①F269.2

中国版本图书馆CIP数据核字（2022）第000325号

洞见未来
未来工场
兰建平　著

出版发行	浙江科学技术出版社
	杭州市体育场路347号　邮政编码：310006
	办公室电话：0571-85176593
	销售部电话：0571-85176040
	网　　址：www.zkpress.com
	E-mail：zkpress@zkpress.com
排　　版	浙江新华图文制作有限公司
印　　刷	浙江海虹彩色印务有限公司
经　　销	全国各地新华书店

开　本	710mm×1 000mm　1/16	印　张	16.5
字　数	253 000		
版　次	2022年6月第1版	印　次	2022年6月第1次印刷
书　号	ISBN 978-7-5341-9454-2	定　价	128.00元

责任编辑　罗　瑾　　责任校对　张　宁　　责任美编　金　晖
封面设计　刘　欣　　责任印务　崔文红

"洞见未来"丛书编委会

主　　任	潘云鹤	中国工程院院士,中国工程院原常务副院长
	金　力	中国科学院院士,复旦大学校长
	任其龙	中国工程院院士,浙江大学衢州研究院院长
	陈文兴	中国工程院院士,浙江理工大学校长
	郑裕国	中国工程院院士,浙江工业大学生物工程学院院长
副 主 任	吴晓波	浙江大学社会科学学部主任,浙江省特级专家
	陈　劲	清华大学经济管理学院教授,清华大学技术创新研究中心主任
	薛安克	浙江省数字经济联合会会长,杭州电子科技大学原校长,浙江省特级专家
编　　委	崔　平	甬江实验室主任
	安筱鹏	阿里研究院副院长,工业和信息化部信息化和软件服务业司原副司长
执行编委	兰建平	浙江省发展规划研究院副院长,享受国务院政府特殊津贴专家

本书编辑组

组　长　兰建平　浙江省数字化改革数字经济组理论制度研究组组长
成　员　黄贝拉　浙江省工业和信息化研究院能源环境（绿色制造）研究所助理研究员
　　　　　宋　婷　浙江省工业和信息化研究院产业政策研究所副所长
　　　　　胡胜蓉　浙江省工业和信息化研究院数字经济研究所所长
　　　　　曹　婷　浙江省数字化改革数字经济组理论制度研究组成员
　　　　　黄　学　浙江省工业和信息化研究院能源环境（绿色制造）研究所副所长
　　　　　徐　凯　浙江省工业和信息化研究院产业政策研究所研究人员

把握科技趋势　赢得未来制造

进入21世纪以来,新一代信息技术迅速发展,推动世界科学技术不断创新迭代,信息化、数字化、网络化、智能化正在以指数级的速度,推动经济社会发展进入新的阶段。可以预见,以人工智能2.0为主要特征,将开启从数字经济到数字文明的新时代。著名学者雷·库兹韦尔(Ray Kurzweil)在《奇点临近》中指出,技术变革的速度之快、影响之深,对人类的工作、生活将产生不可思议的改变,这种改变很大程度上是一种革命,是一种新文明的创造。

回顾人类文明的历史,从第一次工业革命、第二次工业革命,再到第三次工业革命,经济社会进化的历史,往往都是从制造业开始的。车间,作为最基本的制造单元,是在工业革命各个不同阶段开始变革的逻辑起点。拉佐尼克在《车间的竞争优势》一书中明确指出,变革从车间开始!车间与工厂,是制造业技术提升产品质量、提高工作效率的基本经济单元。研究未来产业与经济发展的趋势,从制造业的基本单元开始,更能够把握经济、科技的趋势,通过促进科技与经济有机融合,培育和引导未来制造的竞争优势。

中国经济,尤其是制造业的发展,在21世纪的前20多年里,从两化融合、两化深度融合,再到智能制造业,一直在寻求制造业高质量发展的路径,努力实现在动力变革、效率变革、质量变革三大变革上的改变,在国家"十三五""十四五"智能制造系列规划中,均十分强调数字化、网络化、智能化在产品设计、生产制造、工装工艺、企业管理、市场营销等各个环节上的数字化赋能,也不断推动着信息技术和制造业的全方位融合与创新。

  本书就是从当前国内外经济社会发展宏观大背景切入,探究制造业的管理理念、先进技术、组织形态、空间布局、企业文化等方面的演化方向及实现路径。作者创造性地提出了"未来工场"的概念,并赋予其全新的内涵,结合工业4.0、工业互联网,未来工厂、未来园区、未来社区、未来城市等相关概念,大大丰富了基于新一代信息技术的企业技术创新、企业战略管理、现代经济治理、未来城市经济发展的理论创新,探讨了具有中国特色的制造文化观、弥补了我国制造业研究中关于未来生产体系研究的相对不足,具有理论的原创性。

  本书系统性地总结了历次工业革命以来主要工业大国、代表性区域、典型性工厂的发展脉络,剖析了其技术、组织、管理、文化等演绎路径,结合数字经济、先进制造等前沿领域的最新突破,分行业、分模式梳理了国内外具有标杆引领意义的样本企业,总结了其成功的经验和示范意义,对我国产业结构优化和各地区在企业培育方面的政策与制度创新起到引领作用,具有较好的经济和社会价值。本书对于未来产业与经济发展,更好地把握科技趋势、赢得未来制造具有较好的指导意义。

  是为序。

中国工程院院士、浙江大学教授 潘云鹤

2021年11月15日

让"未来工场"成为制造业高质量的核心单元

制造业是立国之本、兴国之器、强国之基。在数字技术进步进入"后摩尔时代"后,制造业将被重新定义。谷歌(Google)公司提出重新定义企业,经济合作与发展组织(OECD)提出的"灯塔工厂",都是这种新技术背景下,制造业高质量发展新趋势的重要标志。智能制造已经成为这些年制造业转型升级的重要路径。从产品数字化、装备智能化、市场网络化、管理信息化等各种方式,可以看出在制造环节上,信息技术融合的深度、广度不断拓展,在近3—5年,未来工厂逐步成为制造业创新的重要形态。

未来工场,是工业互联网在制造业领域创新突破的重要形态,不仅仅体现数字技术的赋能,更彰显人文精神,让数字有温度,更是未来工场的重要内涵。未来工场发轫于数字车间、敏捷制造、智慧企业,其在形态上能够纳入更为广阔的制造要素,打破固有工厂的物理边界,开启了数字化、网络化时代协同创新的崭新模式。

从制造业而言,未来工场是基于数字化、网络化、智能化为主导的各种应用创新,是"人机结合、产城融合"典型场景。正如世界经济论坛发布的白皮书《2030年的全球制造业》中所展望的那样,未来制造业的空间主体可能回归城市。这种趋势,与过去20年制造业的空间主体以工业园区、开发区、产业集聚区为主的模式有很大的差别。技术的进步,改变了产业的组织方式,更改变了区域经济的发展方式。生产力的布局,市场主体的设立,会更加贴近市场,贴近物流便捷、人才集聚的城市主平台、都市大平台。同时,企业会不断强化"以人为本"的理念,无论是生产端,还是消费端,人作为最具能动性的元素,会得到最充分的体现。可以想象,实现更高水平的人机协同、快速响应,更能够体现低碳绿色、可持续发展的企业发展方式,使未来工场在更大程度上成为未来城市系统的重要核心区。

基于上述研究,本书结合国内外的主要国家、城市、园区、企业等典型案例,创新性地提出了"未来工场"的概念,并赋予其全新的内涵和特征。需要指出的是,基于城市、园区、产业三大维度的未来工场,将通过技术观、制造观、标准观、组织观、空间观、文化观、治理观等迭代完善和多维共振,助力制造业高质量发展、可持续发展,打造更具竞争力的现代化经济体系。

如果说"灯塔工厂"是西方经济学对制造业发展方向的一个总结和提炼,那么未来工场就是东方经济学对制造业发展方向的一个总结和提炼。"灯塔工厂"与未来工场,有交集,也有不同。未来工场是技术迭代的结合,更是发展理念的改变与提升;是技术改变的结果,更是理念改变的选择。中国是一个制造大国,也是一个中小企业大国,中小企业好,经济的基础就好。从未来看,中小型制造企业的高质量是中国经济高质量最大的基础,期待更多的中小型制造企业,走向"未来工场"时代,成为制造业高质量发展的核心单元!

中国工程院院士、浙江大学教授 谭建荣

2021 年 11 月 15 日

未来工场　赢在未来

从农业文明到工业文明,历史上工业革命参与的深度和广度,决定了一个国家和民族全球经济社会发展的纬度和高度。第一次工业革命,以"蒸汽机+机械化"为标志,英国站在了世界舞台的中央。第二次工业革命,以"电动机+自动化"为标志,美国站在了世界舞台的中央。第三次工业革命,以"计算机+信息化"为标志,以信息化、网络化为代表的新基建快速发展,带动5G技术的迅速发展,数字经济改变竞争格局,全球经济呈现多极化发展态势。德国学者克劳斯·施瓦布在《第四次工业革命》中清晰地向人们展示了基于工业4.0的产业与经济演进轨迹。

回顾历史,人们可以清楚地看到,工业革命肇始于车间和工厂。产品、车间等微观层面的有机更新,是整个制造体系变革的逻辑起点。可以说变革从车间开始,从生产环节开始。只有研究清楚微观层面的变革机理,才能在宏观层面顺势而为。未来工厂是近年来未来经济研究过程中的一个热点,浙江大力推动先进制造业基地建设,借鉴"未来社区"的经验与做法,开始认定"未来工厂",从技术层面把握制造领域的这种变局。如果说现代科技与制造业的有机融合,更加突出科学技术的场景化应用,同时兼顾人文精神,那么用未来工场似乎更能够全景式体现这种变革,这是一种大胆的创新尝试。本书强调未来工场建设对于推进制造强国建设的重要性,试图构建起有中国特色的未来工场标准体系,并提出了推进未来工场建设的对策和实现路径。这样的内容安排,对于指导和促进工业转型升级、制造业高质量发展具有十分重要的指导意义。

梳理本书的创新点,突出地表现在三个方面:

一是在理论创新上。基于系统论的视角,综合创新九段线理论、劳动分工理论、委托代理理论等成果，构建起有中国产业经济特色的未来工场理论框架，填补了我国制造业理论研究在车间、工厂等制造单元领域的短板，为今后类似研究奠定了良好的基础。

二是在学术观点创新上。创造性地提出了三个方面的观点：①在新工业革命、新实体经济和新消费方式的时代背景下，未来制造的模式将发生巨大的改变，产品制造的全部环节开始重塑，产品设计创新、服务创新、客户体验等，均可以成为"增值空间"，而且这将成为打造未来产业社区、产业群落的关键基础设施。②推进未来工场建设，不能够一蹴而就，而是要密切结合制造业的实际，分行业、分区域、分企业、分步骤有序推进未来工场建设。基于这种模式，需要真正构建起一套具有行业公允价值的未来制造业的标准价值体系。③推进未来工场的建设是一个复杂巨系统。人们无法从一两个工业企业来判断其发展水平，而是要从技术、组织、管理、人力等多方面加以考虑。要注重政、产、学、用各个方面的合理推进，把握好这种系统论的方式，是项目落地的重要方法。

三是在研究方法上。以不同历史时期的主要制造大国为研究对象，通过对标杆企业和工厂的样本分析，总结其成功的经验，可借鉴的方式、方法等，综合运用案例分析、博弈论、数论统计分析等，进一步深化、细化了未来工场的理论框架和建设的实施对策。

本书所提出的未来工场"三台"组织架构、关键使能技术及标准参考框架，构建了未来工场的成熟度模型和评价指标体系，对于推进未来工场建设具有较强的实践指导意义和政策参考价值。

浙江大学人文社会学学部主任、浙江省特级专家　吴晓波

2021 年 11 月 18 日

前言
PREFACE

历史上,工业革命参与的深度与广度决定了一个国家和地区在全球竞争中的位置,而工业革命始于车间和工厂。只有微观层面的工厂有机更新,才能带来整个工业制造系统的全面变革。在当前新工业革命和新消费时代背景下,"工厂革命"的机会窗口再次开启。主要工业国家纷纷面向未来打造以未来工厂、E-factory、智能工厂等为基石的新型制造系统。美国先进制造战略专注于工厂生产环境各类要素的联网化和智能优化,用以支持生产网络中产品设计、调度、配送等过程的效率提升和个性化;欧盟提出建设未来工厂(Factory of Future),主要关注全球大趋势下制造业与社会、环境、人之间的关系,解决"就业和增长"等社会性问题;日本提出建设E-factory,目标是实现网络制造供应链,持续改进运营效率,强化工厂与人之间的协作;韩国政府计划到2030年建设2000家"人工智能工厂",通过智能工厂收集数据,建立数据中心,支持基于人工智能的服务,并促进关键软件、机器人、传感器和设备等智能制造设施的发展;俄罗斯联合发动机制造集团旗下的土星公司,启动"智慧工厂"战略,旨在推动数字化技术向产品研发、批量生产及使用维护等全生命周期渗透。我国在"中国制造2025"战略中提出建设数字化车间、智能工厂，作为贯彻落实智能制造发展战略的重要载体。尽管各国关于先进制造业的战略切入点有所不同，但目标都是聚焦于工厂的制造效率提升和竞争优势扩大。

对我国而言，如何应对越来越复杂的国际政治经济环境和国内经济转型压力，找到适合我国国情的制造强国路径，是值得我们思考的问题。新型工业化的目标到底是什么？高质量发展背景下的城市、园区应该何去何从？未来的制造业空间形态如何？未来的工厂需要怎样的技术？这些都需要我们进一步思考和解答。带着上述问题，本书结合国内外发达国家、头部型工业企业、代表性城市和园区的典型实践，特别是借鉴了世界经济论坛联合麦肯锡评选的"灯塔工厂"样板，结合笔者多年来躬耕工业条线的所见所闻所想，创新性提出了"未来工场"概念，并赋予其全新内涵与特征，提出未来工场是实现工业赋能经济、反哺社会、支撑可持续发展的关键平台，是新时期实现"产城融合"的关键路径。

"未来工场"以数字化生态组织、新一代信息技术及先进制造技术为关键支撑，通过推进数字化设计、智能化生产、安全化管控、数字化管理、绿色化制造等能力建设，以及个性化定制、网络化协同和服务化延伸等模式创新，提升企业综合效益和竞争力，实现高质量发展。"未来工场"更加突出场景、空间的概念，虚化了制造业发展的空间边界，展示了基于经济、社会、环境变革背景下制造业的可持续性，体现了高度的"以人为本""产城融合"的发展理念，致力于为人类提供更加环保、安全、舒适的生活环境，甚至会肩负起为其供应链上的全部相关方提供关怀和宜居条件的使命。

未来工场重新定义了"工"字,也重新定义了"工厂"。正如Google重新定义企业一样,作为从原料到生产增值为主要使命的制造业,不仅仅体现在生产过程的增值,也体现在消费过程中的价值分摊,从而使我们的经济行为越来越体现出全生命周期发展的理念和模式。这将越来越成为制造业发展的方向,也是本研究想致力形成的一个观点,并希望通过本书的出版,来更好地引导制造业转型,走向高质量发展新时代。

在本书起草、编校、讨论、定稿的过程中,恰逢新冠肺炎疫情肆虐全球,对中国的制造业如何抓住数字化、网络化、智能化的机会,更好地解决疫情防控与工业生产两手抓两手硬的要求,提出了更加精准、科学而紧迫的时代要求。传统的工业生产,尤其是劳动密集型制造业的开复工所暴露出来的"分与聚、多与少、急与缓、快与慢"四对矛盾,加速呼唤数字车间和未来工场。以数字车间、未来工场建设的确定性来化解各种经济社会发展所带来的突发性和不确定事件,应该成为我们谋划未来经济社会发展的思维方式和基本路径。

唯实求真、守正出新。浙江省工业和信息化研究院(之江产经智库)作为产业经济领域的专业研究机构,立足浙江、面向长三角,聚焦高质量发展,坚持理论研究与现实实践相结合,积极研究国内外工业经济的最新动向,通过走访一批有代表性的工厂、企业、园区,积累了大量一手研究资料,也形成了一批研究成果。感谢浙江省数字化改革数字经济组理论制度研究组对本书出版的大力支持。

本书的整理和出版,对于高等学校、科研机构、党政机关及企事业单位开展这些领域的研究提供了较好的参考,也具有一定的理论价值和实践指导意义。但受理论水平、经验积累和不确定因素的影响，有的观点、判断难免有不适当之处，还望各位专家学者和广大读者批评指正。

2021年10月

目　录
CONTENTS

第一章　现代工业的未来
第一节　传统工业增长的时代变局 / 002
第二节　工业的新使命 / 024

第二章　工厂的变革
第一节　传统工厂 / 030
第二节　数字工厂 / 049
第三节　从未来工厂走向未来工场 / 053

第三章　未来工场的内涵及支撑体系
第一节　未来工场的内涵 / 062
第二节　未来工场的主要特征 / 064

第四章　未来工场的技术观
第一节　数字赋能技术 / 070
第二节　先进制造技术 / 079

第五章 未来工场的标准观

第一节 主要工业大国对智能制造标准的研究与实践 / 094

第二节 应用驱动视角下的未来工场标准观 / 105

第六章 未来工场的制造观

第一节 未来工场的制造架构 / 112

第二节 未来工场典型制造场景展望 / 115

第七章 未来工场的组织观

第一节 信息化架构转型：走向IT+OT融合 / 140

第二节 创新空间变迁：实现创新零距离 / 146

第三节 平台经济与知识分工 / 152

第八章 未来工场的文化观

第一节 从车间管理到现代企业管理 / 166

第二节 精益求精的工业文化 / 179

第三节 未来工场的文化观 / 185

第九章 产业空间的迭代：从"园区"到"城区"

第一节 园区时代的制造场景 / 190

第二节 城市时代的产融平台 / 195

第三节 未来工场的空间观 / 201

第四节 笕桥街道未来工场特色小镇的实践 / 205

第五节 杭州九天数字时尚未来工场的实践 / 214

第十章 未来工场的愿景及策略

第一节 未来工场的发展愿景 / 230

第二节 未来工场的发展策略 / 236

制造业是国民经济的主体，打造具有国际竞争力的制造业，是提升综合国力、保障国家安全、建设世界强国的必由之路。面对逆全球化挑战与疫情防控、产业链供应链安全、供应链畅通、创新链提升以及稳定宏观经济大盘等要求，中国亟须加快制造业高质量发展，努力构建以制造业为厚重基底的现代产业体系。与此同时，新一轮科技革命方兴未艾，数字技术、绿色低碳技术、新能源、新材料密集涌现，并积极引领制造业全面变革，推动新工业革命的机会窗口再次开启。对中国而言，如何把握机遇，提升产业竞争力，将成为未来30年赢得战略博弈主动、实现中华民族伟大复兴的关键。

本章从宏观视角出发，重点探讨了当前中国工业尤其是制造业经济增长所面临的一系列挑战，也由此延伸出未来工场在新发展阶段和新发展格局下的全新历史使命。

第一章 现代工业的未来

第一节　传统工业增长的时代变局

放眼世界，习近平总书记指出，"当今世界正处于百年未有之大变局"，这种变局正深刻地改变着制造业的发展格局。

当前，世界经济仍处在国际金融危机后的深度调整期，全球经济增速放缓，全球化进程遭遇明显挫折，经贸摩擦对国际贸易和制造业影响显著，全球产业链面临重构。除了经济动荡等因素之外，还有其他诸多新趋势、新变量，包括新型城镇化、人口老龄化、公共卫生安全补短板以及新技术、新消费、新供给、新治理等带来的变化，都在深刻地影响着工业前进方向和根本动力，重塑着未来的产品和工艺。

再把历史的镜头对准中国，可以说，当前中国处于近代以来最好的发展时期，也正处于最为关键的转型攻关期。这个曾在农耕文明时代傲视天下，而后遗憾地错过了第一次和第二次工业革命发展机会的国家，在改革开放以后创造了神话般的"中国制造激荡40年"，一跃成为世界第一工业大国。这背后，有中华民族的勤劳和智慧，有改革开放的政策优势，有中国的资源和劳动力红利，更有全球化带来的巨大机遇。自2001年中国加入世界贸易组织（World Trade Organization，WTO）以来，世界市场向中国张开双臂，中国制造以空前的速度发展，加上美欧日等外商投资大量涌入，中国快速发展并崛起为新的"世界工厂"。然而，近年来，随着各类要素成本的上升以及环境要求的提高，我国制造业正在面临着前所未有的瓶颈。曾经规则明晰、相对稳定的经营环境正与大时代一样变得动荡、无常、复杂以及边界模糊，客户和消费者日益成熟，需求趋于多样化，加之同业竞争白热化等多方面的不确定因素和挑战，近10年来，中国制造业的生产效率难以大幅提升，客户需求愈加分散，创新亦难以短期产生成果。

可以不夸张地说，以制造业为基础，以能源、材料为支撑的未来工业发展，已经成为事关人类健康、社会福利等可持续发展议题的关键，其贡献包括国内生产总值（GDP）、出口、高薪工作、高价值投资回报、STEM（科学、技术、工程、数学）教育以及国家安全等领域之间的协同共生关系。对中国来说，则更是如此。要走得更远、更好，必须客观冷静地分析一下当前的局面，以更强的制度优势、经济基础、产业韧性应对那些已经出现或可能会出现的"灰犀牛""黑天鹅"事件。

一、全球经济增长放缓挑战

未来一段时间，世界经济发展仍将处于动能转换期，深层次结构性矛盾未能根本解决，结构调整仍是世界经济的主旋律。传统增长引擎对经济的拉动作用减弱，新技术的不断涌现在短期内无法对经济增长提供足够支撑，全球经济增速放缓，经济风险不容忽视。若没有颠覆性技术以及由此带来的产业变革出现，世界经济在中长期内增长动能仍然不足。特别对于中国而言，去杠杆和金融周期行至中段便掉头向上，在市场尚未出清的条件下信用继续扩张，债务存量压力仍未卸下。加之肆虐全球的新冠肺炎疫情，全球经济蒙上了一层厚厚的阴霾，中国经济稳增长、保增长、保就业压力陡增。原本根据国际货币基金组织（International Monetary Fund，IMF）在2019年10月的预测数据，从2020年开始，全球经济增速会出现一定程度的复苏，全球GDP同比增速预计将从2019年的3.01%增加到2020年的3.41%，其中，新兴与发展中国家从3.92%增加到4.55%，而亚洲新兴与发展中国家从5.92%增加到5.97%。但突如其来的新冠肺炎疫情彻底打破了全球经济复苏的势头，其传播力和影响面远超各大主要经济体和国际组织预期。

二、逆全球化挑战

1. 国际贸易摩擦频发

单边主义、贸易保护抬头，深刻影响全球产业链、供应链、价值链格局。美国、日本等不少拥有强大经济实力的国家逐渐采取以邻为壑的贸易保护政策，出台了极为严苛的关税政策，多种非关税政策壁垒林立，世界贸易体系面临巨大压力。尽管中美第一阶段协议已经签署，但美国政府积极寻求扩大对我国的高科技企业限制，推动全球产业链、供应链从中国转移，中美经贸斗争"明趋缓、暗升级"。除中美经贸摩擦外，美欧、美日等地区的贸易摩擦仍在继续，2019年下半年，日韩也加入了贸易摩擦的队伍。可以预料，未来较长一段时期内，"逆全球化"思潮所带来的单边主义和贸易保护主义，仍将严重冲击国际政治经济体系，而这些贸易冲突正在很大程度上改写国际经贸关系，甚至深层次影响世界经济格局和大国关系。

2. 国家经济主义兴起

随着全球政治经济竞争的白热化，各国政府对于国民经济的干预和控制日益强化，其中也包括了美国、欧盟等高度提倡自由竞争的市场经济国家和地区。那些过去被主流经济体所摒弃的做法被重新拾起，如政府加快培育扶持一批国家型企业，由国家直接参与控股、加大基础研发，为其在各方面大开绿灯，通过财税奖补政策倾斜为其优先配置资源。以德国为例，近年来"产业自主"和"竞争力再造"成为政府经济政策的重要着力点。2019年2月，德国政府隆重推出了《国家工业战略2030》，提出打造国家龙头企业、加强政府干预、维持产业竞争优势等多个关键部署。同月，欧盟两大核心国家德国与法国签署《面向21世纪欧洲产业政策宣言》，并宣布联合组建欧盟级别的汽车电池企业，用以抗衡日趋激烈的新能源汽车市场竞争。

3. 跨国投资显著下行

有数据显示，全球外商直接投资（Foreign Direct Investmen，FDI）自2013年以来呈现持续下行趋势，2018年再度下降19%，达到自全球金融危机以来的近十年最低水平。2019年，全球FDI流量小幅上升3%，达1.54万亿美元，但主要是由于随着美国2017年税制改革影响的减弱，流入发达经济体的投资增加。联合国贸易和发展会议（UNCTAD）发布的《2020年世界投资报告》称，预计2021年全球FDI进一步减少5%—10%，并在2022年开始出现复苏。与此同时，自2012年来，全球主要经济体FDI回报率均呈明显下滑趋势，见表1-1。采购经理指数（Purchasing Manager's Index，PMI）亦持续低位运行，2019年10月全球制造业PMI为48.8%，持续4个月运行在50%以下，中国制造业PMI连续6个月低于荣枯线（50%）。

表1-1 全球主要经济体FDI回报率

地区	回报率/%					
	2012年	2013年	2014年	2015年	2016年	2017年
全世界	8.1	7.8	7.9	6.8	7.0	6.7
发达经济体	6.7	6.3	6.6	5.7	6.2	5.7
发展中经济体	10.0	9.8	9.5	8.5	8.1	8.0
非洲	12.3	12.4	10.6	7.1	5.4	6.3
亚洲	10.5	10.8	10.6	9.9	9.5	9.1
东亚和东南亚	11.5	11.8	11.7	11.0	10.3	10.1
南亚	7.2	6.7	6.1	5.5	6.4	5.7
西亚	5.5	5.4	4.9	4.6	4.6	3.4
拉丁美洲和加勒比地区	7.9	6.7	6.6	5.2	5.3	5.6
转型经济体	14.4	13.9	14.6	10.2	11.1	11.8

4. 企业跨国经营风险加大

近年来，跨国企业经营合规性问题逐渐成为各国关注的重点，甚至有政治化趋势。客观来讲，我国自改革开放以来，市场经济与计划经济两种体制并存，政府与市场的边界需要进一步厘清，市场规则与治理体系有待进一步完善，一些企业由于法律意识和合规精神的不足，存在垄断经营、偷税漏税、不正当竞争等，受到所在国家和国际组织的司法诉讼，不仅给企业本身发展带来危机，也给经济社会造成严重的负面影响。但另外一方面，企业跨国经营的政治风险也在不断加大，尤其自2018年中美经贸摩擦以来，美国政府频繁利用国际国内法律（长臂管辖政策）打压我国相关企业，影响较大的有"中兴事件""华为事件"，以及有中资背景的抖音海外版和腾讯公司的微信，可谓影响深远。与此同时，欧洲正在快速崛起的民族主义倾向也加剧了我国企业海外经营的风险，需要提前做好应急预案。在外部形势的倒逼下，认真研判出口目标国的法律法规，及时规避经营漏洞风险，成为不少跨国企业经营的当务之急。从我国自身推进现代化经济体系建设角度来看，法律意识和合规精神不仅是高水平法治国家与高标准道德社会不可或缺的配置，也是健全的现代社会治理体系中必不可少的精神。

三、城市化进程与乡村振兴

1. 城镇化与城市化

从1960年开始，美国的城镇化率从大约70%上升到82%，在60年的时间里增长10—20个点；而我国的城镇化率曲线则展现了惊人的斜率，城镇化覆盖率从1960年的不足20%，到2019年的超过60%，中美两国城市化发展阶段如图1-1所示。从城镇化规律来看，一个国家的城镇化率低于30%的时候，城镇化率增速较慢；高于70%的时候，城镇化率的增速也较慢；而城镇化率处于30%—70%区间的时候，一般增速较快。这也解释了为什么1960年以来美国城镇化率的增长曲线如此平滑，而我国的则如此陡峭。

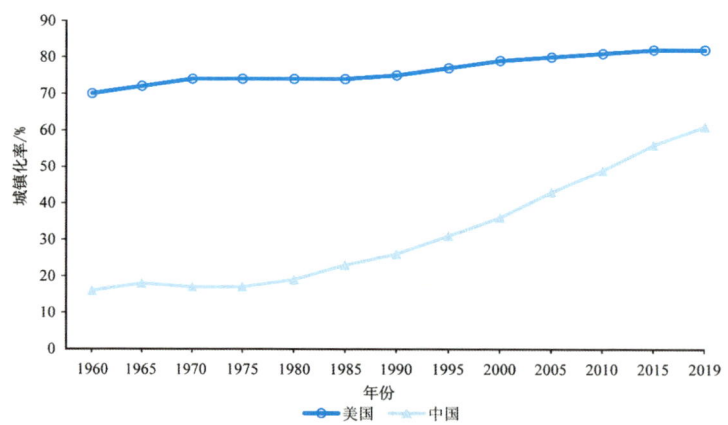

图1-1 中美两国城市化发展阶段

2019年末，我国城镇人口占总人口比重（城镇化率）为60.60%。近10年来，我国城镇人口增速有放缓趋势，增速从2002年的4%下滑至2018

年的2.05%，但和日本（92%）、美国（82%）相比，我国城镇化率的空间还有20%—30%。世界上城镇化水平高的国家大致可以分为两类：一类代表如美国、澳大利亚等国家，地广人稀，同时也没有历史包袱，农业生产大多采用规模化农机耕种，农业效益水平高。美国拥有领先世界的农业技术，是当今世界上农业现代化程度最高的国家之一，尽管农业人口仅占人口的2%左右，但养活了3亿美国人和大批亚洲人，也成为美国城市化进程的关键支撑。另一类代表如欧洲的荷兰和亚洲的日本，尽管山地多、土地产权复杂、历史包袱较多，不容易进行农业规模化、机械化种植，但是凭借强大的工业实力，积极反哺农业，并成功推动了本国城镇化水平的提升。

2. 传统基建拐点与新基建时代到来

近年来，我国基础设施投入所带来的经济增长效应正在减弱。根据财新网的一个测算，2011年以前，中国每新增一单位基础设施投资，平均可以增加0.5个单位的GDP；但自2012年以后，新增基础设施投资的边际产出显著下降，见表1-2。2013年至2014年间，基础设施投资边际产出降至0.13个单位的GDP，2015年和2016年几乎为0。

表1-2 我国基础设施投资的边际产出

内容	年份					
	2011年	2012年	2013年	2014年	2015年	2016年
省级平均GDP/亿元	17 420	19 216	21 037	22 781	24 565	26 361
省级平均就业人数/万人	2 632	2 644	2 685	2 723	2 738	2 753
平均非基础设施物质资本存量/亿元	39 491	46 739	54 821	63 442	72 269	81 417
基础设施物质资本存量/亿元	8 735	9 571	10 497	11 535	12 791	14 171
新增基础设施存量/亿元	804	836	926	1 038	1 256	1 379
由于基础设施引起的新增GDP/亿元	435	232	120	137	55	−23
新增单位基础设施投资的边际产出	0.54	0.28	0.13	0.13	0.04	−0.02

注：本表以2014年不变价为基准进行测算。

与此同时，基于数字技术的新基建正在展现出强大的经济带动力。以5G为代表的现代通信、工业互联、业务创造、模式创新、数字支付等新模式、新应用正在成为新经济的重要增长点。新基建三大主要内容如图1-2所示。尽管对这个市场的预测差异很大，但多数预测表明到2025年，旨在支持未来工业发展的数字经济基础设施年度投资将达到1万亿—1.5万亿元，并且该投入将在2030年前依旧保持强劲增长。这场基础设施数字革命需要完善的电信基础设施以及便利的法规和商业环境，这些数字基础设施和服务需有远见的人员来规划、管理、采购和应用。同时，这些基础设施和服务必须优势互补，且整体上符合数字发展总体规划和框架。

图1-2　新型基础设施建设（新基建）三大主要内容

3.城乡互动与乡村振兴

"十四五"乃至未来一段时期内，城乡二元结构的变化将成为中国经济转型的关键。城市和乡村如果完全对立发展，其结果将产生更加大的城乡发展鸿沟。目前，中国城市化率为50%—60%，不少乡村发展滞后，甚至有些乡村开始出现"空心化"的趋势。从世界人口流动经验来看，最初人口是从乡村流向城市，产业也聚集在城市，但过一段时间后，城市人口可能会向乡村流动，产业就往乡村扩散；早期的郊区化体现在城乡接合部，现如今的郊区化体现在城乡融合。未来一段时间的趋势将是城市回归乡村，进而形成城市延伸带。在城乡融合的过程中，经济机会仍留在城市，人往城市走还将为主基调，但城里人向往农村生活会成为一种新风尚。农村人想拥有城市的发展机会，又想在不太远的地方改善自身的状态，基于对经济机会和生活的选择，就会往城市延伸带走。城市延伸带将是"十四五"期间整个城乡融合的主要区域和主战场，也是产业延伸的主要区域，更是人口居住和生活延伸的主要区域。预计未来乡村的人进入城市后，选择落脚的主要区域正在于此。乡村振兴是党中央根据中国农业农村历史发展脉络提出的重大战略布局，也是一条有中国特色的乡村振兴道路。其根本思维还是在于"强化以工补农、以城带乡，推动形成工农互促、城乡互补、协调发展、共同繁荣的新兴工农城乡关系"[1]，而以城市为主体的现代工业和以农村为代表的农业融合发展，则成为当下中国经济发展一道别样的"风景线"。

四、产能过剩和"双循环"新发展格局

1. 产能过剩

从客观定义出发，产能是指在一定时期内，企业参与生产的全部固定资产，在既定的组织技术条件下，所能生产的全部数量，或者能够处理的原材料数量能力。从经济发展规律出发，由于技术的发展、社会的变化以及需求的变化，产能的利用率状况肯定是不断变化的。有些产能在投资时是非常有用的，但过一段时间可能就在技术上、需求上过时了，再过一段时间就变成过剩，需要进一步消化。现有的就业体系也很难像以往那样学一门本事就能干一辈子，中间可能需要转岗、再培训，以适应需求的快速变化。特别在最近二三十年，以数字技术为引领的经济社会演化全面提速，从这个角度来看，过剩产能的出现并不奇怪。从宏观经济角度来看，产能过剩已经成为我国经济高质量发展的重要掣肘。

---

[1] 摘自《中共中央关于制定国民经济和社会发展第十四个五年规划和二〇三五年愿景目标的建议》。

专栏1-1

我国产能过剩的主要原因[1]

从当前情况来看,我国产能过剩情况的出现主要还是由政策、体制上的原因和对市场规律把握不当导致的。

1. 产能过剩与价格扭曲

有些行业新上项目时,从业者积极性高涨,这很可能是因为价格存在问题,而价格问题可能是由税收间接造成的。例如,20世纪80年代末和90年代初,纺织产能过剩,后来不得不通过砸锭子来处理过剩产能,其中一个重要原因就是价格扭曲。那个时候,人们一度觉得这个行业利润非常高,有点钱就去投资办厂,大量涌现的乡镇企业集中在纺织行业。后来经济学专家分析认为,造成纺织产能过剩的一个原因是关税政策存在扭曲,有效关税税率出了问题。彼时化纤颗粒的关税非常低,而抽纱产品的关税过高,这样就人为导致国内成品价格偏高、生产的附加价值显得很高、利润空间非常大,造成一种可以盈利的假象,由此吸引了大量投资。随着我国贸易政策的改革、关税扭曲的消失,后来人们发现该行业根本没有多大盈利空间。现在,这类扭曲现象仍在一些行业中存在。

2. 产能过剩与环境成本

环境成本问题其实也是一种价格扭曲。理论上,如果有污染,首先得把污染治理打入成本,对污染物进行处理;如果有碳排放的话,得要为碳排放承担代价,所谓碳配额的做法就是要求排放者先购买这个配额,把代价计入成本和价格加以吸收。如果没有吸收环境成本,价格就会失实,企业就会觉得这个行业的利润挺高,投资就会增加,产能相应增加,最终也会产能过剩。随着政府、社会等将环境成本也考虑到企业经营中,不少盈利水平较低的企业就会因为环境处置成本的上升而失去竞争力,产能过剩问题也就充分暴露出来。随着对环境的要求的提高,对环境污染的罚款也将增加,许多企业就会做不下去,产能过剩就会暴露。

3. 产能过剩与贸易政策

有些产能在投资时就是瞄准出口市场的,比如光伏电源产业,对国内市场来说,这些产品的价格偏高,当时是接受不了的,因此主要依赖出口。一旦国际贸易出现争端,欧洲、美国针对中国进行反倾销,这些行业就会产能过剩。因此,在投资的时候,一方面要对国际市场有充分估计;另一方面在全球贸易政策上,要强调不能出现贸易保护主义,不得滥用贸易救济措施,否则,就会对发展中国家包括中国带来不利影响。

---

[1] 部分观点引用中国人民银行原行长周小川在2016年3月11日全国政协十二届四次会议分组讨论时的发言。

> **4.产能过剩与金融政策**
>
> 过去有很多商业银行在贷款导向方面研究薄弱,业务过于粗放,往往对国家鼓励的行业就贷款;对国家禁止的行业,比如"两高一资"(高耗能、高污染和资源性),那就一概不能贷。其实"两高一资"覆盖面很广,其中有一些细分的行业竞争力还是比较强的,但国家既然给这些行业"戴帽子"了,银行一概就不给贷,也不发债,企业就不能上市融资。所以,由于金融工作粗放,就不能够真正承担责任去助力产业多元化发展。
>
> 如果银行对产能过剩行业支持较多,那么当需要产能调整时,银行就会产生大量的不良资产。当然,某些行业出现产能过剩也与需求方变化有关系。我国投资占GDP比重一度过大,需求比较多,导致对钢材、水泥需求量过大,当需求下降后,这些行业就会出现产能过剩。这种周期性波动,在其他许多国家也存在,但我国较为突出。这正是我国深化供给侧结构性改革的重要原因所在。

2.双循环破局

2018年以来,以中美贸易摩擦为标志,中美在政治、经济、科技、金融、文化、全球运行规则等方面的全方位博弈态势越来越明显,尤其是2020年新冠肺炎疫情的冲击使得经济逆全球化态势迅速加快。从中长期来看,中美在经贸科技领域部分脱钩在所难免。与此同时,美国正在积极网罗盟友,寻求对华构筑科技新铁幕,试图阻止中国高科技产业的发展和高端制造业的崛起。一个事实是,目前我国在高端产业链中还有很多关键"卡脖子"的技术尚未掌握,近年来的"中兴事件""华为事件"都无疑敲响了关键核心技术自主可控的警钟。我国高端产业链对外依存度如图1-3所示。从宏观经济的角度来看,过去多年出口导向型的经济结构导致我国长期高储蓄、高出口、低消费的经济格局,也在一定程度上阻滞了我国内需循环的畅通流动。强大的国内生产能力在面对外部需求滞缓的情况下,迫切需要新的市场开拓,而中西部地区作为我国重要的原材料基地,其消费潜力远未得到释放,这也为新时期我国开启高质量发展新征程提供了有利的战略回旋余地。正是在这样的背景下,"双循环"的概念应运而生。

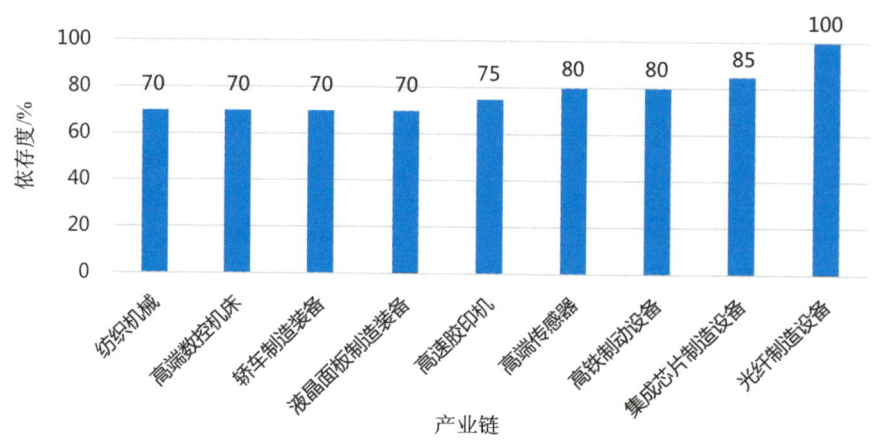

图1-3 我国高端产业链对外依存度

针对国际政治经济形势的快速变化以及高质量发展的内在要求,党中央、国务院适时提出了"双循环"的经济发展新思路。习近平总书记在参加全国政协十三届三次会议的经济界委员联组会时指出,面向未来,我们要把满足国内需求作为发展的出发点和落脚点,加快构建完整的内需体系,大力推进科技创新及其他各方面创新,加快推进数字经济、智能制造、生命健康、新材料等战略性新兴产业,形成更多新的增长点、增长极,着力打通生产、分配、流通、消费各个环节,逐步形成以国内大循环为主体、国内国际双循环相互促进的新发展格局,培育新形势下我国参与国际合作和竞争新优势。2020年7月,习近平总书记在企业家座谈会上再次强调,我们要逐步形成以国内大循环为主体、国内国际双循环相互促进的新发展格局。新形势下,这一论述不是简单的针对当前产业链、供应链因疫情而中断所采取的权宜之计,而是在中国经济迈向高质量发展关键阶段的强国方略;不是因个别国家企图与我脱钩、对我围堵而迫不得已的内敛收缩,而是筹划以更深层次的改革、更高水平的开放加快形成内外良性循环的战略抉择。站在百年未有之大变局的历史关口,展望未来,加快构建完整的内需体系,加快形成以国内大循环为主体、国内国际双循环相互促进的新发展格局,应当成为谋划中国经济下一程的重点内容,也是全体工业人必须深思和破题的时代命题。

五、人口结构演变与就业

1. 全球人口结构演变和老龄化

针对未来工业发展，人类社会所面临的一个迫切挑战就是适龄劳动人口锐减。21世纪的人类社会将是一个不可逆转的老龄社会，并对包括日本、美国和欧亚大陆绝大多数国家形成巨大挑战。目前，日本已成为全球人口老龄化最严重的国家，65岁以上人口比例达到27%，排名世界第一，而意大利23%、德国21%位居第二和第三名。人口老龄化不能简单等同于老年人口规模扩大，而是整个区域内人口年龄结构系统性变化的结果，是会直接影响人类生活方式的普遍现象。一方面，人口老龄化与少年儿童人口减少和比重下降相伴。1950年全球老年人口：劳动年龄人口：少年儿童人口=1.0：7.2：4.3，2015年为1.0：5.0：2.1，预计2050年将转变为1.0：2.7：1.0，这种人口年龄结构改变直接改变人们的生产和生活方式。另一方面，总人口中老年人口数量相对于劳动年龄人口稳步增多，直接影响世代间和世代内的稳定，如图1-4所示。

宏观层面上，中位数年龄从目前29岁增加到21世纪中叶38岁，世界人口越来越老；潜在供养比（每个60岁及以上老人平均由15—59岁劳动年龄人口供养数）在1950—2015年间由7.2减少到5.0，并且仍在继续下跌，预计2050年进一步降至2.7，届时将对社会福利体系产生极重大影响。

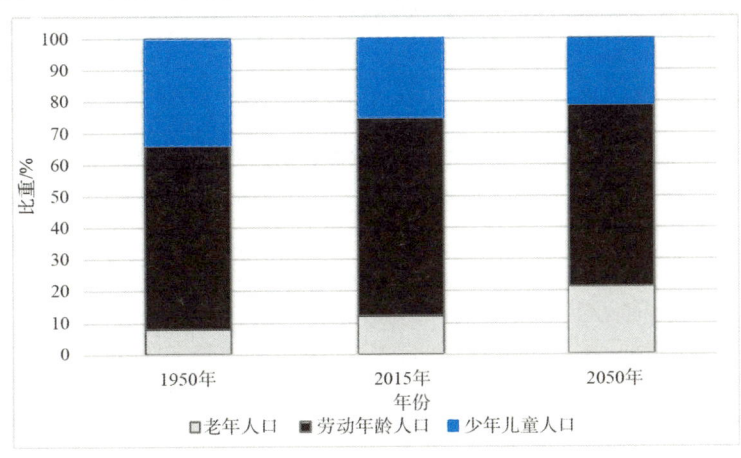

图1-4　1950—2050年全球人口结构演变示意图

专栏 1-2

中国老龄化趋势分析

根据联合国人口司发布的《世界人口展望(2019年)》，我国已经进入老龄社会。2018年，我国60岁及以上老年人口规模为2.49亿，占总人口比重达到17.9%；65岁及以上老年人口规模为1.67亿，占比达到11.9%。

(1)21世纪内我国老年人口规模先增后降，预计2055—2060年达到峰值，60岁及以上老年人口达到4.88亿，65岁及以上老年人口达到3.98亿，如图1-5所示。按"60岁及以上"来看，2020年老年人口规模为2.50亿，占比17.4%。预计2026年左右超过3亿，2035年超过4亿，2055年达到峰值4.88亿，占比为35.6%，随后缓慢下降，2100年仍在4亿以上，占比为37.8%。按"65岁及以上"来看，2020年为1.72亿，2035年超过3亿，2050年为3.66亿，2060年达到峰值3.98亿，占比29.83%，随后缓慢下降，2100年为3.39亿，占比31.8%。当前至21世纪60年代是老龄化最快的阶段，之后老龄化明显放缓。2020—2065年的45年时间，老年人口比重提高约19个百分点；2065—2100年的35年时间，仅提高1.9个百分点。

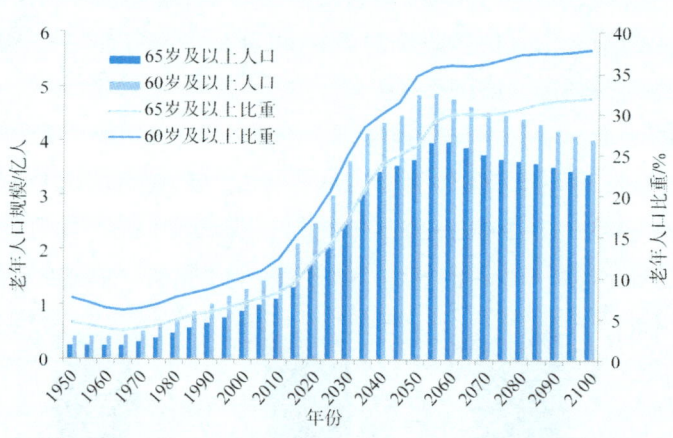

图 1-5　1950—2100年中国老年人口规模及其比重变化

(2)我国老龄化程度在世界格局中位次不断上升,预测2050年在全世界排名第33位,与发达国家水平相当,如图1-6所示。

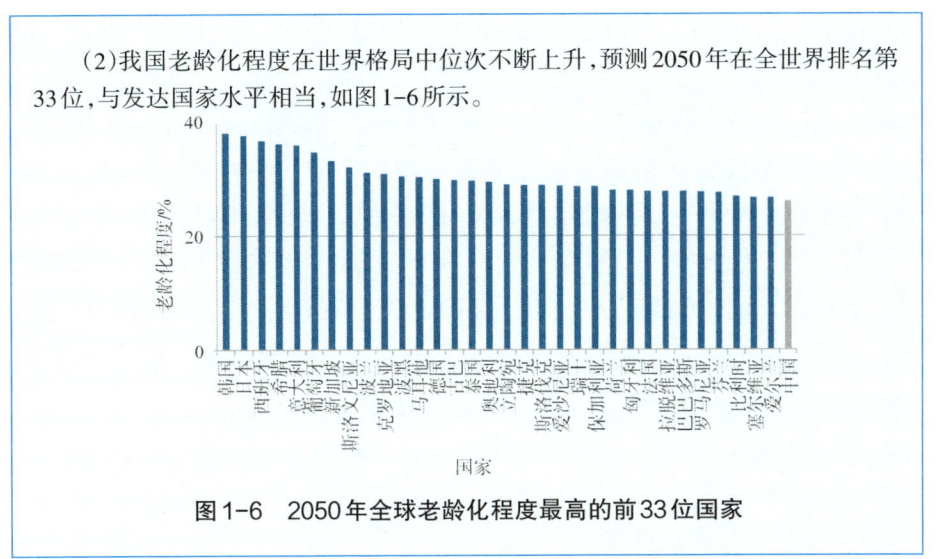

图1-6　2050年全球老龄化程度最高的前33位国家

2.发达国家制造业就业分析

从历史维度来看,全球主要工业大国制造业增加值占GDP比重不断下降,尤其在美国、欧盟、日本等发达国家和地区,其制造业增加值占GDP比重在2015年左右已经下降到20%以下,美国甚至已经下降到11.4%,如图1-7所示。

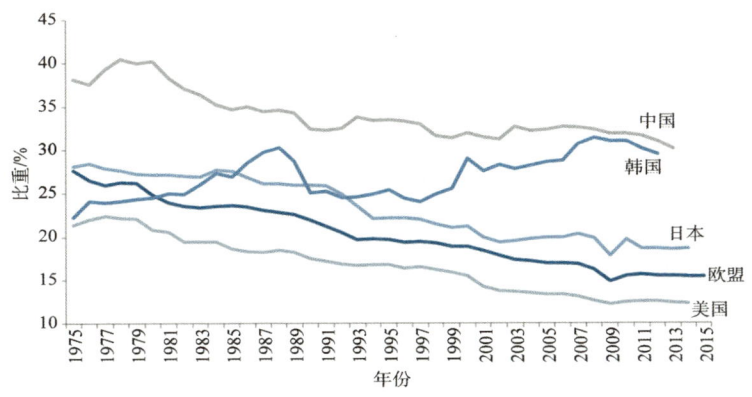

图1-7　部分国家和地区制造业增加值占GDP比重变化

一个明显的趋势是,工业特别是制造业作为全民就业蓄水池的作用正在不断减弱。从1990年开始,经济合作与发展组织(Organization for

Economic Co-operation and Development，OECD）中美国、日本、欧盟等国家和地区制造业就业贡献占比呈现快速下降趋势，2009年，美国已经接近10%，欧盟和日本分别处于16%—18%区间内，如图1-8所示。人工智能技术进步所催生的机器换人和工业互联网的应用，正在快速削减劳动岗位，甚至在中国的三、四线制造业城市也开始出现一些明显的迹象。但这并不能归咎于企业家，这是科技生产力进步的必然结果，也是一个全球性的发展趋势。但作为经济治理和社会稳定的一个重要方面，就业的重要性不言而喻。尤其对中国这样一个人口大国来说，制造业在创造就业岗位、维护社会安定等方面仍旧具有非常重要的意义。

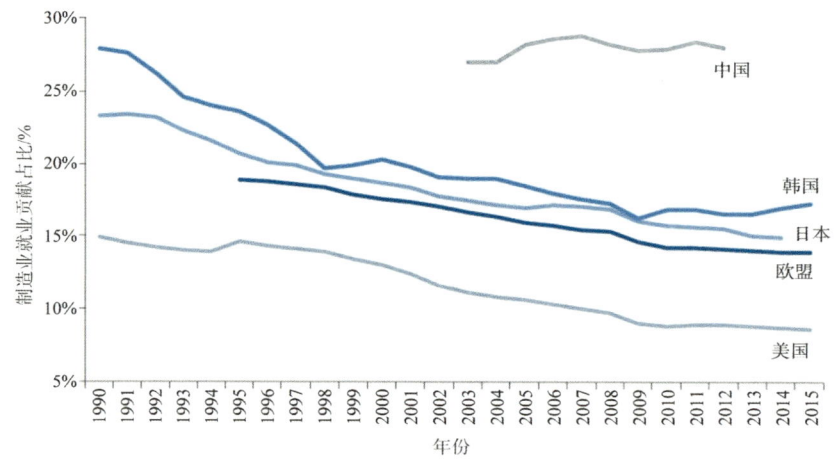

图1-8　主要工业国家和地区制造业就业贡献占比趋势

3. 农民工群体的崛起和中国制造业"隐忧"

根据《农民工监测报告》的数据，2009年，全国外出农民工总量达1.4亿人，比2008年增长3.5%。之后，农民工开始了持续增长，到2019年，农民工总数达到2.9亿人。得益于充足的农民工人力资源，中国制造获得了巨大的比较优势。

一是中国农民工有效地降低了中国制造业成本。早在1994年，据维也纳经济研究所统计，墨西哥劳动力价格每小时为2.35美元，美国为16.17美元，加拿大为17.02美元。2019年，从中国大陆看，时薪超过20

元的，只有北京、上海、天津、广东四个省市。

二是中国工人组织性、纪律性明显较强。不少中国制造企业进行着类似于集体生活式的管理，提倡高强度工作，追求高产出。中国农民工群体的出现，也引起了美国社会的关注，譬如2009年美国《时代周刊》就将中国农民工评为"年度人物"。

总的来看，由人口红利演化形成的丰富的农民工人力资源推动中国成为最大货物出口国，并每年为中国创造大量外汇。

一个值得注意的趋势是，随着我国生育周期的调整和人口红利拐点的到来，2012年我国农民工总量增速第一次出现下降，较2011年下降0.5个百分点。随后，增速仍然基本保持着持续下降，2013年下降1.5个百分点，2014年下降0.5个百分点，2016年下降0.6个百分点。到2019年，与2017年相比，增速几乎"腰斩"。到2019年底，中国农民工平均年龄已经达到40.8岁。从年龄构成来看，40岁以下的农民工占比是50.6%，比上年下降1.5个百分点；50岁以上的农民工占比是24.6%，比上年提高2.2个百分点。

与此同时，一个值得关注的问题是我国传统制造业对年轻人的吸引力正在大幅下降。在现代生活的高压力下，买房、结婚、生子的重担使得一些年轻人倾向于追求高利润、高回报的行业，外卖平台、网约车等新兴行业也都有年轻人集聚的情况。美团外卖平台2020年上半年发布的报告称，其旗下骑手总数达295.2万人，"90后"几乎占据近一半，有35.2%原来就是产业工人。工厂里的年轻人为何越来越少？如何解决这种现象，如何吸纳优质的人力资源进入制造业领域，是需要思考的问题。

六、消费升级与新消费主义

1.消费动力升级与新消费

在高端制造业和现代服务业迅猛发展的大背景下，我国新消费群体不断发展壮大，国内居民消费水平节节高升，社会消费品零售总额由1978年的1559亿元增长到2019年的46.16万亿元，年均增速约为15%，消费对经济增长的贡献率自2015年以来保持在50%以上。与此同时，消费需求也呈现出明显的多元化趋势。当代的商业环境已经进入复杂、多变、跨界、融合的时代，企业所面临的风险和挑战倍增，市场机遇的发掘也变得至关重要，商业模式也从"秩序、规范、标准化、公司价值"逐渐过渡到"灵活、互联、快速迭代、客户价值"。

随着数字技术的兴起，以5G、人工智能、区块链、大数据分析等为代表的数字技术正在全面重塑消费者与企业之间的关系和预期，未来企业将要面对的是一群对数字化产品和个性化服务要求显著提升的消费者群体。企业所需要提供的产品和服务种类也将从原先的几种迅速扩大至成百上千种，产品服务颗粒度将会越来越细，对细分领域的精准把握将成为企业价值拓展的重要来源。消费者主权意识崛起，消费心态和消费习惯也发生了显著变化。从消费分层来看，我国中产及富裕家庭数量将成为我国消费人群的中坚力量；从人群划分来看，随着消费转向功能与体验并重，消费人群分化为多种类型的消费群体；从品类升级来看，新产品推出的速度正在快速提升。2018年，天猫平台新品款数超过5000万，比2016年增长超过10倍；2019年，这一数字超过9000万[1]。从一组更直观的"双十一"数据来看，2020年，天猫"双十一"实现销售额4982亿元，是2009年0.5亿元的9964倍，而对应的同一时期我国GDP增长幅度仅为3.03倍，从中可以看出消费渠道的变化是释放消费能力的一种重要方式和路径。

2.提振内需已经成为畅通"双循环"的关键

内需是国内大循环的战略基石，撬动内需、构建强大的内需市场是我国经济高质量发展的必由之路。伴随着新型工业化、城镇化、信息化等趋势的不断演进，消费的潜力将进一步释放。与此同时，必要的"促消费"政策也应该配套跟上。双循环格局下的新消费时代也对供给端的生产效率、产品质量、敏捷反应等提出了更高的要求，制造业的柔性化、智能化升级迫在眉睫。新供给成为当前企业转型的重要方向，而"供给侧"改革成为行业增长的新驱动力。新型工业化、信息化、城镇化和农业现代化同步推进是新阶段我国经济发展理念的重大转变，创新环境不

---

[1] 参见阿里研究院联合四大权威机构发布的《重构增长力量：2019企业数智化转型发展报告》。

断优化，创新成果不断增加，新技术、新产品的涌现又会创造源源不断的市场新需求。

七、数字经济及数字治理

科技革命与产业变革既是新技术、新产业、新模式和新业态大量涌现的过程，也是全球治理体系和治理能力与其适应、调整、革新、提升的过程。近年来，数字经济作为一种与农业经济、工业经济截然不同的新经济形态快速发展，呈现出数据化、智能化、平台化、生态化等特征，迅速引领了人类生产、生活等方式的变革。但全球数字经济的快速发展在为经济社会注入新活力的同时，也催生了一系列革命性、系统性和全局性变革，给经济和社会治理带来了前所未有的新挑战。

1. 数据相关规则体系缺失，数据开发与保护成为全球性难题

数据成为新的生产要素，并呈现出几何级别的增长，到2020年，预计全球数据总量会突破44 ZB①量级，而我国数据总量占比接近20%。与此同时，数据安全和数据利用问题则成为未来很长一段时间内国际社会争论的焦点。随着数据价值增长，保护国家重要数据资源安全，平衡数据本地化政策与企业发展需要，避免数据被窃取和滥用，成为监管的重要难题。

 专栏1-3

> **脸书（Facebook）的剑桥门事件**
>
> 在这个互联网+自媒体的时代，隐私泄露是一个较为常见的问题。作为全球用户规模最大的社交应用，Facebook月活跃用户数已经超过20亿，因此一旦Facebook出现大规模的数据问题，必定会引发轩然大波，尤其是在高度重视隐私问题的美国。但这样的事情确实发生了，2018年3月，《纽约时报》和《观察家报》曝光了第三方公司剑桥分析（Cambridge Analytica）滥用Facebook用户数据丑闻，5000万用户信息被

---

① 1 ZB=1 024 EB=1 180 591 620 717 411 303 424 Bytes。

剑桥分析用于大数据分析,根据用户的兴趣特点、行为动态精准投放广告和资讯内容,甚至被怀疑利用数据预测用户政治倾向,成为间接影响总统大选的隐形黑手。事情曝光后,剑桥分析在声名狼藉中宣布破产,Facebook封停了平台数万应用,但是公众的余悸久久未消。

此次Facebook的隐私泄露事件之所以如此严重,正是因为人们恍然发现自己的决定并不是真正由自己做出的,很可能被人操控。小到购物,大到总统选举,在这个数字时代,经过互联网的放大后,人们会更容易受到媒介的影响。只要人们继续在网络上留下电子足迹,其隐私就会继续被挖掘和用作他途,删除Facebook账号并不能解决今天的隐私危机。

就此次事件而言,对于用户数据信息使用的边界问题,Facebook能否在数据安全上做得更多,如平台是不是应该进一步让用户认识到数据隐私的重要性?平台开放的应用程序(Application Programming Interface,API)接口给出的数据应该是什么样的一个度?是否不同背景、不同信用等级的开发商给出的数据都有所不同?开发商应用数据的边界应该限制在什么样的一个范围内?在技术层面,当有人大规模收集、扫描和调用数据时,是否也可以建立一些应急机制,调查是否合理?等等。

数据是未来最大的资产,是21世纪的"石油",用好数据不仅可以提高企业自己的产品和服务,也可以攫取大量利润。一旦没有守好数据,那么很有可能成为下一个负面信息的主角。这是一个互联,且不断保持"在线"的社会,用户不共享自己的数据几乎是不可能的事情,因此法律法规终将完善这一块。提前设置好边界、制订好规则,将是企业发展中最重要的一步。如何去更好地构建一个安全可靠的互联网时代,已然成了一个迫切需要解决的问题,盲目地让互联网占据生活的全部将是很危险的,到那时人们很可能会面对比这次"Facebook事件"更加严重的问题。

2. 合理打开算法黑箱、赋予算法价值观成为全新治理议题

算法是计算机程序运行的一套基本逻辑,作为支撑数字平台的底层技术要素,算法在体现效率的同时,也不可避免地继承算法设计者的诸多特征,譬如思想、歧视与偏见等。随着算法的大量应用和普及,算法所引发的各类经济社会问题已经引起了广泛关注,但截至目前,国内产学研各界关于算法的讨论仍然较多停留在技术层面,较少涉及社会伦理和价值观层面的深层次思考。目前,科技公司在开发算法过程中缺乏公允性和通用性的行业准则,社会上关于求职、考试中对性别、种族、区域的歧视仍然屡

见不鲜。算法应该中立，还是被赋予价值观？如何用好科技，倡导科技向善，成为算法治理的重要内容。

3. 数字经济时代的平台型市场结构提出反垄断难题

在过去十年里，世界各地出现了大量使用数据驱动商业模式的数字平台，在很大程度上打破了原有的行业格局。现在，全球市值前八的公司中有七家使用基于平台的商业模式，这个情况充分说明了平台模式所具有的颠覆性力量。以新一代信息技术支撑的数字平台提供了让一组参与者聚集在一起进行在线互动的机制和场所，这类平台又可以细分为交易平台和创新平台。交易平台是以在线基础设施支持多方之间交换的双边或多边市场。它们已经成为主要数字公司（如亚马逊、阿里巴巴、脸书和易趣）以及为数字带动的部门提供支持的公司（如优步、滴滴出行或爱彼迎）的核心商业模式。创新平台以操作系统（如安卓或Linux）或技术标准（如MPEG视频）的形式为代码和内容制作者开发应用程序和软件创造环境。以平台为中心的企业在数据驱动型经济中具有主要优势，由于既是中介，又是基础设施，它们有能力记录和提取与平台用户之间的在线行为和互动相关的所有数据。

数字平台在极大程度地降低交易成本、提高资源配置效率的同时，也带来了资源重组与权力结构变化，并进一步模糊了政府与市场的边界，对传统的政府与企业的关系、政府与市场的关系都产生了巨大冲击。如何定位平台的经济社会角色，如何规制数字经济的寡头垄断型市场格局，如何看待"赢者通吃"现象，这些都是数字经济治理亟须思考的问题。

4. 数字经济生态化特征对政府治理形成挑战

根据《2019年第四季度全球数字经济简报》的相关数据，截至2019年10月，全球社交媒体平台活跃用户已经突破37亿。在传统的信息发布渠道下，监管部门扮演了"守门员"的角色，将大量虚假、恐怖的信息过滤掉了。但是，在自媒体时代，"信息主权"概念兴起，个体发布信息渠道多样、多元、便捷，对网络安全、信息安全、社会稳定等都形成了较大的冲击，也对政府的信息监管带来了全新的挑战。

专栏1-4

来自GDPR的担忧？[①]

欧盟《通用数据保护条例》(General Data Protection Regulation, GDPR)被视作近20年来数据隐私规则领域发生的最重要变化,如图1-9所示。它给高科技企业带来了巨大的影响,其影响半径已超出欧盟,波及中、美、日等多个国家。据统计,GDPR推行后,欧盟国家企业的融资总额、融资交易笔数以及每笔融资交易金额均大幅减少。GDPR使新企业每周减少90万美元投资,使成熟企业每周减少710万美元投资。GDPR使新兴、年轻和成长阶段企业每笔交易融资额分别缩水27.1%、31.4%和77.3%。GDPR造成的岗位流失,大致相当于样本新兴企业雇工人数的4.09%—11.20%。

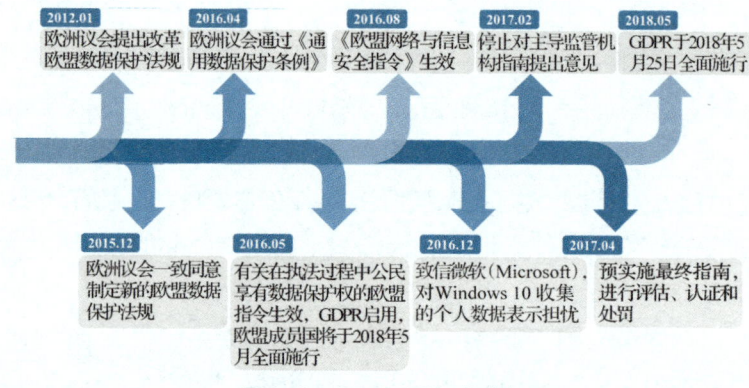

图1-9 GDPR历年大事记

究其原因,关键在于以下几个方面:

一是责任共担。在过去,收集和使用数据的数据拥有者需要对数据保护负责。如今,史无前例的,数据处理者(如提供数据处理服务的云服务提供商等)也将需要直接承担合规风险和义务。在数据保护上,数据供应链自上而下的各方都会被问责。网络公司必须与合作伙伴们明确各自的责任和义务。

二是多数企业未做好准备。2016年秋季面向云服务供应商的客户进行的感知调查显示,仅6%的企业被认为是符合GDPR、无须在新的规定条款框架下重新商谈合同;而91%的企业出于对数据处理的复杂性和成本的考虑,对自身能否符合GDPR表示出担忧。

[①] 参见埃森哲:《欧盟通用数据保护条例(GDPR)报告》。

三是处罚手段严厉。GDPR对获取和管理个人信息提出了新的、更严格的要求。它赋予个人明确的权利,给高科技企业通过人工、流程和技术进行客户数据管理带来了重要影响。不仅如此,GDPR还对客户信任产生影响。根据埃森哲技术展望调查,83%的受访者坚信,信任是数字经济的基石。达到GDPR所要求的数据隐私和安全要求,是维系消费者信任和保护企业品牌的根本。同时,违规将被严令禁止。GDPR大大增加了数据保护的强制性和责任性,对违规的处罚金额提高到2 000万欧元或企业全球年营业额的4%(两者取较高值)。

第二节 工业的新使命

一、历次工业革命的启示

制造业为人类提供了各种生活必需品,为工农业发展提供了生产资源,为基础设施和城镇化建设提供了各种装备和材料,也为国防建设提供武器装备,为精神文明建设创造了物质条件。综观历次工业革命和世界各大工业国发展轨迹,工业化发展阶段的不可逾越性,已经成为国际学术界和产业界的广泛共识。

第一次工业革命时期,英国凭借制度创新、区位地理、人才政策等方面的优势,成为全球首个工业化国家。第二次工业革命期间,诞生了电力工业、石油工业和汽车工业等一系列新兴工业,世界工业重心从英国转移到美国、德国以及拥有后发优势的日本等国家。这一时期,美国在企业管理方面锐意进取,大胆变革,凭借泰勒科学管理思想和福特流水线在第二次工业革命竞争中脱颖而出,成为世界工业强国。第三次工业革命期间,日本的成功崛起颇具启示性。丰田集团提出的"精益制造"理念,给予企业管理全链路改造,该理念成功赋能日本的汽车、半导体、医药等产业,助力日本工业的战后快速复兴。"工匠精神"给广大日本企业带来了强大的精神动力和积沙成塔的高品质、高集约化制造工艺和能力,涌现出了一批享誉世界的制造巨头和"隐形冠军"企业,日本制造成为全球高品质制造的典型代表。

前三次工业革命充分彰显了制造业对于大国崛起的重要性。谁首先掌握新制造革命的关键技术,谁就有机会跻身于世界强国之列。先进制造技术的成功突破和制造领域的理念革命,是通向世界强国的必由之路,这也是历次工业革命给予当下中华民族实现伟大复兴最重要、最根本的启示。

二、新一轮工业革命中的工厂变革机会

工业革命参与的深度与广度决定了一个国家和地区在全球竞争中的位置，而工业革命肇始于车间和工厂。只有微观层面的工厂有机更新，才能带来整个工业制造系统的全面变革。当前，人类社会正处在一个大发展大变革大调整的时代，以5G、物联网、云计算、大数据、虚拟现实、人工智能等为代表的新一代信息技术创新应用正在引领产业变革，新工业革命的机会窗口再次开启。而作为工业革命发生发展的前哨站和主阵地，"工厂革命"将率先登上人类舞台。

从国际上看，主要工业国家纷纷面向未来打造以未来工厂、E-factory、智能工厂等为基石的新型制造系统。美国先进制造战略专注于工厂生产环境各类要素的联网化和智能优化，用以支持生产网络中产品设计、调度、配送等过程的效率提升和个性化；欧盟提出建设未来工厂（Factory of Future，FoF），主要关注全球大趋势下制造业与社会、环境、人之间的关系，解决就业和经济增长等问题；日本提出建设E-factory，目标是以电子信息技术为支撑，实现网络化制造供应链、持续改进运营效率、强化工厂与人之间的协作；韩国政府计划到2030年建设2 000家"人工智能工厂"，通过智能工厂收集数据，建立数据中心，支持基于人工智能的服务，并促进关键软件以及机器人、传感器和设备等智能制造设施的发展。俄罗斯联合发动机制造集团旗下的土星公司启动"智慧工厂"战略，旨在推动数字化技术向产品研发、批量生产及使用维护等全生命周期渗透。《中国制造2025》提出推进制造过程智能化，在重点领域试点建设智能工厂/数字化车间。尽管各国关于先进制造业的战略切入点有所不同，但目标都是聚焦于工厂维的制造效率提升和竞争优势扩大。

三、未来工场探索工业治理新模式,破解制造业的时代困局

中华人民共和国成立以来,中国工业凭借人口红利、成本优势和投资驱动等,成功缔造了门类齐全、独立完整的现代工业体系。目前,中国已经拥有41个工业大类、207个中类、666个小类,成为全世界唯一拥有联合国产业分类中所列全部工业门类的国家;工业增加值从1952年的120亿元增加到2018年的30多万亿元,按不变价计算增长约971倍,年均增长11%。

根据世界银行的数据,自2010年中国制造业增加值首次超过美国成为第一制造业大国以来,中国制造业规模已经连续10年稳居世界第一。2018年,中国制造业增加值占全世界的份额达到28%以上,成为驱动全球工业增长的重要引擎。在500多种主要工业产品当中,中国有220多种工业产品的产量位居全球第一。[①]

作为中国改革开放前沿阵地的浙江,以浙商"四千精神"和政府善治闻名,在数字经济发展、智能制造应用、智慧城市建设等方面走在全国乃至世界前列,并培育出了吉利控股集团、青山控股集团、海亮集团等世界500强企业。2019年,浙江省政府率先提出"未来社区"的概念,并在《浙江省未来社区建设试点工作方案》中对未来社区的内涵做了进一步的阐释,提出了"139"顶层设计。具体来说,就是以人民对美好生活的向往为中心,以人本化、生态化、数字化为价值导向,以和睦共治、绿色集约、智慧共享为基本内涵,构建未来邻里、教育、健康、创业、建筑、交通、低碳、服务和治理九大场景(图1-10),打造具有归属感、舒适感和未来感的新型城市功能单元。

---

① 参考苗圩在新中国成立70周年工业通信业发展情况发布会上的发言。

图1-10 未来社区九大场景

未来社区九大场景是对城市生活的浓缩，侧重于解决城市居民的生活居住问题。遗憾的是，未来社区的九大场景并不包含制造场景，但仍给现代工业场景的构建提供了很好的启示。

对我国而言，如何应对越来越复杂的国际政治经济环境和国内经济转型压力，找到适合我国国情的制造强国路径，形成有竞争力的未来工业体系，是值得思考和研究的问题。新型工业化的目的到底是什么？高质量发展背景下的城市、园区应该何去何从？未来制造业的空间形态如何？需要进一步思考和解答。

带着上述问题，本书结合全球主要工业国家、企业、城市、园区的典型实践，创新性提出了"未来工场"的概念，并赋予其全新的内涵与特征，提出未来工场是实现工业赋能经济、社会、环境可持续发展的新平台，实现"产城融合"的新路径。

第二章 工厂的变革

本章重点回溯历次工业革命期间,作为工业核心单元的工厂,其制造技术和组织形态的演变情况,为未来工场的技术和架构体系演变提供背景支撑。在此基础上,本章引出了未来工场的概念,为后面章节系统性开展未来工场的技术观、制造观、标准观、组织观、空间观、文化观、治理观提供一个引导。本章力图向广大读者呈现制造业如何在新时代以技术变革为起点,开启向制造业全生态、全生命周期变迁的步伐,并逐步归纳出中国工业经济发展新的理论体系。

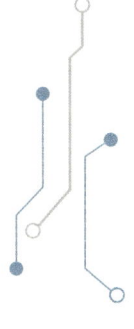

第一节 传统工厂

历次工业革命带来了技术的变革，也带来了工厂组织管理方式的变革，并成为城市化进程的重要推动力。在历次工业革命推动下，许多国家和地区涌现出了一批特色鲜明的工业城市和工厂，包括英国的铁桥峡谷与新拉纳克（现已被评为世界工业遗迹）、亨利·福特的胭脂河工厂、丰田的精益制造工厂。

一、第一次工业革命期间的手工场

1. 人类进入工业时代

18世纪60年代中期，发端于英国的蒸汽技术革命是技术发展史上的一次巨大变革，它开创了以机器代替手工工具的时代。这不仅是一次技术革命，更是一场深刻的社会变革。这场革命是以发明、改进和使用机器开始的，是以纺纱机、蒸汽机作为动力机被广泛使用为标志的。这一次技术革命和与之相关的社会关系的变革，被称为第一次工业革命或者产业革命。生产技术方面，珍妮纺纱机、水力织布机、瓦特改良蒸汽机等机器的出现代替了手工劳动。生产关系方面，工业革命使依附于落后生产方式的自耕农阶级消失了，工业资产阶级和工业无产阶级形成和壮大起来。第一次工业革命大大密切和加强了世界各地之间的联系，改变了世界的面貌，最终确立了资产阶级在世界范围的统治地位。

率先完成工业革命的英国，很快成为世界霸主。1851年5月，维多利亚女王在伦敦海德公园举行了一场轰动世界的工业科技展会——万国博览会。在一座巨大的"水晶宫"内，展出了包括轨道、牵引车、高速汽轮船、起重机、厨具用品、铁制品等万余件工业品，历时5个多月，吸引了

600万名参观者，昭示着英国工业的全盛时代。

 专栏2-1

第一次工业革命大事记

1733年，机械师凯伊发明了"飞梭"，大大提高了织布的速度，纺纱顿时供不应求。

1765年，织工哈格里夫斯发明了"珍妮纺纱机"（图2-1），首先在棉纺织业引发了技术革新的连锁反应，进而揭开了工业革命的序幕。

图2-1 珍妮纺纱机

1785年，瓦特制成改良型蒸汽机并投入使用，提供了更加便利的动力，推动了机器的普及和发展。人类社会由此进入"蒸汽时代"。

1807年，美国人富尔顿制成了以蒸汽为动力的汽船并试航成功。

1814年，英国人史蒂芬孙发明了"蒸汽机车"。1825年，史蒂芬孙亲自驾驶着一列具有34节小车厢的火车试车成功。由此，人类的交通运输业进入了一个以蒸汽为动力的时代。

1840年，英国成为世界上第一个工业国家。首先，在棉纺织业中出现了螺机、水力织布机等先进机器。不久，在采煤、冶金等许多工业部门，也都陆续有了机器生产。随着机器生产越来越多，原有的动力，如畜力、水力和风力等已经无法满足需求。

2.工厂出现和工厂制度兴起

1829年，作为三大空想社会主义大师之一的查尔斯·傅立叶（Chalres Fourier）提出了理想公社（傅立叶称之为"法郎吉"，phalanxes）的概念。傅立叶指出，居住在"法郎吉"的人们，将按照"情感吸引力"心理原则建立相互联系。法郎吉被设计在广阔的农村，主要经济是农业，其次是一些轻工业。它模仿凡尔赛的布置，中间为公共活动场所（餐厅、图书馆和冬季花园等），侧翼布置车间和客栈。这是第一次工业革命期间关于生产空间形态演变的最早表述。

除了技术的突破外，第一次工业革命的进步意义还体现在现代工厂制度的兴起。确立工厂制度意味着生产场所和生活场所的分离，在它确立过程中，现代的工厂管理也随之形成。所以，作为最早的、经济效率最高的空间组织形态，工厂事实上成为推动工业化的主推手。最初的工厂（如1771年建于英国殖民地的工厂）并没有大型的自动化机器。当时工厂的主要目的是让一大群从事手工业（如纺织业）的工人集聚起来，一起进行生产。这种做法令工序易于管理，且原料也能更有效地分配。直到1840年前后，在英国以珍妮纺纱机和瓦特蒸汽机作为代表的以机器生产为主的工厂才基本上取代了手工工厂。《工业哲学》对"工厂"给出了这样的定义：工厂就是以经常的劳动来看管一套由总动力不断发动着生产机器的、不分长幼的各种工人的协作。而到了1844年，"工厂"则成了这样一个场所："在那里，人们借助由水力、蒸汽力或者任何其他机械动力发动的机器来工作，把棉花、羊毛、丝、大麻等进行准备、制造、加工，改变为某种形状。"

3.从铁桥峡谷到新拉纳克

在世界工业发展史上，以英国为代表的西欧国家首先完成了工业化。作为工业文明的直接受益者，英国对工业遗迹的保护不遗余力，其中有着挥之不去的历史情结。英国的铁桥峡谷、新拉纳克，都是英国人重温工业革命荣光的时代回忆，在英国人心中具有特殊意义。通过它们，全世界的工业文明的热衷者和研究者可以追溯18—19世纪英国工业革命进程中的主要场景和非凡成就，无论是对自然资源的利用或是对新动力的发现、发明和应用方面，还是新制造工序的采用或是企业管理、社会经济组织方式、城镇规划的革新和进步方面。

（1）铁桥峡谷：工业革命的发祥地。铁桥峡谷位于英格兰西部什罗普郡，是18世纪世界最重要的工业中心之一，由于其在矿业、铁器制造和机械工程方面的革新，被誉为工业革命的发祥地。1986年，铁桥峡谷入选《世界文化遗产名录》，成为第一例以工业遗产为主题的世界文化遗产。这座峡谷森林，汇集了采矿区、铸造厂、工厂、车间和仓库，密布着由巷道、轨道、坡道、运河和铁路编织而成的古老运输网络，还点缀着18—19世纪的钢铁厂厂长住宅、工人宿舍及各类公共设施。

铁桥峡谷拥有丰富的煤炭、矿石、黏土和石灰石等资源，英国第一长河——塞文河将峡谷与布里斯托港及外部世界联系起来。峡谷内的居民头脑灵活，早在中世纪就已开始利用煤炭和石灰石；到了16世纪上半叶，居民们开始造铁；1605年，峡谷就出现了原始的马拉火车。

但真正奠定铁桥峡谷在工业革命中的地位还要归功于阿伯拉罕·达比一世的成功试验。1709年，这位来自布里斯托的制铁人在峡谷完善了用焦炭熔解铁矿石的流程，创造出一套产量更高且相对廉价的制铁工艺。这项重要的技术革新给铁桥峡谷带来了空前繁荣，首个铁车轮、铁轨、蒸汽汽缸和船舶，首个铁架建筑物、高架渠和桥梁陆续在此诞生。

1777—1781年，达比一世的孙子达比三世在峡谷的特尔福德新城建造了一座横跨塞文河的拱形铁桥，铁桥跨度达30.5米，高15.84米，宽5.48米，全部用铁浇铸，开了用铁筑桥的先河。铁桥连接起了包括科尔布鲁克代尔、梅德里和科尔波特在内的工业区，成为当时工业革命时期最具代表性的建筑，塞文河峡谷也由此更名为铁桥峡谷。

1794年建成的干草斜坡，将高于山坡70米的科尔波特和什罗普郡运河以及广阔的内陆河道系统连接起来。1802年，一位名叫理查特·特拉维斯克的工程师在科尔布鲁克代尔铁工厂内制造出世界上第一架蒸汽火车头。在这个过程中，塞文河发挥了重要的枢纽作用，成为各种原材料和工业制成品往来的主要运输通道。1862年，塞文河谷铁路在南岸开通。

随着工业的不断发展，大工业化所造成的噪音和污染等后果不可避免地产生。18世纪，峡谷一带就被河岸上众多工厂产生的烟雾和噪音所笼罩。然而当时的人们视之为工业革命的巨大成就和象征，无数的艺术家、画家慕名而来，讴歌铁桥和铁桥峡谷工业区，菲利普·卢瑟伯格反响巨大的绘画作品《科尔布鲁克代尔之夜》便创作于这一时期。

经历了20世纪上半期工业的衰退后，从1968年开始，铁桥峡谷开始进行大面积的修复和重建，形成了一个由7个工业纪念地和主题博物馆、285个保护性工业建筑构成的工业革命遗址纪念地，占地达10平方千米。

作为历史的见证，峡谷一带至今保留着最初的样子：重建的工业小镇留有当年用焦炭炼铁的熔炉，包括煤矿、铁路和工人住宅在内的早期工业区遗址被完整地保存了下来，甚至连路灯也是当时铁制的煤气灯，再现了18世纪英国工业革命时期的风貌。峡谷每年吸引着30万游客前来观光游览，由此带动了该地区第三产业的发展。

（2）新拉纳克：现代工业社区的先行者。拥有丰富的水力资源和田园般秀丽风光的新拉纳克位于苏格兰的南拉纳克郡，是现代工业社区的首创者。它拥有规划整齐的工厂区、住宅区、教育区和其他社区建筑，工厂依社区而建。新拉纳克号称拥有18世纪英伦各岛中最宽敞的多层式工业厂房，车间以阿克莱特的马森工厂为模型，增设了高耸的梯塔和威尼斯风格的三分式窗户。与苏格兰中部德文特河谷工业区的层式住宅不同的是，新拉纳克的家庭大多居住公寓式住宅，延续了苏格兰城市住宅的传统。

作为现代工业社区的先行者，新拉纳克是工业发展史上的又一个里程碑。18世纪70年代初期，城市创建者大卫·戴尔和女婿罗伯特·欧文首次提出现代工业社区的概念，并在新拉纳克开始了一系列激进的工厂管理和教育改革实践。

大卫·戴尔是一位富有的商人，在18世纪中后期的苏格兰商界和金融界名声显赫。1785—1795年，他在新拉纳克建起4座棉纺车间和众多的工人、经理住宅。其中，第四车间建于1791—1793年，因早期劳工中孤儿占了大多数，在建厂初期，部分车间还充当了宿舍和餐厅，戴尔创办的新式八年制学校也设置于此。遗憾的是，1883年，第四车间毁于一场大火。

大卫·戴尔的女婿罗伯特·欧文在英国的社会主义历史上占据特殊地位。他首先发现在帮助工人阶级改造社会的进程中，工业革命和教育至关重要。从1800年到1825年间，欧文创建了一种全新工业化社区的模式。欧文将工厂所获的部分利润用于提高员工的生活水平。他在村子里筹建了学校，即有名的"新和谐公社"（图2-2），修建了世界上第一所婴儿学校和夜校。他重视历史、地理、阅读、写作和数学的学习，同时还特别强调音乐、艺术与自然，学校不允许体罚学生。另外，公社缩短了工作时间，实行免费医疗，向工人提供廉价的食物和家庭用品。欧文对工厂管理以及社区生活进行了一系列改革，改善工作条件，强调工作协作，并成立了多个合作社团。

图 2-2　欧文的"新和谐公社"

可以不夸张地说，在新拉纳克，很容易找到贸易联合会、合作制和福利制国家的思想源头。凭借着现代工业社区的实践，欧文在商业方面也取得了巨大成功。新拉纳克成为 19 世纪 20 年代苏格兰地区最大的棉花生产中心，雇佣劳工多达 2 500 名。欧文着力打造的理想工业区模式，对整个 19 世纪及之后的世界工业化进程产生了深远的影响。

二、第二次工业革命期间的机械工厂

1. 走进电气时代

第一次工业革命用劳动密集型的规模化大生产方式（工厂体制），来生产纺织品等终端轻工消费品或小商品，把它们销售到全球，但是机器和生产工具可能是手工造的，而不是规模化生产的。随着第一次工业革命的不断推进，为加速商品的生产和运输，就产生了对新能源、新动力和新交通运输方式的巨大市场需求，这大大刺激了能源、动力、运输新技术的发明和应用，并催生了能源—动力—运输"三位一体"的大繁荣，诸如煤炭开采、蒸汽技术改良、铁路和公路等基础设施的建设。这个"三位一体"的繁荣既是市场需求驱动的产物，也是由政府供给强力推动的结果，"三位一体"中有很大成分是公共产品，必须靠国家力量和有为政府来提供。事实上，这个"三位一体"的繁荣自然地导致重工业繁荣并诱发第二次工业革命。因为大量采煤需要大量挖掘工具，大量制造蒸汽机需要规模化生产零部件和车床，大量铺设铁路轨道需要规模化炼铁、炼钢。

19世纪末到20世纪初，科学技术的进步和工业生产的发展继续演进，第二次工业革命揭开序幕。发电机、电动机的相继发明，远距离输电技术横空出世，电力在生产和生活中得到了广泛的应用，世界由"蒸汽时代"正式步入"电气时代"。这一时期，部分发达资本主义国家的工业总产值首次超过了农业总产值，工业重心也由轻纺工业转向重工业，涌现出了电气、化学、石油等新兴工业部门。

这一时期，美国、德国在内燃机、柴油机、电动机、汽车、飞机、电话、打字机等产品的生产制造、工艺及管理创新方面开始赶超英国，成为第二次工业革命的执牛耳者。西门子的电机、爱迪生的电灯、贝尔的电话、福特的T型车和莱特兄弟的飞机，都成了第二次工业革命中的经典。在管理模式创新上，美国管理学家泰勒推行科学管理，极大地提高了美国托拉斯组织的生产效率。第二次工业革命有效实现了对生产资料、中间产品和生产工具的规模化大生产，包括钢铁、煤炭、铁路、机器、通信设施、轮船、汽车等，这也使得采用新技术和大规模生产方式来发展这些重工业有利可图，与之相对应的就是一系列工业新技术大爆发。任何国家一旦引爆第二次工业革命，就立刻进入一个新技术大爆发时代。这可以视为颠覆性创新的过程，因重工业产业链条长，零部件和生产环节非常多且十分复杂，产品多样化程度特别高，对本土禀赋情况又特别依赖，从而创新机会也相对较多，且全部重工业体系如果完全依靠进口会十分昂贵，因此国产替代具有广阔市场，这又大大刺激了发明与创新。

第二次工业革命也是农业现代化的关键阶段，农业能否从手工时代大面积过渡到机械时代，这与一个国家实现规模化生产机器和生产工具的能力息息相关。比如美国的农业技术长期落后，直到美国快完成第二次工业革命的时候,即1920年,农业人口仍然占总人口的50%。只有等到资本变得廉价(也就是能够规模化生产所有农业机械和其他生产工具),人力变得昂贵,一个国家才能够全面催生农业现代化的需求。

专栏2-2

第二次工业革命大事记

自19世纪60—70年代开始,出现了一系列的重大发明。1866年,德国人西门子制成了发电机,到70年代,实际可用的发电机问世,电器开始用于代替机器,成为补充和取代以蒸汽为动力的新能源。随后,电灯、电车、电影放映机相继问世,人类进入了"电气时代"。

19世纪70—80年代,以煤气和汽油为燃料的内燃机相继诞生;90年代,柴油机创制成功,内燃机的发明解决了交通工具的发动机问题。19世纪80年代,德国人卡尔·弗里特立奇·本茨等人成功地制造出由内燃机驱动的汽车,内燃汽车、远洋轮船、飞机等也得到了迅速发展。内燃机的发明,推动了石油开采业的发展和石油化工工业的发展。1870年,全世界生产石油大约80万吨,而1900年的石油年生产量猛增到了2 000万吨。

19世纪70年代,美国人贝尔发明了电话;90年代,意大利人马可尼试验无线电报取得了成功,都为迅速传递信息提供了方便,世界各国的经济、政治和文化联系进一步加强了。

19世纪80年代开始,人们开始从煤炭中提炼氨、苯、人造燃料等化学产品,塑料、绝缘物质、人造纤维、无烟火药也相继发明并投入了生产和使用。化学工业是这一时期新出现的工业部门。

2. 亨利·福特胭脂河工厂的兴衰史

亨利·福特的胭脂河工厂(图2-3)可谓是20世纪整个工业界集体膜拜的对象。在这个"矿石—组装"垂直一体化工厂中,亨利·福特(Henry Ford)将人类大规模生产能力发挥到极致。

亨利·福特建造胭脂河工厂的目的是追求更高效的投入产出,即能够实现工厂一端运进铁矿石、橡胶和塑料,另一端运出崭新的T型车。为实现这一目标,福特斥资在密歇根州北部、明尼苏达州和威斯康星州收购了70万英亩的森林、铁矿和石灰石采石场,并在巴西收购了一家橡胶种植园。据统计,福特的矿山覆盖了肯塔基州、西弗吉尼亚州和宾夕法尼亚州数千英亩的煤炭资源,后来考虑到材料运输问题,福特甚至运营了一批矿石货轮企业和整个区域内的铁路公司。

胭脂河工厂是福特1915年购买的胭脂河沿岸2 000英亩(1英亩=4 046.856平方米)土地的一部分。1917年,当时的美国海军副部长富兰克林·德拉诺·罗斯福(Franklin D. Roosevelt)与福特公司(Ford)达成协议,生产鹰式巡逻艇,用于第一次世界大战。不过该工厂作为军工厂的时间并不长,1918年第一艘"鹰"号船驶离这条铁路后,战争就结束了,但政府帮助工厂拓宽了胭脂河的河道,使得货船可以在河的上游行驶得更远,让工厂受益匪浅。正是从这一年开始,这家工厂开始了持续一个世纪的传奇。

图2-3 亨利·福特的胭脂河工厂

(1)第一辆汽车。1919年10月,第一台铁矿石高炉上线,成为当时世界上最大的同类设施;1920年,发电厂投入使用;1923—1926年,玻璃厂开始投产;1926年又增加了炼钢炉和轧钢厂,当时的胭脂河工厂能够生产组装T型汽车所需的几乎所有部件;1927年,A型车首次亮相,宣告福特的"矿石—组装"垂直一体化工厂打造成功。到1929年,共有10万名员工在工厂内工作,胭脂河工厂有自己的消防局、警察局和医院,无异于现在的超大型国企。然而好景不长,席卷世界并最终酿成第二次世界大战的大萧条开始了。为了应对前所未有的金融危机,福特非但没有减产停工，反而为了降价促销，开始不断加速生产和削减成本，这下让以高工资著称的福特工人们不乐意了。1937年5月，沃尔特·若泽（Walter Reuther）领导的一群工会组织者和他的追随者试图在工厂分发工会宣传品时，和福特工厂的安全部门发生冲突。在矛盾进一步扩大之前，福特得到了大笔政府军工订单的支持，胭脂河工厂开动了吉普车、坦克、飞机的发动机生产线。这场"及时雨"，既支援了战争，也帮助工厂渡过了难关。

（2）亨利·福特之后。1945年日本战败之后，胭脂河工厂恢复民用生产；不久后的1947年，创始人亨利·福特去世；同年，福特品牌未来70年的扛鼎产品F-150开始生产；1964年，美式肌肉车的代表"野马"诞生在这座工厂；此后，美洲豹、福克斯等福特的当红产品也大多诞生于此。但在20世纪晚些时候，曾经作为进步和健康经济标志的胭脂河工厂大烟囱开始引起注意。由于中产阶级环保意识的崛起，公众对健康和环境的担忧越来越多，政府控制工业污染的条款也日益严苛。为了适应社会大环境，福特开始把采矿、伐木和玻璃制造业务剥离出来，最终在1989年将胭脂河的铸造厂卖给了当地钢铁公司，并出售了河面和码头的全部，以及最初2 000英亩土地的45%。胭脂河工厂依然继续运营，但与它辉煌的岁月相比，对上下游的控制力和生产速度已经大不如前。

（3）进入新千年。情况在1997年开始有了转机，当时福特和全美汽车工人联合会达成协议，推动胭脂河工厂的现代化改造，投资建立一个先进的环保油漆车间和一个应用最新技术的新发电厂。不幸的是，老发电厂6号锅炉在1999年发生爆炸，造成6名工人死亡。爆炸发生后两小时内，福特董事长兼首席执行官比尔·福特抵达现场，说："我们的员工就像是我们家庭的延伸人员，我的心脏沉没了。""这是你可能拥有的最糟糕的感觉。"但是升级改建的进程没有停止。

胭脂河工厂进入新世纪之后，虽然规模大不如前，但仍然是一个工业巨头，约有6 000名福特员工在这里工作。现在这里被称为福特胭脂河制造中心，占地600英亩的场地仍然是福特汽车公司最大的单一工业园区。正在进行中的大规模翻建，让人们有了新的期待。

（4）小结。流水线是胭脂河工厂里的"鬼斧神工"之作，机器产能开始实现跃迁式提升。[①]驱动福特流水线的另外一个关键因素是能源体系的整体变革,电动机的发明,使得机器终于可以摆脱中央动力的限制。以往的中央动力(如一个蒸汽机),需要靠齿轮链条传动后进行动力分配,这使得机器的布置受到巨大的限制。而电动机所带来的分布式动力,终于让机器可以按照空间最高效率而广泛布置。这场脱胎于1914年的流水线取得了一个多世纪的主宰性胜利,并从一开始就告诉人们,制造方式的转变与能源效率的提升,从来就是相辅相成、不可分割的。

3. 从底特律汽车城到鲁尔工业区

(1)美国:底特律汽车城。电气化和流水生产线,这两项首先在底特律出现的新生事物,后来被公认为第二次工业革命的标志。从19世纪末到20世纪中叶,在美国50多年工业快速发展的大潮中,底特律不仅从来没有缺席过,还在其中起到引领作用,独占鳌头。甚至可以说,美国工业的崛起是伴随着底特律的崛起而发生的。底特律的崛起与爱迪生直接相关。早年,伟大的发明家爱迪生在底特律的火车上靠卖报纸和贩运糖果赚到第一桶金时,便与底特律结下了不解之缘。当他发明了电力照明之后,很早就在底特律建立了电气公司,使底特律成为美国最早拥有电气照明系统的城市之一。爱迪生的总机械师和终身挚友、伟大的工业家亨利·福特,也是在底特律开始了其轰轰烈烈的汽车生涯。亨利·福特于1903年在这里创建了福特汽车公司,1908年他推出了划时代的产品——T型车(图2-4),真正意义上开启了美国的汽车

图2-4 亨利·福特的T型车

[①] 参见林雪萍:《从福特胭脂河工厂说起:制造方式与能源变革的集结号已经吹响》。

时代。与此同时，他还开创了大批量流水线生产方式，极大地提高了劳动生产率，革命性地改变了工业生产模式。

在美国工业化蓬勃发展的时期，各路汽车豪杰齐聚底特律，在这里大展身手，将美国乃至世界的汽车工业搞得风生水起，蒸蒸日上。经过一系列的合并整合，形成了美国汽车巨头全部集中在底特律的格局，使底特律成为名副其实的汽车城。20世纪三四十年代，底特律曾经拥有世界上最大的工厂——鲁日工厂。在第二次世界大战期间，底特律的工厂所生产的各类飞机、坦克等重型武器装备奔赴世界各个反法西斯战场，使这里真正成为罗斯福总统所期待的"民主国家的兵工厂"。在工业化大潮的推动下，底特律也曾成为美国发展最快的城市和地区，其城市建设突飞猛进。底特律是美国首先铺设水泥公路、首先安装城市交通信号灯系统、首先拥有城市高速公路的城市。到了20世纪50年代中后期，底特律市区人口近200万，成为美国最富有、最具活力的地区之一。随后的10年是美国种族问题爆发的时期，社会安全问题大幅凸显，白人大量逃离底特律，再加上来自南方的非裔美国人不断迁入，黑人居民占比迅速居上，而这也导致了大批零售商和小业主离开，底特律的财政税收不断下降。20世纪70年代，著名的石油危机大幅重创美国汽车工业，同时日本、德国以及其他外国小型汽车制造商也对传统三大汽车公司造成了威胁。随着工作岗位的减少，底特律的财产犯罪和毒品相关犯罪急剧增加。20世纪80年代，美国经济萎靡不振，严重削弱了底特律的重工业制造中心的地位。美国种族矛盾的激化和高税收，导致精英人口外流，使汽车企业遭受巨大影响。随后，美国汽车制造业受到欧洲、日本、韩国、中国等地竞争对手的冲击，一些汽车以及汽车零部件制造企业相继外迁。到了2009年，作为底特律支柱产业的汽车制造业随金融危机爆发而彻底崩盘。2013年12月，底特律的汽车制造业正式宣布破产，汽车城呈现出衰败景象（图2-5）。尽管近年来底特律凭借小微企业集聚，正在逐渐恢复元气，但与鼎盛时期相比，仍然相距甚远。

图2-5 底特律汽车城的衰败景象

从当初不可一世的美国最富裕城市,到如今美国最穷的城市或者地区之一,底特律的遭遇不禁让人唏嘘。底特律曾经是美国以大规模生产、蓝领工作岗位和汽车为标志的机器时代的先锋,现在的底特律是美国失业之都、文盲之都、辍学之都。综观其崛起到衰败的过程,汽车产业的崛起和衰败始终是这个城市命运发展的一条主线,这也提醒人们,充分迎接新技术变革、保持强大的以制造业为代表的工业竞争力是城市兴旺发达的关键和不竭动力。

(2)德国:鲁尔工业区。德国鲁尔工业区是世界著名的老工业基地,也被认为是欧洲工业文明的一个缩影。鲁尔区地处德国北莱茵-威斯特法伦州境内,位于莱茵河下游支流鲁尔河与利珀河之间,占地4 400多平方千米,人口超过500万。鲁尔区并不是独立的行政单元,而是由11个城市和4个农业区组成的具有一定经济、人口和历史关联性的地理空间。

历史上,鲁尔区曾以煤炭、钢铁、化学工业发达声名远扬,其发展主要得益于以下几个方面的原因:

一是煤炭资源丰富。这是鲁尔区在欧洲工业革命后能够突然崛起的物质基础。丰富的煤炭资源成为德国钢铁、电力等工业的基础。虽然鲁尔区缺乏铁矿资源,但靠近著名铁矿产地阿尔塞斯和格林。

二是交通便利。从区位来看,鲁尔区位于欧洲"十字路"中心地带,向北距丹麦、瑞典的南部工业区很近,西又毗邻法国、比利时、卢森堡、荷兰等工业区。从交通来看,鲁尔区不但有相对完善的铁路、公路网,还有莱茵河、鲁尔河、利珀河与埃姆斯河构成的水运交通网，极大地便利了与欧洲各国的贸易往来。

三是劳动力资源丰富。鲁尔区人口稠密，劳动力丰富。

四是科技实力雄厚。首先欧洲人口素质相对较高，且高校集中，科技力量雄厚。

五是广阔的欧洲市场。第二次世界大战后，欧洲百废待兴，各国重建工作紧锣密鼓地进行，为德国鲁尔工业区的生产提供了广阔的市场。

正是由于这一系列的优势条件，鲁尔工业区创造了一个时代的辉煌。但在20世纪70年代后，受新技术、新能源的冲击，煤炭、钢铁等传统工业迅速衰退，鲁尔区面临产业结构单一、环境恶化等问题，竞争力减弱，工厂倒闭，工人失业，也不得不开启痛苦的转型升级之旅。

1989年，德国西法伦邦政府做了一个卓有远见的计划，举办了一系列的国际建筑设计博览，旨在通过对城市的设计，实现鲁尔区的再生。国际建筑设计博览（简称IBA）主席卡尔·刚瑟带着18人的专家咨询团和50人的团队进驻德鲁尔区，开始了长达10多年对鲁尔区的规划和改造工作，经过10多年的努力，鲁尔工业区从一个荒废的工业集聚区转型升级为欧洲文化创意中心，开启了全球传统工业区转型的国际典范。在规划设计之初，卡尔·刚瑟团队认为过去城市建设中往往只注重其经济效益或者为了节省费用，而忽视了生态与文化。为此，IBA提出了全新的发展愿景，提出了一整套包括国家产业结构调整、区域发展、环境保护、文化传承和创新的全新理念和规划。鲁尔工业园区通过十多年的改造，废弃的矿区被改造成为具有现代设计感的科学园，作为大学和企业设计、实验和生态的研发中心，搭建了不同业态互动的服务体系，为德国的新型产业提供了支撑，并且向所有人开放，以提升民众的科学素质，如图2-6所示。

随着人类社会步入信息时代和环保时代，德国人广开设计思路，尽可能原汁原味地保留遗迹，在传统工业遗迹与城市复兴之间找到了极好的切入点，使之焕发出新的生命力。步入21世纪，鲁尔新区被联合国教科文组织收录《世界文化遗产名录》，此外，它还荣膺"欧洲2010年文化首都"的称号。

(a) 奥伯豪森储气罐

(b) 埃森的矿业同盟工业文化园区

(c) 鲁尔博物馆

(d) 红点设计博物馆

图 2-6　鲁尔区工业遗迹

三、第三次工业革命期间的自动化工厂

1. 自动化时代到来

20世纪四五十年代以来，以原子能、电子计算机、微电子技术、航天技术、分子生物学和遗传工程等领域重大突破为标志，第三次工业革命拉开序幕。它促进了一大批新型工业的发展，并刺激了服务业的兴起。其中，最具划时代意义的就是电子计算机的迅速发展和广泛运用。与此同时，它也带来了知识经济这一新经济形态的崛起。知识经济发达程度已成为各国综合国力竞争中成败的关键所在。

第三次科技革命是人类文明史上继蒸汽技术革命和电力技术革命之后科技领域里的又一次重大飞跃。这次科技革命不仅极大地推动了人类社会经济、政治、文化领域的变革，而且也影响了人类生活方式和思维方式，使人类的社会生活和人的现代化向更高境界发展。

专栏 2-3

第三次工业大革命三大关键技术时间轴

1. 空间技术的利用和发展

1957年,苏联发射了世界上第一颗人造地球卫星,开创了空间技术发展的新纪元。

1958年,美国发射了人造地球卫星。

1959年,苏联发射"月球"2号卫星,成为最先把物体送上月球的卫星。

1961年,苏联宇航员加加林乘坐飞船进入太空。

1969年,美国人尼·阿姆斯特朗实现了人类登月的梦想。

20世纪70年代以来,空间活动由近地空间为主转向飞出太阳系。

1970年,中国成功发射第一颗人造地球卫星。中国宇航空间技术发展迅速,现已跻身于世界宇航大国之列。

1981年,美国第一架可以连续使用的哥伦比亚航天飞机试飞成功,并于2天后安全降落。它身兼火箭、飞船、飞机3种特性,是宇航事业的重大突破。

2. 原子能技术的利用和发展

1945年,美国成功试爆原子弹。

1954年,苏联建成第一座原子能电站。

1977年,世界上有22个国家和地区拥有核电站反应堆229座。

3. 电子计算机技术的利用和发展

1946年,出现第一代计算机——电子管计算机。

1959年,出现第二代计算机——晶体管计算机。

1964年,出现第三代计算机——集成电路计算机。

1971年,出现第四代计算机——大规模集成电路计算机。

2. 无人工厂出现

第三次工业革命时期,一个有趣的现象就是无人工厂的出现。早期的无人工厂又叫自动化工厂、全自动化工厂,是指全部生产活动由电子计算机进行控制,生产第一线配有机器人而无须配备工人的工厂。无人工厂里安装有各种能够自动调换的加工工具,从加工部件到装配以至最后一道成品检查,都可在无人的情况下自动完成。真正具有现代意义的无人工厂是在机器人、计算机、电子技术等得到应用普及后出现的。

(1)"发那科"无人工厂。1984年4月9日,世界上第一座实验用的无人工厂在日本筑波科学城建成并投入试运行。试运行结果表明以往需要用近百名熟练工人和电子计算机控制的新型机械产品,如原先需要两周时间制造出来的小型齿转机、柴油机等,现在只需要4名工人花一天时间就可以制造出来。在同一时期建成的日本"发那科"无人工厂,则成为当时的工厂自动化水平最高的代表。该工厂投资数千万美元,生产制造机器人所需的部件。在工厂里,计算机数字化控制(CNC)机床、机器人、自动牵引运输车(AGV)等自动化设备比比皆是,并能够在无人看管的情况下进行生产。自动加工中心在控制中心的计算机控制下进行加工;自动运输车从一个装置旁边移动到另一个装置旁边,运送材料,搬运机器零件;自动装置在仓库周围悄悄地移动,机器人在进行产品检查包装;在1.6万平方米的场地上,一切工作都是由计算机按程序控制的。这个工厂有1 010台带有视觉的机器人,它们与数控机床、自动运输小车共同工作,白天工厂内有19名工作人员在操作室内从事作业,夜里只有2名监视员。

日本的"发那科"无人工厂不仅极大地改变了企业的生产效率,也更新了人们对工厂的认识,尤其是对生产工序自动化的认识,并开启了机器人大量进入工场的新时代。事实上,"发那科"也随后逐步成长为世界四大机器人家族之一,在全球工业自动化领域具有举足轻重的影响力。由计算机接管下的无人工厂,大幅度更新了传统工厂"脏乱差"的形象,变成了井然有序、窗明几净的全新载体。

(2)日本智能制造系统。"智能制造系统"(Intelligent Manufacturing System, IMS)国际合作计划由日本于1989年首先提出,是当时全球制造领域内规模最大的一项国际合作研究计划。这项计划由时任东京大学工程系主任吉川裕行倡议,并获得日本通产省的大力支持,其理论依据是吉川裕行提出的"后竞争技术系统化促成新基础研发"的设想。该理论将制造业分成前竞争技术、竞争技术和后竞争技术三类。其中,后竞争技术是指那些已经不具备商业保密意义的、已失去竞争力的技术,但在这些技术规范化和系统化的发展过程中,有可能出现能够促进新基础研发的新元素,开启新一轮研发热潮。因此,这些后竞争技术应当在各国间互相交流共享,形成优势互补,实现互惠互利和推陈出新。IMS计划的理论模型如图2-7所示。

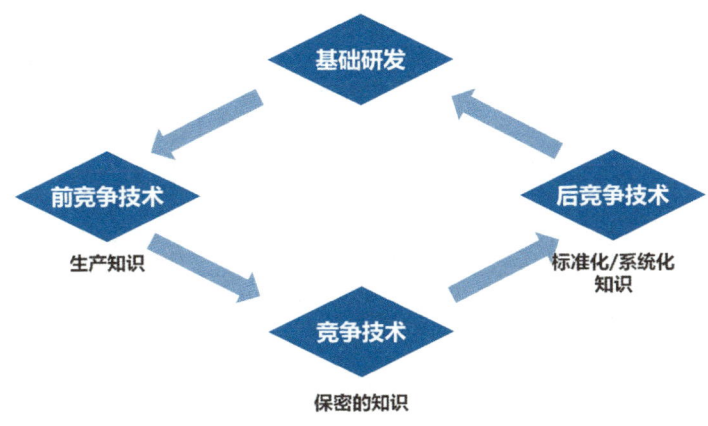

图 2-7　IMS 计划的理论模型

1993—1994年间，IMS在日本、美国、欧洲、加拿大和澳大利亚5个区域开展了6个试点项目，73家公司和60多所大学及研究机构参与了试点。这6个试点项目分别是：清洁制造、快速产品开发、全球并行工程、面向21世纪的全球制造、合弄制造系统和知识系统化。其中，前三个团队在试点后由于种种原因而解散，后三个课题最终试点成功。在试点之后，IMS国际指导委员会（ISC）认为虽然遇到通信及差旅费过高、知识产权纠纷等问题，但试点项目总体还是成功的。于是，1995年，IMS计划进入为期10年的正式实施阶段，后又延期，但影响力日渐减弱。2010年，日本退出IMS计划。

（3）美国敏捷制造战略探索。1988年，美国通用汽车公司（General Motors Company，GM）与里海大学共同提出了一种新的制造企业战略——敏捷制造（Agile Manufacturing，AM），并很快引起了人们的注意。1991年，美国Iacocca研究所主持召开了21世纪发展战略讨论会，历时半年形成了一份著名报告，提出了敏捷制造企业的基本概念。美国人希望敏捷制造会使美国的制造业在2006年以前重新恢复领导地位。"敏捷制造"概念的提出者将AM定义为"能在不可预测的持续变化的竞争环境中使企业繁荣和成长，并具有面对由顾客需求的产品和服务驱动的市场做出迅速响应的能力"。敏捷制造强调将柔性的、先进的、实用的制造技术，熟练掌握生产技能的、高素质的劳动者以及企业之间和企业内部灵活的管理三者有机地集成，实现总体最佳化。

（4）德国的分形企业理论探索。当混沌学出现后，人们逐渐认识到复杂的事物中也有规律可循。1975年，数学家曼德布诺特经过潜心研究，提出了分形理论，使得数学工具在解释复杂事物上迈出一大步，由自然领域延伸至经济领域，被逐步应用。1992年，德国工程师学会主席瓦内克教授提出了"分形企业"的概念。根据分形企业理论，每一个分形企业都是由若干个相对独立的"分形单元"组成的。当然，一个大的分形单元还可以包含若干个小的分形单元。因此，可以把每一个分形企业看成是一个大的分形单元，而企业中的每个分形单元在企业中是可以独立运转的，并且具有明确的目标与功能。分形企业具有以下几个特点：

一是自组织性。分形单元可自我形成符合有利于企业总体目标的战略和战术。

二是自相似性。这种自相似性包括组织结构性、创造价值的方式方法、目标的形成和实现等方面，甚至要求企业各个方面直到每个职工的理想、思维及行为方式都具有相似性。这样，每个分形单元从自身的角度来看就是一个小的"分形企业"。

三是动态特性。与传统企业的部门、车间等企业的基本构件比较，分形单元具有一种特殊的性质——活力。

四是扁平化结构。企业所面对的环境是错综复杂的，要完成企业的目标和任务，分形单元本身必须保持简洁有序。

第二节 数字工厂

一、车间→数字化车间

作为工厂的核心组成，车间在现代企业中扮演了关键作用。威廉·拉佐尼克是较早关注车间层面对企业竞争力影响的经济学家，他在其传世名作《车间的竞争优势》一文中明确指出：车间是将原料转化为产品的核心场所，而实现上述过程就是所谓的生产性转化。当前比较流行的观点是车间是企业内部组织生产的基本单位，同时也是企业生产行政管理的一级组织，由若干工段或生产班组构成。它按企业内部产品生产各个阶段或产品各组成部分的专业性质和各辅助生产活动的专业性质而设置，拥有完成生产任务所必需的厂房或场地、机器设备、工具和一定的生产人员、技术人员、管理人员。

 专栏2-4

> **车间的四个特点**
> （1）是按照专业化原则形成的生产力诸要素的集结地。
> （2）是介于厂部和生产班组之间的企业管理中间环节。
> （3）产品一般为半成品（成品车间除外）或企业内部制品，而不是商品。
> （4）是非独立的商品生产经营单位，一般不直接对外发生经济联系。

而随着工业4.0、智能制造以及工业互联网战略的相继提出，大数据、云计算、人工智能等数字技术不断由消费端向产业端迁移，并对工厂内部组织结构产生了明显影响，数字化车间和智能工厂也应运而生，其概念也处于动态演进和完善过程中。朱铎先、赵敏在其合著的《机·智：从数字化车间走向智能制造》中率先提出：数字车间可以理解为基于生产设备、生产设施等硬件设施，以降本提质增效、快速响应市场为目的，在对工艺设计、生产组织、过程控制等环节进行优化管理的基础上，通过数字化、网络化、智能化等手段，在计算机虚拟环境中，对人、机、料、法、环、测等生产资源与生产过程进行设计、管理、仿真、优化与可视化等工作，以信息数字化及数据流动为主要特征，对生产资源、生产设备、生产设施以及生产过程进行精细、精准、敏捷、高效的管理与控制。[①]事实上，《机·智：从数字化车间走向智能制造》所提出的"数字化车间"的定义，其"数字化"的理解范畴有所扩大，包括数字化、网络化、智能化的智能制造全链路概念。而国家市场监督管理总局和国家标准化管理委员会发布的2019年第6号公告对数字化车间做出了更加标准化的界定：数字化车间作为智能制造的核心单元，涉及信息技术、自动化技术、机械制造、物流管理等多个技术领域。与此同时，国家标准化管理委员会还提出了数字化车间的体系架构，如图2-8所示。

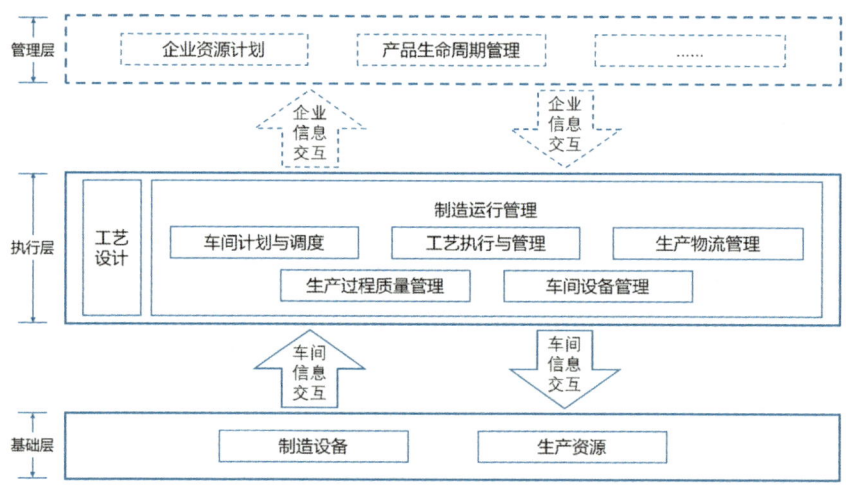

图2-8　数字化车间的体系架构

总的来看，可以认为数字化车间以生产对象所要求的工艺和设备为基础，以信息技术、自动化、测控技术等为手段，用数据连接车间不同单

---

① 参见朱铎先、赵敏：《机·智：从数字化车间走向智能制造》，机械工业出版社2018年版。

元，对生产运行过程进行规划、管理、诊断和优化。

二、数字化车间→数字工厂

数字孪生技术是近年来兴起的一种新兴技术，近年来在学术界和产业界引起了广泛讨论。一般认为，数字孪生是基于数字传感技术等所建立的某一物理实体的数字化模型，可以模拟现实世界中的具体事物。从根本上来讲，数字孪生是以数字化的形式对某一物理实体过去的和目前的行为或流程进行动态呈现，有助于提升企业绩效。

数字孪生技术在多个领域都有较好的应用前景，在工业领域的应用有力支撑了数字工厂的发展。根据德国工程师协会的定义，数字工厂是由数字化模型、方法和工具构成的综合网络，包含仿真和3D/虚拟现实可视化，通过连续的没有中断的数据管理集成在一起。数字工厂广泛集成了产品、过程和工厂模型数据库，通过先进的可视化、仿真和文档管理，大幅提高产品的质量和生产过程所涉及的质量和动态性能，并为传统制造业注入了全新动力，成为沟通产品研发、设计、制造、运维的关键纽带。但值得注意的是，数字工厂并非全自动化，其价值也并非实现了完全意义的"机器换人"，而是实现了"研发设计—生产制造—远程运维"的全流程管控，进而帮助企业控制成本、提高效率，在不增加人工成本的情况下扩大产出。

三、数字工厂的收益与期待

根据普华永道会计师事务所对欧洲200多家数字化水平领先企业的问卷调查，多数企业希望能从自身企业的数字化工厂建设过程中，大幅提升生产效率和管理等级。

1. 不同行业的数字化工厂效率不同

不同行业企业对数字工厂提出了不同的要求，效能期望值也存在差异。从统计结构来看，工业/工厂设备行业对数字化工厂的前景最为乐观，预计实施数字化工厂之后，行业平均增长率在15%左右，高于工业制造业（10%）、矿业（10%）、电子行业（12%）、消费品行业（12%）、加工工业（12%）等行业。

2.数字化工厂能够助力企业优化决策

数字化工厂可以通过互联传感等信息技术采集信息，并依托工业软件系统分析工厂运行情况，从而帮助企业实现产品全生命周期和全供应链的实时管理。企业不仅能够将工厂运行数据及时引入生产流程中，还能与其供应商和客户垂直相连，整个供应链的关键工序数据实时可用。未来的数字化工厂还可以进一步帮助企业提升生产与设计的技术升级。以国防和航空等行业为例，数字化工厂可以帮助更新飞机和引擎设计。

3.数字化工厂能够帮助企业节约成本

数字化工厂是精益制造理念的坚定支持者。欧洲有一大批企业正在尝试建设熄灯工厂/车间，超过80%的受访企业表示，数字化手段能在工厂原材料、劳动力成本节约方面发挥重要作用；超过61%的受访者表示，可持续性是支持其开展数字化工厂建设的核心动机。这个数据也说明，数字化工厂在帮助工业企业降低成本方面仍具有潜力。

第三节　从未来工厂走向未来工场

一、未来工厂：产业生态中的"增值空间"

"未来工厂"是一个新概念、新事物，目前鲜有成熟的理论研究和实践探索。结合麦肯锡咨询公司、德勤咨询公司、波士顿咨询公司等知名咨询公司的研究结果，可以认为"未来工厂"是符合五大发展理念（创新、协调、绿色、开放、共享）以及高端化、智能化、绿色化、服务化发展方向的现代制造场景，未来工厂群落视角如图2-9所示。从当前的产业发展实际出发，实践层面又可以分阶段推进。

第一个阶段，数字化、网络化、智能化成为驱动工厂运行的主要方式，具备广泛互联、软件定义、数据驱动、数字孪生等特征的智能工厂大量涌现，企业生产效率显著提升，未来工厂初具雏形。

第二个阶段，伴随着工业互联网理念和技术的进一步成熟，未来工厂具备整合上下游合作伙伴的能力，成为行业生态的重要参与者、颠覆者和缔造者，其功能也将囊括研发、设计、制造、物流、销售、服务等制造全生命周期。因此，工厂中也将看到创新实验室、设计中心、运维中心等新载体。

第三个阶段，工厂形态从"粗老笨重"的传统工厂变身为"高精特新"的个性化定制工厂、创新工厂、绿色工厂；工厂性质也从企业"成本中心"演变成为"利润中心"和"知识中心"，成为企业产品服务创新、客户体验创新、业务价值模式创新的"增值空间"，并衍生成为未来产业群落的关键基础设施，成为助力传统产业改造提升和新兴产业培育发展的有力武器。

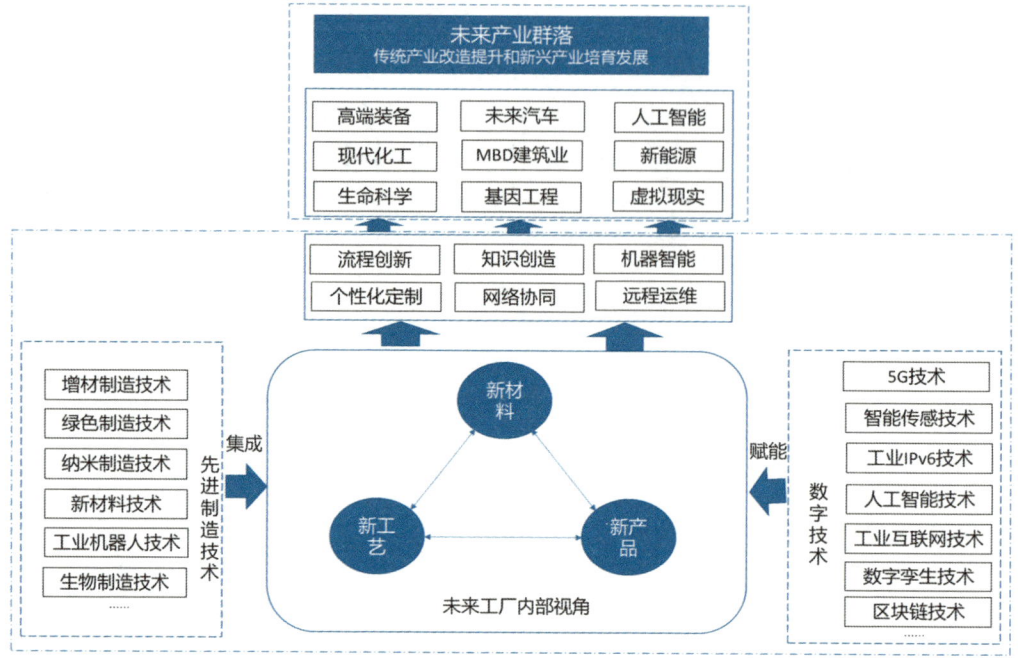

图 2-9　未来工厂群落视角

二、"灯塔工厂": 关于先行者的若干经验启示

为进一步展示未来工场可能的制造场景,本书结合世界经济论坛(World Economic Forum,WEF)和国际知名研究机构麦肯锡联合评选的 44 家世界级"灯塔工厂",通过系统性分析其行业特性和技术特点,为未来工厂进行"画像"[①]。

1. "灯塔工厂"基本情况概览

"灯塔工厂"指的是成功将第四次工业革命技术从试点阶段推向大规模整合阶段的工厂,并借此实现了重大财务和运营效益改善。世界经济论坛未来生产技术与创新项目组历时 3 年调研全球 1 000 多家工厂和 4 个多月的严格筛选之后,在全球范围内先后评选出了 4 批共计 44 家未来"灯塔工

---

① 参考《全球"灯塔工厂"网络:来自第四次工业革命前沿的最新洞见》(白皮书)。

厂"。总的来看，44家"灯塔工厂"在应用第四次工业革命技术、实现生产现代化方面走在了行业前列，其效益比一般工厂高出20%—50%，其中，有30%以上的"灯塔工厂"应用了新的转型管理技术；60%—70%的"灯塔工厂"参与了以第四次工业革命为主题的多方利益相关合作；85%的"灯塔工厂"确立了以提高资源的生产力及使用效率的目标。

（1）从区域分布看：欧亚双寡头格局基本成型。从全球分布来看，亚洲"灯塔工厂"数量最多，总数为24家；欧洲次之，总数为15家；北美洲3家，均位于美国；南美洲2家，均位于巴西。从国别角度来看，中国"灯塔工厂"数量最多，共计有12家，但由本土企业打造的"灯塔工厂"仅为6家（海尔2家、富士康、上汽大通、潍柴动力、宝山钢铁）；德国和美国分别有4家和3家；法国、意大利、日本、土耳其、印度尼西亚、新加坡、巴西分别有2家；英国、荷兰、瑞典、芬兰、罗马尼亚、爱尔兰、捷克、沙特阿拉伯、阿拉伯联合酋长国、印度、韩国分别有1家。

（2）从行业分布看：汽车领衔，多行业分布。从行业分布来看，"灯塔工厂"分布行业类别广泛，覆盖了汽车（7家）、生物医药及器械制造（7家）、电子设备及半导体元器件（7家）、工业设备及自动化（6家）、钢铁（4家）、消费品（4家）、家用电器（3家）、油气处理（3家）、农业设备（1家）、化学品（1家）、采矿业（1家）、增材制造（1家）等多个行业。汽车、生物医药及器械制造、设置设备及半导体元器件以其技术高度、资本密集的特征，成为"灯塔工厂"分布数量最多的三大行业；其次是工业设备及自动化行业，共有6家企业入选。

（3）从企业规模看：跨国集团为主体，高科技中小型企业为补充。从入围企业来看，各大制造业头部型企业均出现成熟的"灯塔工厂"建设案例，譬如西门子、施耐德、塔塔钢铁以及我国海尔、上汽大通等企业。与此同时，Rold、Zymergen的入选则清晰传递出了另一个信号，那就是"灯塔工厂"并非跨国集团专利，对于处于数字化转型关键时期的科技型中小企业，以及初创型技术公司，只要能够找到适配程度高的技术发展路径，同样能够在第四次工业革命时代找到适合自己的位置。

（4）从链接环节看：从制造环节优化向"端到端"全链拓展。所有"灯塔工厂"在工厂层面实现了成功转型，通过其在生产效率、可持续性、敏捷性、定制化等方面展现出强大竞争力。与此同时，海尔、强生、雷诺、诺基亚等14家企业，则进一步打通了端到端价值链，将新技术革命的旅程拓展到实体工厂范畴之外。它们因此也被称为端到端"灯塔工厂"。根据麦肯锡的数据，在整个端到端的价值链中，全球"灯塔工厂"网络的最佳数字化用例已达92个，囊括了数字化制造、供应网络对接、端到端产品开发、端到端规划、端到端交付、客户对接、可持续性等多个方面。随着第四次工业革命的进一步成熟，数字化技术的案例库内容也会更加丰富。

2.关于"灯塔工厂"建设的若干经验启示

"灯塔工厂"成功克服了大多数制造业公司所面临的典型痛点，如概念理解问题、新技术应用推广难题、数字孤岛问题、实用商业案例缺乏等，为浙江省制造业企业数字化转型和微观效率提升提供了宝贵的经验借鉴。具体启示可以归纳为以下几个方面：

（1）坚持价值创造导向并成功跨越"试点陷阱"。大规模部署新技术可以对制造效率产生重大影响。根据麦肯锡研究院测算，仅人工智能技术的具体应用就可以为"领军型"企业带来1倍以上的现金流增长，而追随者则能实现10%—20%的现金流增长。但这并不意味着新技术的应用就可以为企业带来效益提升。世界经济论坛此前有研究表明，由于技术落实的策略不当，70%以上的企业投资的大数据分析、人工智能、3D打印等技术应用项目没能撑过试行阶段。这说明在技术蓬勃发展的同时，企业结合自身所处的行业特点和发展基础采取合适的技术路线推进显得尤为重要。"灯塔工厂"秉承务实主义，始终坚持价值导向，成功将合适的技术创新成果应用于商业实践中，因而能够成功跨越"试点陷阱"，取得效率水平大幅提升和远高于行业水平的价值创造能力。

（2）工厂决策从经验驱动转向"数据+经验"双驱动模式。"灯塔工厂"选择可扩展的信息技术（IT）架构与操作运营技术（OT）架构融合，帮助企业决策摆脱了传统工厂简单依靠企业家单一决策的经验主义色彩，而依靠云计算、大数据、商业智能分析（BI）赋能企业决策，建立了以"数据+经验"双驱动模式。一方面，现代化的工业物联网基础架构和数据模型有助于链接业务流程、管理系统和人员系统，从而为企业实现突发设备故障最小化、决策最优化提供支持，优化业务过程、削减业务成本，缩短项目时间进程和降低风险；另一方面，依托物联网、远程运维等技术使得新的数字化用例能够以较低成本进行部署，从而实现多区域、多平台、多工厂协作。常见的生产工艺流程通过数字化之后变得有规律可循，并且"灯塔工厂"普遍采用数字化业绩管理、先进分析平台、数字化质量等见效大而又可实施的用例。工程师也具备开发工业现场级App和解决方案来提高任务完成效率的能力。

（3）具有影响或者主导行业生态圈的强大力量。未来头部型企业之间的竞争将以生态竞争为主，因此要发挥"灯塔工厂"的全部潜力，就必须纳入中小企业这一关键因素，从而优化整个价值链和生产生态系统，并涵盖所有地理区域和众多中小企业。"灯塔工厂"拥有开放的发展观，同时具备影响或者主导相关行业生态圈的强大能力。有55%的"灯塔工厂"积极吸收产业链上企业、产学研平台，联合打造行业共性服务平台，如联合研发中心、工业互联网平台等，并通过提供创新增值服务和打造新商业模式来产生新收入来源。它们具体包括基于设备的使用频次和订购时间的付费模式，提供连接数据和利益相关方的技术平台，以及把知识产权、数据和行业洞见转化为收入和利润。

（4）重视现代产业工人培养及人机协作能力提升。"灯塔工厂"的一个共同特点是，通过部署现代化生产装备、强化技能培训来不断提升员工操作技能，并让员工专注于最有增值效应的活动，以便于最大程度地发挥人类的决策能力和新环境的适应能力。同时，"灯塔工厂"也注重车间现场级的环境改善，随着自动化水平的进一步提升，车间内重复劳动会不断减少，工作的趣味性、多样性和生产率会提高，从而增强工作场所对人才的吸引力。此外，"灯塔工厂"领导者还注重通过投资员工来提升能力，并帮助其养成终身学习能力。有71%的"灯塔工厂"通过工业物联网学院组织培训、企业间交流学习，帮助企业提升员工技能，积极发展各种专注于技术的有效学习方法，包括引入游戏化、数字化的学习途径和虚拟现实、增强现实的学习工具，从而建立了一个机动灵活的劳动力群体，更好地受益于新一轮工业革命带来的机遇。

三、未来工场：产城融合视角下的未来工厂升级版

1. 从"厂"到"场"

从字面意义上看，"厂"通常指的是制造生产资料或生活资料的场所。而"场"通常是指适应某种具体需要的比较大的地方。从空间上来看，工场的范畴明显要大于工厂，其内涵也比工厂要丰富得多。

 专栏 2–5

关于"厂"和"场"的辨析

1. 厂
(1) 指用机械制造生产资料或生活资料的工场。
(2) 有空地方可以存货或进行加工的地方，如煤。
(3) 棚舍："枳篱茅～共桑麻。"
(4) 中国明代为加强专制统治而设的特务机关。

2. 场
(1) 适应某种需要的比较大的地方。
(2) 舞台。
(3) 指某种活动范围。
(4) 事情发生的地点。
(5) 指表演或比赛的全场。
(6) 戏剧中较小的段落，每场表演故事的一个片段。
(7) 用于有场次或有场地的文娱体育活动。

未来工场发轫于未来工厂，是未来工厂的全部继承，但同时又高于未来工厂，其在形态上能够纳入更为广阔的制造要素和生活要素，打破固有

的工厂边界，可以视为未来工厂的升级版。对制造业而言，未来工场不仅仅依赖于物理上的"工厂"概念，也是新一代信息技术、数字技术在制造过程、经济运行过程中的场景化应用。未来工场以"产城人文"融合为核心，是基于数字技术的经济增值的"基本单元"，是未来经济高质量发展的阳光大道。正如世界经济论坛在《2030年的全球制造业》白皮书中展望的一样，未来制造业的空间主体可能回归城市。制造本土化以及"清洁增长理念"的兴起、技术水平的提升，使制造业几乎可以不需要"自然光"。未来制造业的特征是企业拥有应对制造问题的"适当技术"，地处物流高效、人才集中的城市核心区，拥有良好的工作环境和工艺条件。同时，企业将不断强化"以人为本"的原则，以满足区域内外需要为出发点，实现更高水平的人机协同、快速响应，并做出可持续发展的决策，成为未来城市系统的重要建设者。

2. 基于未来学视角的"工场"

未来工场到底是个什么样子？它怎么来的？在对未来工场进行宽维度、广视角的分析后，结合国内外主要工业地区、企业、园区的典型实践，关于未来工场，笔者形成了以下几点思考：

（1）"未来工场"这四个字让人们对"未来的制造业形态"充满想象。但站在当下，过去历史上所有有关"未来"的起点都是"现在"。1516年《乌托邦》的发表，标志着人类对于未来社会整体性想象的开始。细细思考，其实站在当下对未来的展望并不都是虚无缥缈的幻想，而全都是关于当时社会现实诉求最真实的回应。

（2）"未来工场"经常与"智慧园区""智慧工厂"这些概念关联，乃至对等起来。这与当前经济社会变得越来越技术化、现代化趋势是一致的，本无可厚非，甚至在科技至上的今天也没有工具可以严格区分开来。但一个最大的遗憾就是，将"未来工场"与"智慧园区""智慧工厂"简单地等同起来看，会让人们舍弃工场在"未来"可能拥有的100种可能形态，只保留"智慧"这一种可能。未来工场应该能够承载更多的人类发展需求，除了智能之外，还可以包括绿色、节能环保与可持续，以及宜业宜居的工作和生活场所的提供与支撑。

（3）站在当下，在"未来"跟"智能"的关系不清不楚的情况下，"人"似乎成为工场中最明确、最可靠的基础，但当前的工场中存在的最大问题之一就是产城融合做得不够，工人、企业家、社区近邻间没有"共同未来"（有时候称为"共同愿景"）。如果没有"共同未来"，那如何谈可持续，更谈不上形成未来工业发展的主流意识形态，"未来工场"的概念也将变得虚无缥缈，甚至变得不可靠。

因此，城市、园区、产业三大尺度下的"未来工场"不是一块随意涂抹的画板，而是一种思想，一种有限约定，甚至是在某些场合下的一种工具。

本章试图给出未来工场的内涵及支撑体系。首先，描述了未来工场的全新内涵，提出未来工场更加关注工业生产的经济性、社会性、人文性。其次，综合20世纪70年代以来国际产学研各界关于未来制造形态的广泛探索，结合近年来新一代信息技术所引发的系统性、革命性、群体性的技术突破和产业变革，总结归纳出面向未来制造及应用场景的未来工场广泛互联、软件定义、数据驱动、平台支撑、精益制造、组织重构、广泛互动七大特征，提出未来工场将成为未来产业中的一个新型基础设施，并与未来园区、未来社区、未来交通、未来政府等未来城市载体形成广泛交互。今后对未来工场场景的描述还有待于进一步归纳和提升，但是这七个维度是最基本的要件。

第三章 未来工场的内涵及支撑体系

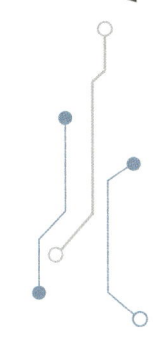

第一节　未来工场的内涵

与未来工厂相比,未来工场的内涵更加丰富。未来工场的远景图如图3-1所示。

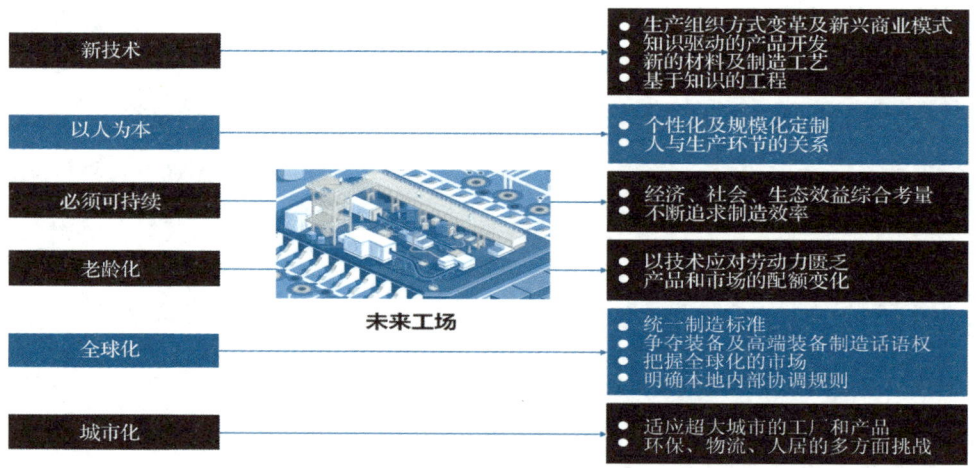

图3-1　未来工场的远景图

未来工场虚化了制造业发展的空间边界,更加突出经济、社会、环境的制造可持续性,体现了高度"以人为本""产城融合"的发展理念。未来工场将从更加关注工业生产的经济性、社会性,利用更先进的技术,有效降低社会资源的浪费,同时减少环境污染。这种高效能的制造方式,不但集成了柔性、高生产力、精准和零缺陷等特征,同时还关注能源资源的消耗效率。同时，未来工场将人的技能与技术相融合，促使"人"在制造系统中强化能力和技巧，大幅提升制造效率。未来工场也将更加突出工业活动的空间观念，致力于为人类提供更加环保、安全、舒适的生活环境，甚至会肩负起为其供应链上的全部相关方提供关怀和宜居条件的使命。未来工场也将进一步降低能源和资源消耗，增加可再生能源的使用，尽可能做到工艺过程零排放、碳中和，优化或简化制造过程中对材料的加工利用，成为真正意义上的零排放工厂。

第二节 未来工场的主要特征

综合20世纪70年代以来国际产学研各界关于未来制造形态的广泛探索，结合近年来新一代信息技术所引发的系统性、革命性、群体性的技术突破和产业变革，总结归纳出面向未来制造及应用场景的未来工场可能具备的几大特征。

一、广泛互联：连接一切可连接的工业要素资源

5G和F5G通信网络的升级、工业软件系统的推广、智能终端的普及以及各类传感器的使用，大幅促进了人、机、物的泛在互联，使得产品与生产设备之间、不同的生产设备之间能够实时联通、相互识别和有效交流。未来工场是能够实现各类设备与设备广泛互联（M2M），并通过与设备控制系统集成、外接传感器等方式，由数据采集与监控系统（SCADA）实时采集设备的运行状态、运行参数、故障状态，以及生产完工、物料消耗、产品质量等信息，并通过应用无线射频技术（RFID）、条码（一维和二维）等技术，实现生产过程的可追溯。未来工场的内外互联如图3-2所示。

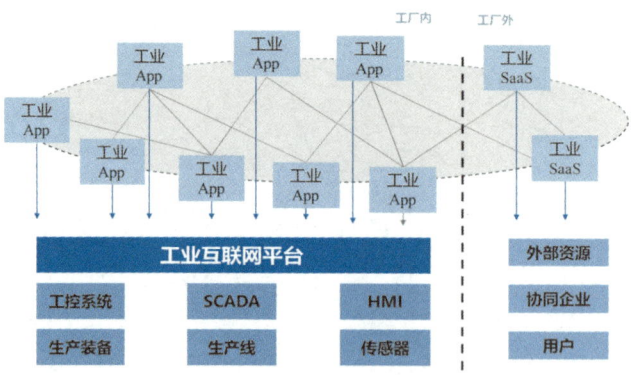

图3-2　未来工场的内外互联示意图

二、软件定义：应用各类智能软件重新定义制造范式

软件定义本质上就是实现物理世界运行规律在数字化空间的模型化、算法化、代码化、工具化。软件不仅可以广泛定义各类产品结构和功能，而且可以定义生产流程和生产方式，从根本上优化产品服务、业务流程、企业组织和产业生态。而未来工场的一个重要特征就是集成了高级规划系统（APS）、制造执行系统（MES）、产品生命周期管理（PLM）等常用工业软件，并实现工业生产场景的可视化、透明化。在新建工厂时，通过数字化工厂仿真软件，进行设备和生产线布局、工厂物流、人机工程等仿真，确保工厂结构合理；在推进数字化转型的过程中，必须确保工厂的数据安全、设备和自动化系统安全；在通过专业检测设备检出次品时，不仅要能够自动与合格品分流，而且能够通过统计过程控制（SPC）等软件，分析出现质量问题的原因。

三、数据驱动：构建一套数据自流动的闭环赋能体系

随着大数据分析、人工智能等数字技术加速向研发、生产、管理、服务等环节渗透，未来工场将构建起一套以数据自流动的状态感知、实时分析、科学决策、精准执行的闭环赋能体系。通过建立生产指挥系统，实时洞察工厂的生产、质量、能耗和设备状态信息，避免非计划性停机；通过建立数字孪生工厂，便捷地掌握生产现场的状态，辅助各级管理人员做出正确决策，逐渐形成从局部向系统再向全局、从单环节向多环节再向全流程、从单个企业向全产业链赋能的智能生态运行体系，从生产排产指令的下达到完工信息的反馈，实现闭环赋能体系。

四、平台支撑：打造"薄前台、厚中台、宽后台"的平台支撑体系

通过业务中台、数据中台、技术中台、组织中台等各类平台搭建，赋

能未来工场生产制造运行全流程体系,使中台体系成为全要素、全产业链、全价值链连接的载体和枢纽,有助于降低空间和时间对制造场景的限制;通过共性能力和个性能力的剥离和沉淀,形成"薄前台、厚中台、宽后台"的新型工厂组织架构体系,大幅提升资源配置、多方参与、创新活跃、高效协同的多方共赢未来工场新生态。未来工场的平台支撑如图3-3所示。

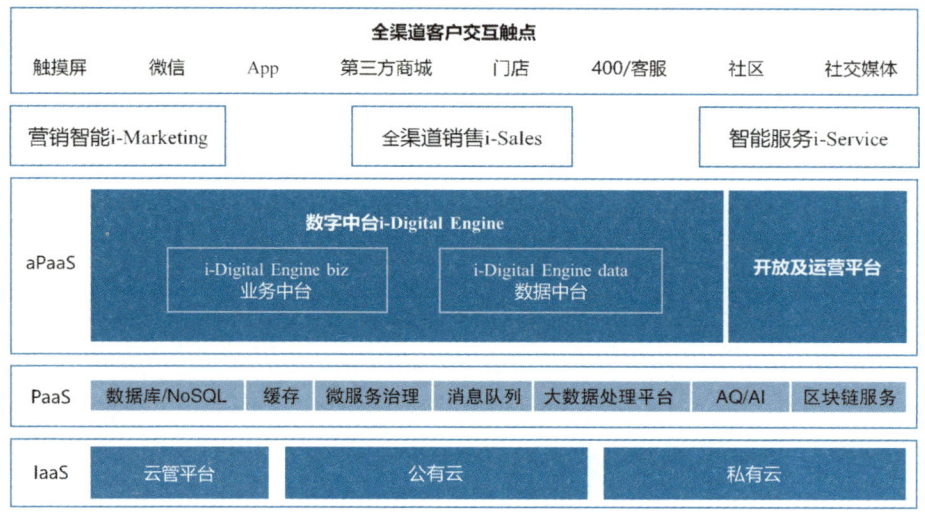

图3-3　未来工场的平台支撑

五、精益制造:体现快速反应、集约高效等特点

未来工场应充分体现工业工程和精益生产的理念,能够实现按订单驱动的拉动式生产,尽量减少在制品的库存,消除浪费。未来工场建设要充分结合企业产品和工艺特点,在研发阶段也需要大力推进标准化、模块化和系列化,奠定推进精益生产的基础。具体而言,未来工场可根据具体产品和工艺流程特点,持续提升生产、检测和工厂物流的自动化程度。对于产品品种少、生产批量大的企业可以实现高度自动化,乃至建立"黑灯工厂";对于小批量、多品种的企业则应当注重少人化、人机结合,不要盲

目推进自动化，应当特别注重建立智能制造单元。与此同时，未来工场能在某些极端条件下，制造极端尺度或极高功能的器件和功能系统，集中表现在微细制造、超精密制造、巨系统制造等方面。未来工场的精益生产特征如图3-4所示。

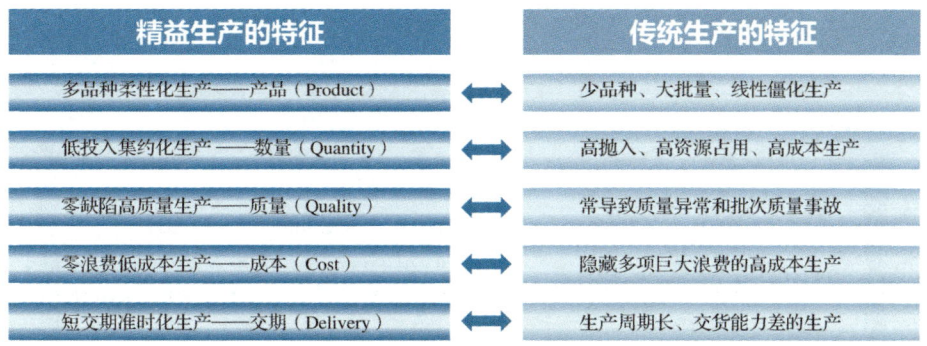

图3-4　未来工场的精益生产特征

六、组织重构：全面重构社会创新分工协作体系

未来工场源于工厂，具有贴近新材料、新工艺、新产品的"一线"优势，但又高于传统工厂，在新理念、新技术、新知识创造方面，与"实验室经济"[①]又不谋而合。在管理架构上，未来工场驱动了IT架构与OT架构融合，实现了企业内部管理架构的革新。在创新协调方面，未来工场可以视作"实验室经济"和智能工厂的混合升级版本，将是实现创新与产品零距离、跨越创新"死亡之谷"的全新尝试。

七、广泛互动：成为未来城市系统的关键基础设施

随着数字技术、制造技术、材料技术以及"未来学"所牵引的未来产

[①] 被选择出来的"灯塔工厂"，需要符合下列四项高标准：一是拥有多项成功案例；二是有可拓展的技术平台；三是在关键的推动因素方面表现出众，如管理变革、构建能力等；四是与第四次工业革命社区开展了广泛深入的合作。

业生态群落兴起，未来工场的形态将更加成熟和多元化，成为未来产业中的一个新型基础设施，并与未来园区、未来社区、未来交通、未来政府等未来城市载体形成广泛交互。未来工场的架构体系如图3-5所示。

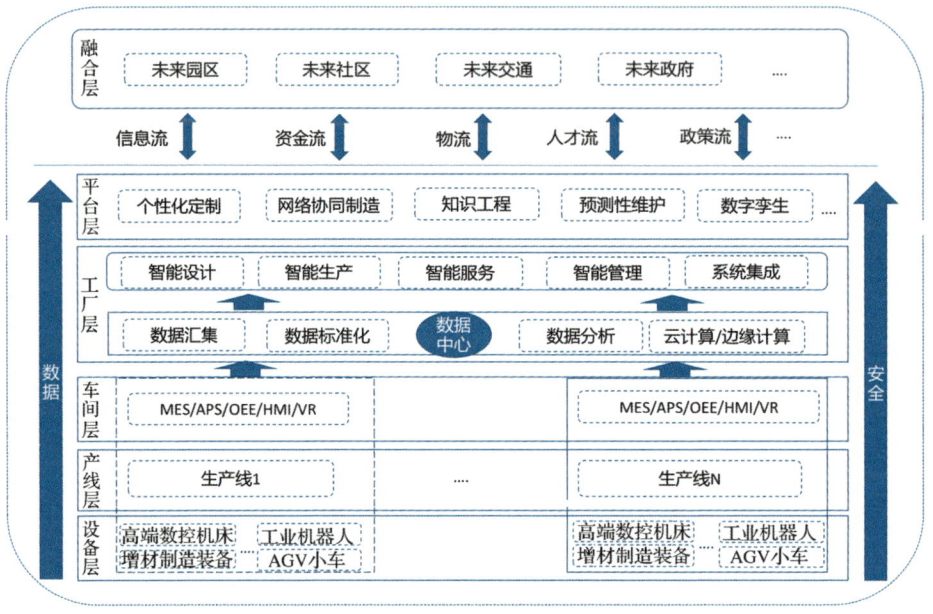

图3-5 未来工场的架构体系示意图

第四章 未来工场的技术观

历史上，技术创新推动了历次工业革命和全球化分工的浪潮，技术创新，尤其是底层技术创新和颠覆式技术创新，正成为主要工业国家的共同追求。正如联合国工业发展组织发布的《2020年工业发展报告》所倡议的：新技术是成功实现包容与可持续工业发展的核心。这些新技术创造新产品，继而催生新兴产业，同时也可以促进生产效率提高，进而降低工业品价格并刺激大众消费，最终增加工业利润并对投资等产生一系列潜在的后续影响。在适当的背景下，新技术还可以支持环境可持续性、社会包容性目标的实现。

本章以当前国内外工业企业应用广泛的数字制造技术为蓝本，综合考虑当前行业内讨论较多、应用前景取得广泛共识的前沿技术，总结归纳了未来工场的关键使能技术。当然，随着技术的变化，关键使能技术的内涵和路径也呈阶段性，甚至不仅仅在内核技术上，还应包括软管理技术。

第一节　数字赋能技术

数字赋能技术指的是由新一轮产业革命所孕育的智能技术群，包括5G、智能传感、工业IPv6、人工智能、工业互联网、数字孪生、区块链等技术，是推动制造业向信息化、服务化转型的关键技术，也是未来工厂体现"技术代差"的关键技术。

一、人工智能技术

人工智能技术被普遍认为是未来工业中最重要的使能技术，将会大幅提升企业生产经营效率，增加工厂结构和流程的灵活性。2019年，美国、中国、英国、欧盟、日本和韩国等世界主要经济体继续加强政策引导，加大政策支持力度，积极抢占人工智能制高点。新加坡、丹麦、荷兰和俄罗斯等人工智能领域的新兴国家，也积极制定人工智能国家战略，加快人工智能产业发展。根据波士顿咨询公司的测算，人工智能技术的大范围应用有望在2030年前降低制造商多达20%的加工成本，而且这种减少至多将有70%源自更高的劳动生产率。制造商还可以利用人工智能研发为特定客户量身定制的创新产品，并大幅缩短交货期，实现敏捷制造。

当前，人工智能已经进入了以数据/知识为深度洞察的新时代，尤其是以Alpha Go为代表的深度学习学派和知识图谱为代表的知识工程学派崛起，引发了人们关于人工智能应用场景的想象，并直接带动了人工智能在工业领域的应用拓展。根据《工业智能白皮书（2019讨论稿）》的描述，目前工业领域取得较好的人工智能应用包括：基于工业大数据驱动的优化、决策、深度视觉的质量检测；解决全局性、行业性问题的工业图谱技术；协调人机交互、分工协作的工业机器人应用。目前，人工智能在工业细分应用场景已经多达数十种,如不规则物体分拣、供应链风险管理、融资风险管控、设备运行优化、复杂质量检测等,并且在未来仍有广阔的应用拓展空间。

二、5G通信技术

4G时代成就了苹果(Apple)、亚马逊(Amazon)、脸书(Facebook)、谷歌(Google)和国内以BAT(百度、阿里巴巴、腾讯)为代表的一系列互联网公司。4G时代所引发的技术红利让各国政府大大提升了对通信网络技术的关注度。随着新一轮科技革命的到来,新一代信息通信技术应运而生,其中5G所引起的技术变革效应最被看好,中国、美国、韩国、欧洲等国家和地区关于5G的技术竞争也最为激烈。根据美国通信和互联网协会发布的调研报告《5G全球竞争》,中美两国在5G领域的政府战略、民营企业5G技术研发及引入进度、频谱分配等方面综合得分并列第一,韩国第三,日本第四。

从技术的角度来讲,"5G"指的是一个行业标准,即"第五代移动通信技术标准",可以给用户带来更高的带宽速率、更低更可靠的时延和更大容量的网络连接。5G是未来工场的重要赋能技术之一,已经被普遍认为是第四次工业革命中全球竞争的新型基础设施。

5G在工业领域的应用也存在广阔的想象空间,譬如在AR装配指导、AI(人工智能)质检、设备智能监控和远程运维、机器人巡检、机器人协作、物流装备智能化管控、远程操控等方面,利用5G网络将生产设备无缝连接,并进一步打通设计、采购、仓储、物流等环节,使生产更加扁平化、定制化、智能化,从而构造一个柔性化生产的智能制造网络。一方面,5G拥有高速度、泛在网、低功耗、低时延等优势,可以助力柔性化生产的大规模普及。5G网络进入工厂后,通过高可靠性网络的连续覆盖,使各类设备在工作区域灵活性大幅提升,实现各种场景下不间断工作以及工作内容的平滑切换。5G网络也可有效满足各种具有差异化特征的网络业务需求。针对大型工厂中不同生产场景对网络的差异性服务质量要求,5G网络以其端到端的切片技术,同一个核心网中具有不同的服务质量,按需灵活调整。另一方面，5G 网络可构建连接工厂内外的以人和机器为中心的全方位信息生态系统，最终使任何人和物在任何时间、任何地点都能实现彼此信息共享。消费者在要求个性化商品和服务的同时，企业和消费者的关系发生变化，消费者将参与企业的生产过程，可以通过 5G 网络跨地域参与产品的设计，并实时查询产品状态信息。

 专栏 4-1

"5G+工业互联网"将催生巨大市场机遇

5G 与工业互联网融合应用目前尚处于孵化探索初期，部分应用已逐步走向成熟。在应用发展节奏方面，依据场景设备与 5G 融合的难度、5G 相关终端模组发展的程度、应用场景涉及的工业生产环节等几方面的因素，多类应用目前分别处于不同的发展阶段。其中，5G 与超高清视频的融合应用面向工业领域改造的难度较低，将成为 5G 在工业互联网领域的第一批应用；5G+机器视觉、远程运维、移动巡检等应用已进入高速发展期，经济价值逐渐显现，未来一至两年将成为主流；5G+智能物流、预测性维护、设备状态检测等受限于 5G 与工业设备的深度融合及 5G 模组的发展，还需等待产品成熟，未来两至三年将有较快发展；5G+远程控制、移动控制等控制类业务由于涉及工业核心控制环节，目前还处于探索期，有待进一步的实际验证。工业互联网成熟度曲线如图 4-1 所示。

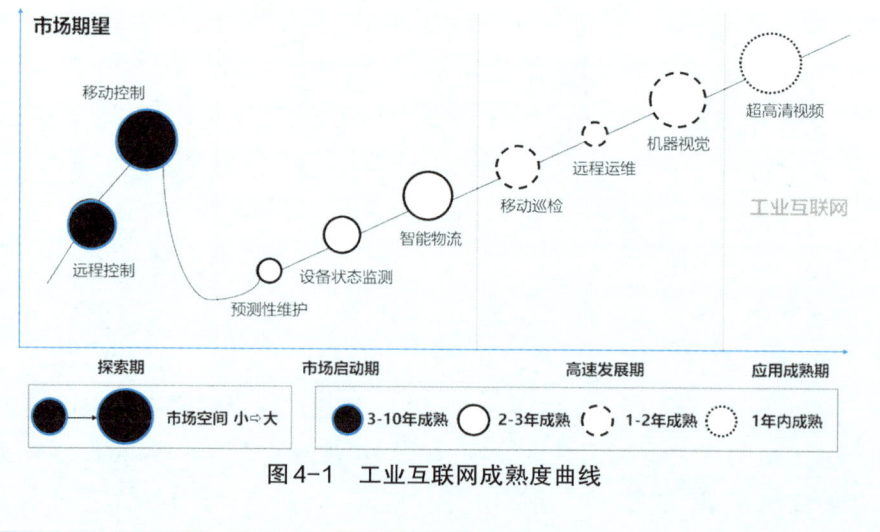

图 4-1 工业互联网成熟度曲线

三、数字孪生技术

数字孪生（图4-2）是近年来快速兴起的前沿技术，其概念最早出现于2003年，由Micheal Grieves教授在美国密歇根大学的产品全生命周期管理课程上提出。后来，美国国防部将数字孪生的概念引入航天飞行器的健康维护等环节中，并将其定义为集成多物理量、多尺度、多概率的仿真过程，基于飞行器的物理模型构建其完整映射的虚拟模型，利用历史数据以及传感器实时更新的数据，刻画和反映物理对象的全生命周期过程。西门子是比较早将数字孪生理念引入其产品战略中的公司，在市场上具有巨大的影响力。西门子数字工厂业务部门将数字孪生定义为产品或生产工厂的精确虚拟化模型，认为其展示了产品和生产全生命周期的演进，有助于工作人员预测行为、优化性能，并从设计经历和生产经历中获得洞察力。

图4-2　数字孪生示意图

Gartner连续三年（2016—2018年）将数字孪生列入当年十大战略科技发展趋势。至2019年，Gartner继续认为数字孪生技术在未来5年将产生破坏性创新，并带来商业机遇。也就是说，数字孪生在未来10年内都具有颠覆性价值。到2020年，互联传感器与端点多达200亿，服务于数十亿个物件。

四、云计算与边缘计算

作为近十年来发展最为迅猛的新兴技术，云计算（Cloud Computing）不仅在信息存储、交互和运算等技术应用方面产生了巨大影响，而且推动了新一轮的商业模式创新和变革。云计算已经成为智能经济的基础设施，它既是人工智能、5G等新一代信息技术提供计算、存储、网络服务的重要支撑，也是新一代信息技术的分发-获取平台，借助其资源共享、按需付费、技术集中的特点，用户可以以较高的经济性获得能力持续提升的新技术。不仅如此，云计算还能够在长周期维护、业务决策支撑、科研高性能计算等领域发挥优势。

边缘计算在靠近数据源或用户的地方提供计算、存储等基础设施，并为边缘应用提供云服务和IT环境服务。相比于集中部署的云计算服务，边缘计算解决了时延过长、汇聚流量过大等问题，为实时性和带宽密集型业务提供更好的支持。在智能制造领域，工厂利用边缘计算智能网关进行本地数据采集，并进行数据过滤、清洗等实时处理。同时边缘计算还可以提供跨层协议转换的能力，实现碎片化工业网络的统一接入。一些工厂还在尝试利用虚拟化技术软件实现工业控制器对生产线机械臂进行集中协同控制，这是一种类似于通信领域软件定义网络中实现转控分离的机制，通过软件定义机械的方式实现了机控分离。

云计算与边缘计算之间是互补协同关系（图4-3），前者更适合全局性、非实时的较大规模资源占用的场景，后者则适合局部性、实时、短周期的

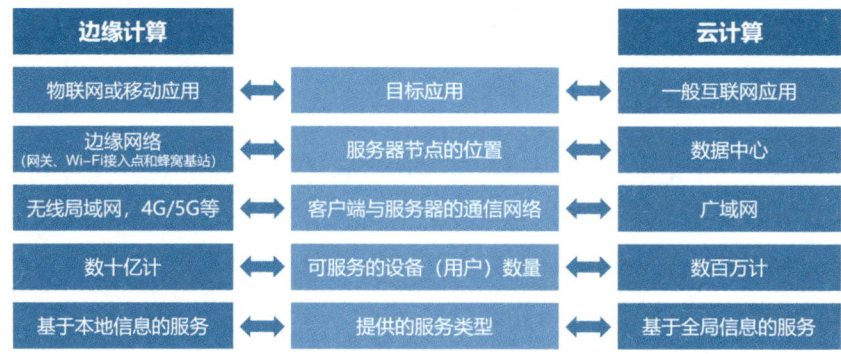

图4-3　云计算与边缘计算协同关系

小规模资源占用场景，能更好地支撑本地业务的实时智能化决策与执行。

五、区块链技术

区块链技术是一种计算机的集成应用，包含分布式数据存储、点对点传输、共识机制、加密算法等新技术。它不仅具有去中心化、开放性的特点，还具有防篡改、匿名性等安全优势，可以在实体经济企业生产、销售、管理、运维、大数据应用等各个环节发挥作用，甚至是重塑这些流程。

区块链赋能制造业具有以下几个方面优势：

1. 大幅降低制造业成本

由于未来供应链可能分布在全球，且交发货处于不同时间点，容易造成产品的研发、制造和交付过程难以被跟踪，通过区块链技术则可创建更透明、更安全的供应链，因为它提供了实时可见的可靠路径。透明的实时供应链系统可以使制造商能够快速检测并解决突发问题，无论是产品错误还是安全漏洞，都可以通过区块链找出问题原因，这样可以减少产品召回的概率，从而进一步降低产品制造服务的成本。

2. 防止工厂数据被操纵和篡改

随着数字经济和工业物联网的发展，制造业已经成为黑客攻击的第二大目标。区块链技术提供了一种创新的方法来提高网络安全，保护组织免受网络攻击，通过采用分布式节点方法来存储信息，供应链合作伙伴可以实时查看产品和流程的真实性，且对每一个交易都可以进行审计和跟踪，可以防止数据被操纵或篡改，进一步提升了数据的安全性。

3. 赋能供应链金融，破解中小制造企业融资难、融资贵难题

区块链技术具有的分布式容错、不可篡改、隐私安全、可追溯的技术特点，能够对授信业务形成强有力的支撑，也能够切实提升供应链金融企业之间的信任程度、降低双方成本，最终使金融授信业务变得更加易于监管和可控。通过区块链赋能供应链金融，对产业链上的核心企业，可以提

升产业链的效率,加速资金流动、转型升级和产金结合;对产业链上下游的中小企业,可以解决融资困难问题;对金融服务机构而言,有了核心企业的信用兜底,能够大幅降低银行的贷款压力。区块链赋能供应链金融流程示例见图4-4。

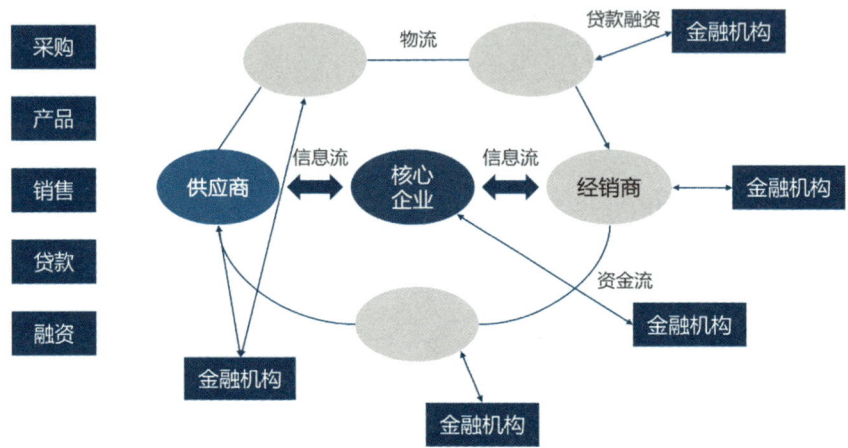

图4-4 区块链赋能供应链金融流程示例

六、智能传感技术

传感器是自动化智能设备的关键部件,通过"望、闻、听、切"来感知产品、设备和工业环境的各种状态信息。"望"包括各种视觉传感器、红外传感器、射线传感器,"闻"包括各种气体传感器,"听"包括各种声音传感器,"切"包括各种压力、温湿度、振动、位移传感器等。智能传感器(Intelligent sensor)一般带有微处理机,具有采集、处理、交换信息的能力,是传感器集成化与微处理机相结合的产物。与一般传感器相比,智能传感器具有以下三个优点:通过软件技术可实现高精度的信息采集,而且成本低;具有一定的编程自动化能力;功能多样化。几乎所有先进制造技术都有一个共通的东西:它们都由处理巨量数据的算法驱动。正因如此,那些捕捉并记录数据的东西才如此重要,如监测湿度的传感器、确定位置的全球卫星定位系统(GPS)跟踪器、测量材料厚度的卡尺等。这些设备不仅越来越多地用于智能手机的智能化,还使得智能、灵活、可靠、高效的制造技术成为可能。在未来工场里，智能传感器不仅有助于引导日益灵敏的机器，还提供管理整个制造场景及后续运维管理所需要的信息。制造产品从制造、配送、运维、报废等环节都可以跟踪。一个典型应用就是劳斯莱斯公司（Rolls-Royce）在其喷气式发动机中安装了传感器，实现了对发动机运行性能的状态感知和问题检测。通过传感器的应用，该公司实现了由原先卖发动机向卖数据服务转型。传感器工作原理如图4-5所示。

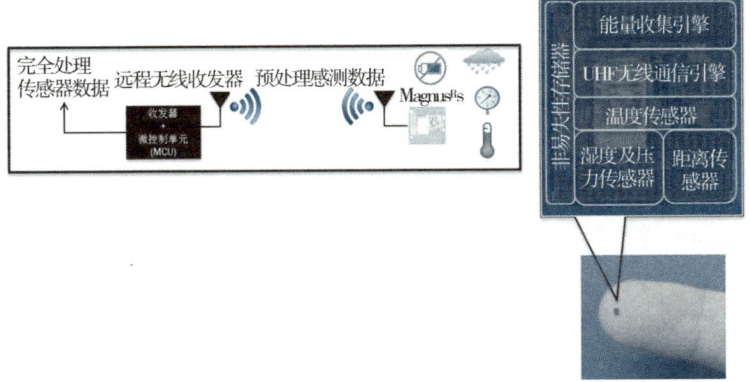

图4-5　传感器工作原理示意图

七、工业IPv6技术

IPv6是英文"Internet Protocol Version 6"（互联网协议第6版）的缩写，是互联网工程任务组（IETF）设计的用于替代IPv4的下一代IP协议。IPv6将IPv4中32位的地址长度扩展到了128位，理论上可以让全世界的每一粒沙子都能分配到一个IP地址。IPv6的使用，不仅能解决网络地址资源数量的问题，而且也解决了多种接入设备连入互联网的障碍。

未来是万物互联的时代，在大型企业的生产场景中，经常涉及跨工厂、跨地域设备维护，远程问题定位等场景。工厂维护工作按照复杂程度，可根据实际情况由工业机器人或者人与工业机器人协作完成。在未来，制造场景下的每个物体都是一个有唯一IP地址的终端，使生产环节的原材料都具有"信息"属性。原材料会根据"信息"自动生产和维护。人也变成了具有特定IP地址的终端，人和工业机器人进入整个生产环节中，和带有唯一IP地址的原料、设备、产品进行信息交互。在IPv4枯竭的情况下，IPv6必将成为未来工业界大力推广的新趋势。与IPv4相比，IPv6具有以下优势：一是更大的地址空间，IP地址长度为128，最大地址个数为2^{128}个；二是更小的路由表，提高了路由器转发数据包的速度；三是增加了增强的组播支持以及对流支持，为服务质量控制提供了良好的网络平台；四是加入了对自动配置的支持，对网络的管理更加方便和快捷；五是用户可以对网络层的数据进行加密并对IP报文进行校验，安全性更高；六是有新的技术或应用需要时，IPv6允许协议进行扩充。

八、量子信息技术

量子信息技术结合了量子力学理论和信息技术，将彻底变革计算、编码、信息处理和传输过程等信息技术，有望成为下一代信息技术的先导和基础，是提升国家信息技术水平、增强工业制造能力和国防实力的重要基础支撑。当前，量子计算机仍处于实验室研发阶段，通用量子计算机的研究仍然面临着消除量子噪声、减少数据丢失和纠错等问题。全球范围内关于量子计算机的重视程度正在日益提升，量子计算技术科研攻关也在不断获得突破。未来的量子通信发展，欧盟聚焦量子互联网，美国将重点研发光量子通信网络。量子计算的国际竞争愈发激烈，"量子霸权"争夺战进入白热化，谷歌、IBM、英特尔、微软、阿里巴巴、腾讯、百度等大型企业都在角逐量子计算机的研制。未来，欧盟将重点开发超过50个量子比特和具备量子纠错功能的量子处理器，美国将打造量子计算测试平台以促进硬件、架构、量子算法和模拟的开发。

经过30多年突飞猛进的发展，我国量子信息技术在理论和技术方面已经获得了举世瞩目的成就，2016年我国成功发射世界首颗量子科学实验卫星"墨子号"，意味着量子通信产业化发展进入了新的阶段。2019年11月，国防科技大学、解放军信息工程大学等高等院校及科研院所组成的量子计算研究团队提出一种依赖量子纠缠度的量子计算模拟算法，并利用该算法开发出通用量子线路模拟器，实现了对随机量子线路采样问题的模拟。在可预见的将来，量子计算将成为先进算力的重要支撑，其对工业流程、机理模型、远程运维等复杂工业过程将具备更强大的支撑能力。

第二节　先进制造技术

先进制造技术是对制造业竞争力起到决定作用的技术，是未来工业研发创新的重点，其中包括工业机器人技术、增材制造技术、绿色制造技术、生物制造技术、微纳制造技术、并行制造技术、新材料工艺等技术。

一、工业机器人技术

工业机器人是面向工业领域的多关节机械手或多自由度的机器装置，广泛集成了工业机器人控制技术、机器人动力学及仿真、机器人构建有限元分析、激光加工技术、模块化程序设计、智能测量、建模加工一体化、工厂自动化以及精细物流等先进制造技术，它可以接受人类指挥，也可以按照预先编排的程序运行，现代的工业机器人还可以根据人工智能技术制定的原则纲领行动。工业机器人组成部件如图4-6所示。

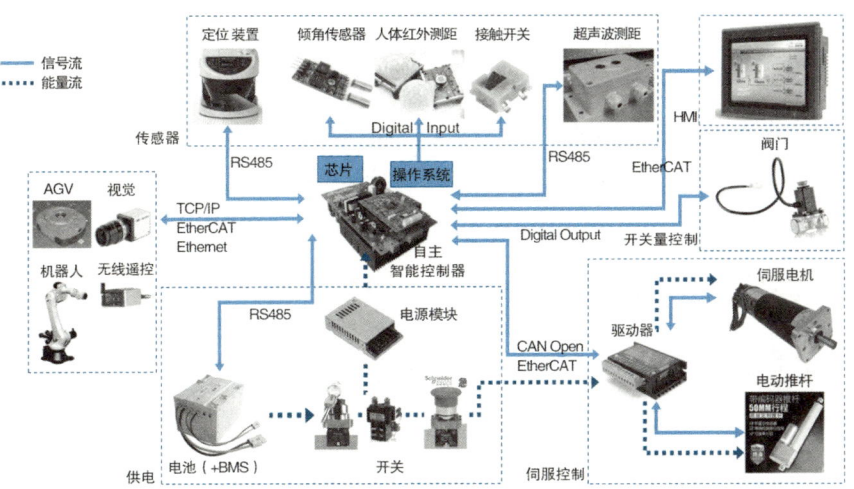

图4-6　工业机器人组成部件

工业机器人的显著特点体现在多个方面。

1. 技术综合性强

工业机器人集精密化、柔性化、智能化、软件应用开发等先进制造技术于一体，通过对过程实施检测、控制、优化、调度、管理和决策，实现增加产量、提高质量、降低成本、减少资源消耗和环境污染，是工业自动化水平的最高体现。

2. 支撑作用强

工业机器人具备精细制造、精细加工以及柔性生产等技术特点，是继动力机械、计算机之后出现的，全面延伸人的体力和智力的新一代生产工具，是实现生产数字化、自动化、网络化以及智能化的重要手段。

3. 应用范围广

工业机器人可用于制造、安装、检测、物流等生产环节，并广泛应用于汽车整车及汽车零部件、工程机械、轨道交通、低压电器、电力、IC装备、军工、烟草、金融、医药、冶金及印刷出版等众多行业，应用领域非常广泛。

二、增材制造技术

传统的制造是将完整的材料用数控机床来进行减材加工，最终得到实体零件，其过程消耗了大量的材料；增材制造（3D打印）正在快速改变产品制造的方式，通过使用三维数字模型直接打印产品，将粉末材料按照烧结、熔融、喷射等方式逐层堆积制造出实体物品。这一简化后的生产方式突破传统结构设计的限制，使生产复杂结构与优化产品性能成为可能，提升了厂家的生产弹性，缩短了生产周期，并将真正的创新思维带入产品之中。有了增材制造技术，过去只存在于想象中、被视为不可能生产的各种产品，终于能够被实现。

增材制造与传统制造的比较分析如图4-7所示。

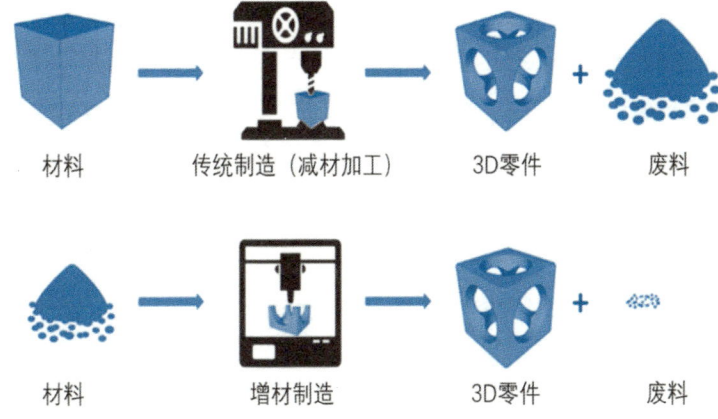

图4-7　增材制造与传统制造的比较分析

成型制造、加工（减材）制造和增材制造是当前制造领域的三大模式，图4-8所示反映了三大制造模式单位成本和制造批量大小（或规模）之间的关系。其中，成型制造最适于大批量生产，通过生产的数量来分摊购买工具和机器的高额初始投资，从而降低单位成本。与成型制造相比，加工制造的批量可以小一些，但比增材制造批量大。

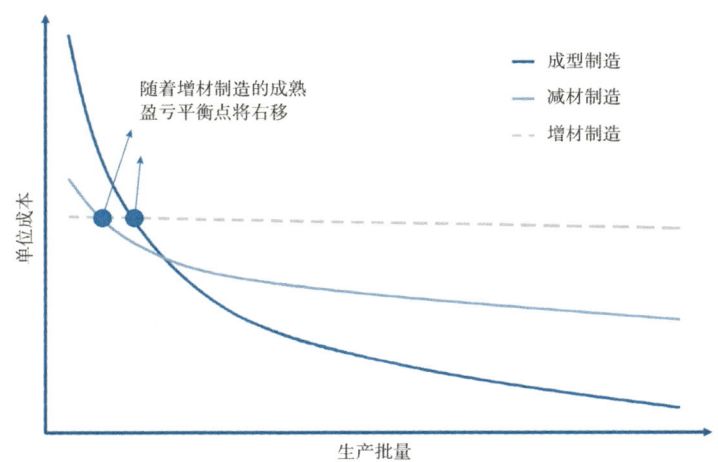

图4-8　三大制造模式单位成本与生产批量大小关系图

值得关注的是，作为一种直接生产技术，增材制造工艺越成熟，减材制造与增材制造间的单位造价平衡点就将越往右移。人们可以且应当采用类似的技术分析和经济效益分析来处理人机集成、复材-金属集成以及未来制造业的诸多使用场景。从经济社会和环境的角度来看，增材制造已经为未来企业提供了一种更加可持续的生产方式，通过分布式生产让更多的人受益，并使更好的工作条件成为可能。同时，增材制造技术还可以通过大规模定制和优化的物流来减少生产流程中的浪费。因此，许多人将增材制造视为帮助企业可持续经营的关键力量。

三、绿色制造技术

绿色制造是可持续发展战略在制造业中的集中体现，是一种全面考虑制造全过程的新型制造业模式，是工业化发展的必经阶段。当前，领先企业已经开始在制造过程中引入"绿色"元素，即建立更加清洁高效的生产方式。对于未来工场而言，需要秉承"零填埋""零排放""零污染""零事故"的可持续理念，实现厂房集约化、原料无害化、生产洁净化、废物资源化等目标。

工业发达国家在漫长的工业化进程中开展了广泛的绿色制造模式探索，相继提出了基于产业共生和资源循环的工业生态模式、生态工厂、效能工程、生产者延伸责任制等产业创新模式。它要考虑商品在被设计到生产、到包装，再到运输，直至销售、使用，乃至报废，在商品的整个生命周期中都要考虑到其可能会给资源、环境所带来的负面影响，要做到在商品的全周期中对环境的影响极小化，资源利用率极高化，并且还能达到经济效益、社会效益与环境效益三者的协同优化。因此，从"大制造"的概念来讲，制造的全过程一般包括：产品设计、工艺规划、材料选择、生产制造、包装运输、使用和报废处理等阶段。如果在每个阶段都考虑到有关绿色的因素，就会产生相应的绿色制造闭环系统。环境库兹涅茨曲线如图4-9所示。

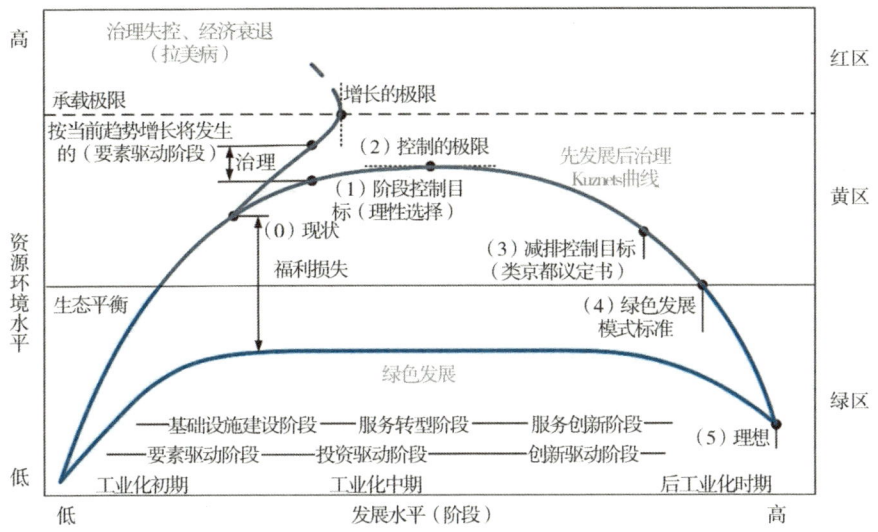

图4-9 环境库兹涅茨曲线

1. 绿色设计

绿色设计是从可持续发展的高度审视产品的整个生命周期，强调在产品开发阶段按照全生命周期的观点进行系统性的分析与评价，消除潜在的、对环境的负面影响，力求形成"从摇篮到再现"的过程。绿色设计主要可以通过生命周期设计、并行设计、模块化设计等几种方法来实现。

2. 绿色材料

绿色产品首先要求构成产品的材料具有绿色特性，即在产品的整个生命周期内，这类材料应有利于降低能耗，且环境负荷最小。

3. 绿色生产

在实质性的机械加工中，在铸造、锻造冲压、焊接、热处理、表面保护等过程中都可以实行绿色制造工艺。具体可以从以下几方面入手：改进工艺，提高产品合格率；采用合理工艺，简化产品加工流程，减少加工工序，谋求生产过程的废料最少化，避免不安全因素；减少产品生产过程中的污染物排放，如减少切削液的使用等，目前多通过干式切削技术来实现这一目标。

4.绿色包装

绿色包装是指采用对环境和人体无污染，可回收重用或可再生的包装材料及其制品的包装。须尽可能简化产品包装，避免过度包装，使包装可以多次重复使用或便于回收，且不会产生二次污染。如摩托罗拉标准包装盒的做法是缩小包装盒尺寸，提高包装盒利用率，并采用再生纸浆内包装取代原木浆，进而提高经济效益。

5.绿色制造技术

在传统的观念中，产品寿命结束后，就再也没有使用价值了。如果将废弃产品中的有用部分再合理地利用起来，既能节约资源，又可有效地保护环境。如此一来，整个制造过程也会形成一个闭环的系统（图4-10），最能有效减轻对环境的危害，这也正是与传统制造过程开环特性最不同的一点。

图4-10　绿色制造技术闭环系统

四、生物制造技术

生物制造技术（图4-11）是将制造技术与生物技术相结合，在微滴、细胞和分子尺度科学层次上，通过受控组装完成器官、组织和仿生产品制造的科学与技术的总称。现代生物制造已经成为全球性的战略性新兴产业，在化工、材料、医药、食品、农业等诸多重大工业领域得到了广泛的应用，根据经济合作和发展组织（OECD）预测，到2030年约有35%的化学品和其他工业产品来自生物制造技术。生物制造主要包括仿生制造和生物成形制造2个领域6个方面。其中，仿生制造是传统制造技术与材料科学、生命科学、信息科学等学科领域相结合，采用生物形式实现制造或以制造生物活体为目标的制造方法，主要包括生物组织和结构的仿生、生物遗传制造和生物控制的仿生；生物成形制造，采用生物方法制造复杂精密零件，主要包括生物去除成形、生物约束成形和生物生长成形。

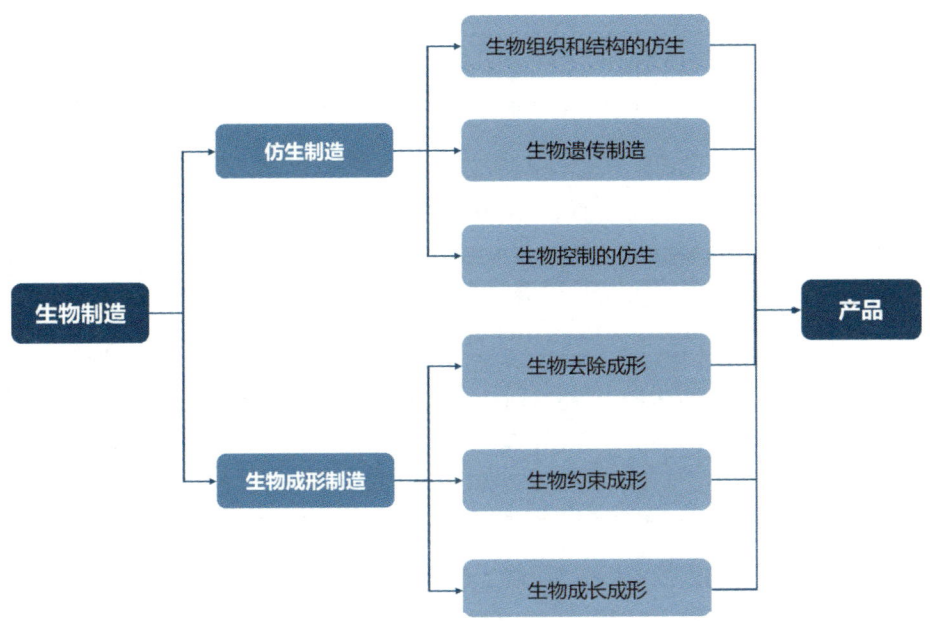

图4-11 生物制造技术

专栏 4-2

细胞制造——生物制造工艺与创新材料的完美融合

过去 20 年间,新兴的细胞医学技术已被用于治疗许多疑难疾病。细胞疗法、工程化组织等以细胞为基础的新兴医疗已成为解决一些重大疾病的有效治疗手段。一些基于细胞相关技术的预检平台也已经能为人们预测疾病和个性化诊断医疗提供建议,使得对癌症、糖尿病等疾病早期的介入治疗成为可能。然而,在这些治疗方法被推广之前,人们必须研制出可大规模制造的高质量的活体细胞。2016 年 6 月 13 日,美国国家细胞制造协会(National Cell Manufacturing Consortium, NCMC)在白宫机构峰会上宣布了《面向 2025 年大规模、低成本、可复制、高质量的细胞制造技术路线图》,用于设计大规模生产用于癌症、神经退行性疾病、血液和视觉障碍和器官再生和修复的细胞治疗产品的路径。

项目背景

NCMC 由乔治亚研究联盟(GRA)和乔治亚理工学院联合建立,其宗旨是保持美国在细胞制备技术和产业化领域的全球领先地位,成为世界细胞制备领域的标准制定者和首席权威。该协会编制的"先进细胞制造技术路线图"受到美国国家标准与技术研究所(NIST)先进制造技术联盟(AMTech)的项目资助,是美国国家制造创新网络计划(NNMI)这一战略部署的重要组成部分。"先进细胞制造技术路线图"由包括制药、生物技术、干细胞和 T 细胞疗法、供应链和自动化技术等专业领域的多家公司以及药品生产质量管理机构(GMP)、学术机构、政府机构和私人基金等 60 余家机构的近百名专家共同制定,构建了公立、企业、私人和慈善组织的合作机制,期望每年吸引数亿美元的投资。该路线图的最终目标是能够为一系列细胞疗法、基于细胞的检测技术和各类设备提供优质的细胞来源,通过技术进步提高细胞制备的规模、效率、纯度、质量和制备简易性,进一步降低制备成本。同时,促进一系列基于细胞的疗法及相关产品的研发和临床转化。

研究规划

"先进细胞制造技术路线图"规划的研究范围主要限定在自体细胞、同源异体细胞、干细胞 3 种细胞类型。该路线图也包括先进细胞制造的相关技术和产品的研究。

1. 细胞类型

自体细胞——主要研究自体细胞的采集与扩增培养,以及用于对同一病人的即时检验产品。

同源异体细胞——采集自捐献者的细胞,主要研究其扩增和存储技术,用于基于细胞的医疗产品。

干细胞——具有多向分化潜能的细胞,可分化成肌肉细胞、红细胞或某个特定器官的细胞。

2.基于细胞的相关技术和产品

细胞治疗——将活细胞或经基因改造的细胞通过输血、输液或骨髓移植手术等植入病人体内,用作细胞替换或受损细胞及受损组织的修复。相关产品及应用有:转移性前列腺癌症疫苗;促进伤口修复的喷雾细胞;癌症免疫疗法所需的T细胞和针对中风、心脏衰竭、自闭症、纤维化、糖尿病和骨髓损伤的干细胞。

工程化组织——将活细胞植入患者体内,用以恢复、维持和改善组织及器官功能,包括骨骼、软骨、皮肤、肌肉以及器官等。相关产品及应用有:眼、心血管、神经组织再生、血管移植及关节软骨再生。

医疗设备——检测和监测细胞功能,通过物理、磁、电、光或化学物质等刺激,达到诊断、控制、预防、治疗或提高次优细胞功能。相关产品及应用有:髋关节植入物、腰椎间盘修复和神经探针。

药物研发和检测平台——在药物研发过程中使用活细胞研究疾病原理和次优细胞功能,并测试实验药物(化合物)的有效性和安全性。相关产品及应用有:器官组织切片模型,用于模拟器官和器官系统的活动。

五、微纳制造技术

英国标准协会(BSI)对于现代微纳制造技术有如下定义:通过控制纳米尺度的形状或尺寸,范围大约1—100nm,实现对结构、器件和系统的设计、描绘、制作和应用。随着近几十年科研学者的探索和努力,现代微纳制造技术已经逐渐发展成一定的体系,按照加工工艺或流程,大致可以分为自下而上和自上而下的微纳制造技术,如图4-12所示。纳米制造技术的蓬勃发展为光电产业提供了新结构器件和新材料,促进了光电技术的创新与进步。与此同时,光电器件的新设计、新应用对微纳技术提出了多样化与更高的要求。过去的十几年,半导体产业的快速发展促使光刻技术不断刷新分辨率极限。近些年,光电器件在平板显示、照明、传感、光伏器件、可穿戴电子等领域的广泛应用,促使纳米制造技术在可弯折性、可扩展性、稳定性、加工速率等方面不断突破,如运用卷对卷纳米压印的制造新手段,为柔性光电器件中纳米功能材料的工业设计与生产创造了条件。可以说,应用于光电产业的纳米加工新技术突飞猛进,日新月异。

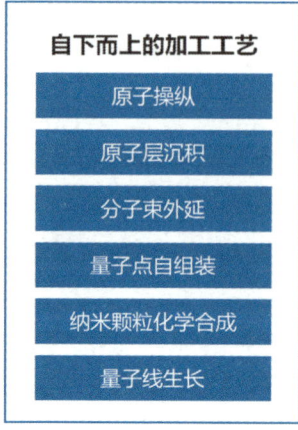

图4-12 微纳制造技术

六、并行制造技术

并行制造起源于美国防御分析研究所于1988年提出的并行工程概念，指将传统制造技术与网络信息技术相结合，通过利用海量数据和信息资源突破物理世界资源有限的约束，将串行制造工程转变为并行生产，使制造业内部的采购、设计、生产、销售等工艺流程实行并行化、透明化和扁平化。并行制造技术的特征如图4-13所示。

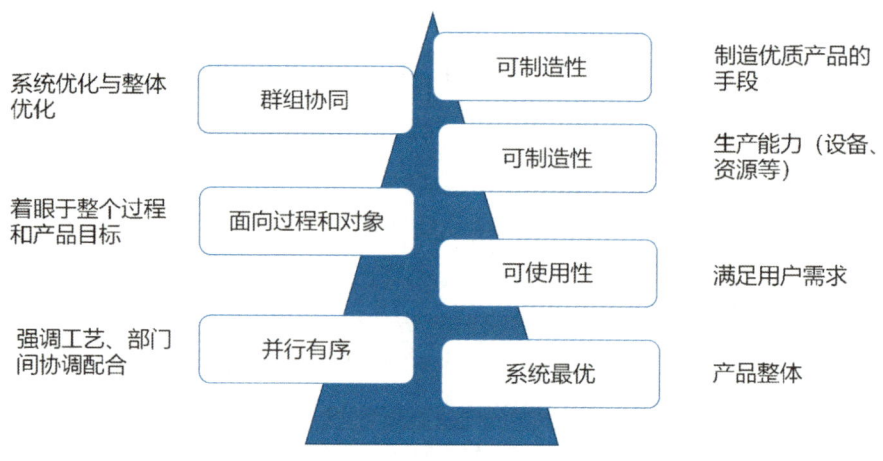

图4-13 并行制造技术的特征

七、混合制造技术

大约30年前，由于产业技术升级和电子工业的崛起，以工业机器人为代表的自动化热潮迅速席卷各大工厂。当时不少专家预测，未来10年内，人类将彻底从工厂中淡出。然而，直到现在，大量工厂仍需要人工操作员，并且这种情况在可预见的未来不会发生变化。

近10年来，又有人预测增材制造将彻底取代所有加工工艺，但如今依然有充足的理由相信这种情况也不会发生。可以预见的是，未来的工厂将是机器人和人类的混合体、增材与减材制造的混合体、复合材料与金属的混合体、数字过程和模拟过程的混合体、网络系统和物理系统的混合体、在纳米和宏观的多尺度上由诸多元素构成的综合体。机器人技术并不会完全取代人类，就像增材制造技术也不会完全取代减材制造技术一样。然而，它们将协同工作以实现责任的合理分配。

因此，研究某单一系统固然重要，但同等甚至更为重要的是对于不同系统之间交互方法的研究，以及对于系统之间技术平衡和财务平衡的研究，即人机之间的交互、增材制造与减材制造之间的交互、复合材料与金属使用的交互等。为保障高效运行，执行标准对于由多个子系统混合组成的综合系统至关重要。

八、抗疲劳制造技术

抗疲劳制造技术作为近年来兴起的制造概念，拥有广阔的市场应用空间，尤其是在高端装备制造领域，抗疲劳制造技术融合了制造学、材料学、疲劳学等前沿技术理念，被业界赋予了广阔的发展前景预期。一般来说，高端装备产业的构成主要包括关键构件、部件、整机装备等。其中，关键构件是核心，主要包括转动构件（叶片、轮盘、转轴等）、传动构件（齿轮、轴承等）、主承力构件（对接螺栓等），其在运动控制、载荷传递、功能决定方面具有重要作用，是"工业关节"和"高端装备中枢"。关键构件均在动态下服役，关注的重点是寿命与可靠性，其主要的失效模式是疲劳，一旦失效会酿成灾难性后果。高端关键构件是制造—设计—材料三位一体的技术集成。

综观世界构件制造技术发展史（图4-14），从一代的"成形"制造，到二代的表面完整性制造，再到三代的抗疲劳制造，其技术路径不断继承、不断创新、追求极限。第一代"成形"制造已相传百年，为产业发展奠定重要基础，但是寿命短、可靠性差、结构重而不敷应用"三大问题"也日益突出，亟待淘汰；由西方发达国家研发并推广的第二代表面完整性制造，大大改善了"三大问题"，但并未根本性解决；由中国工程院院士、我国著名金属材料科学家赵振业教授提出的"抗疲劳制造理论"及由其产业化应用形成的抗疲劳制造技术，则彻底改变了疲劳失效模式，使关键构件疲劳强度与应力集中无关，疲劳失效与制造无关，代表了构件技术未来发展方向。抗疲劳制造是具备颠覆性的新型制造技术，是"制造学+疲劳学+材料学"的复合型技术，其大范围推广和应用可以有效提升我国高端装备产业竞争力，并将大大缩短中国和欧美日等发达国家在关键构件制造方面的差距，甚至实现弯道超车，助力制造强国建设。

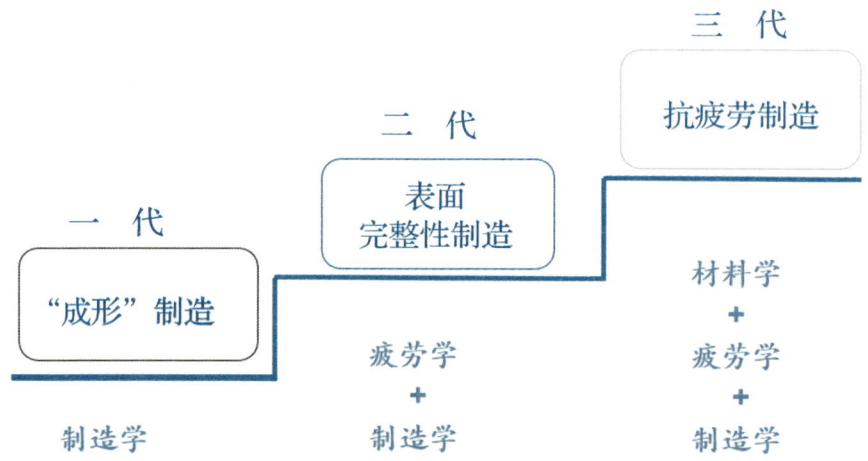

图4-14　关键构件制造技术发展史

九、新材料技术

人类文明的发展史也是一部利用材料、制造材料和创造材料的历史，陶瓷、青铜和铁等材料的广泛应用对社会进步起到关键性推动作用，这些材料成为划分一个时代的重要标志，如石器时代、青铜时代、铁器时代等。材料的创新是过去、当下、未来的科学、技术和经济政策领域的重要议题。材料发展史如图4-15所示。

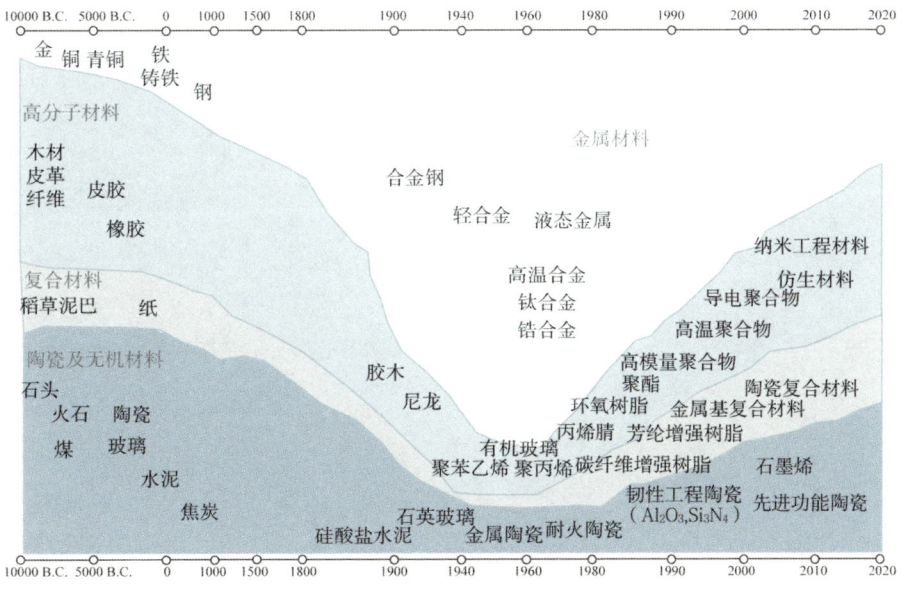

图4-15　材料发展史

面向未来，新机器将需要新材料，《欧盟工业战略》明确提出，关键材料的研发和多样化采购对工业供应链安全具有重大战略意义。事实上，新材料已经成为电子交通、电池、可再生能源、生物医药、航空航天、国防军工等产业取得技术创新突破的重要支撑。新材料使新制造成为可能。而伴随着材料工业的整体进步，尤其是将材料细分到原子或分子层级、几乎不需要经过漫长的实验室步骤就可以进行控制的新技术出现，涂层、复合材料和其他类型材料的开发工艺正在加速进步。

目前,全球很多制造工厂和生产设施正在尝试建立完全连接的且更有适应性和更为高效的生产系统。这些新的以全面自动化为特征的生产系统引入了一场名为数字工厂/智能工厂的新工业革命,这一模式将制造过程从分散、孤立的车间转变成更为灵活、无缝衔接和完全集成的"系统的系统"(System of Systems,SoS),通过人、物和系统的相互作用,形成一个动态的、实时优化和自组织的价值链,最大化程度上满足制造过程中各相关主体需求。基于上述特征,研究未来工场,一个比较可行的标准是从当前国内外关于智能制造参考模型切入,剖析未来工场在具体制造场景中的条件需求,以探索性地给出未来工场可能涉及的标准范畴及内涵。

本章试图从当前国内外关于制造业的标准体系研究入手,剖析未来工场在具体制造场景中的条件需求,探索性地给出未来工场可能涉及的标准范畴及内涵。

第五章 未来工场的标准观

第一节　主要工业大国对智能制造标准的研究与实践

智能制造参考模型的定义有很多种，较为主流的是由国际质量标准体系、国际电工委员会（ISO/IEC）提出的：智能制造参考模型是一个通用模型，适用于智能制造全产业链和价值链所有合作伙伴的产品和服务，它将提供智能制造相关技术系统的构建、开发、集成和运行的框架。

专栏5-1

> **关于智能制造参考架构的描述**
>
> 1.参考架构的多种定义
> （1）智能制造参考模型旨在提供正在处理的问题空间的可视化的抽象结构，提供描述和讨论解决方案的语言，定义术语并提供旨在获得被解决方案的语言，定义术语并提供旨在获得被解决问题相互理解的其他类似的帮助。
> （2）允许系统和网络结构中描述互联的通用规则模型。
> （3）允许系统模块和接口能以一致性方式进行结构描述。
> （4）用于以与实现无关的方式规定系统要求的标准模型。
> 2.智能制造标准体系建设目标
> （1）对智能制造概念以及范围进行统一定义和描述。
> （2）对现有标准在智能制造中进行定位和分析，并梳理未来智能制造的标准化需求。
> （3）建立针对智能制造涉及的不同技术的验证平台（测试床），推进新技术的实验验证和标准制定。
> （4）建立不同领域、不同生命周期阶段、不同技术领域范畴的应用案例，指导智能制造在企业中的应用和实现。

一、德国工业4.0及RAMI4.0参考架构

1.RAMI4.0参考架构

在现有的智能制造参考架构模型中，德国工业4.0平台发布的智能制造参考架构（Reference Architecture Model for Industrie4.0，RAMI4.0），无疑是最具有代表性的框架模型。RAMI 4.0从产品生命周期/价值链（Life Cycle Value Stream）、层级（Layers）和架构等级（Hierarchy Levels）三个维度分别对工业4.0进行描述，以便工业4.0中所有的参与主体可以互相理解。RAMI4.0强调企业内网络化制造体系纵向集成、企业间横向集成、全生命周期端到端工程数字化集成。工业4.0参考架构模型如图5-1所示。

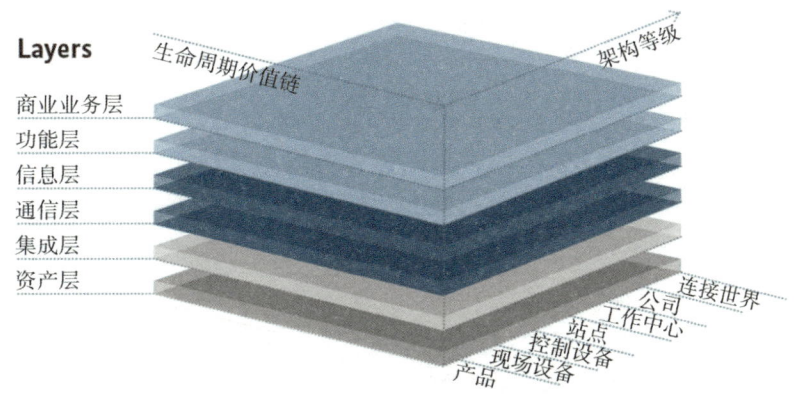

图5-1　工业4.0参考架构模型（RAMI 4.0）

维度一：架构等级。RAMI4.0在IEC 62264企业系统层级架构的标准基础之上（该标准是基于普度大学的ISA-95模型，界定了企业控制系统、管理系统等各层级的集成化标准），补充了产品或工件的内容，并由个体工厂拓展至"连接世界"，从而体现工业4.0针对产品服务和企业协同的要求。

维度二：层级。这是信息物理系统（CPS）的核心功能，以各层级的功能来进行体现。具体来看，资产层（Asset）是指机器、设备、零部件

及人等生产环节的每个单元；集成层（Integration）是指一些传感器和控制实体等；通信层（Communication）是指专业的网络架构等；信息层（Information）是指对数据的处理与分析过程；功能层（Functional）是指企业运营管理的集成化平台；商业业务层（Business）是指各类商业模式、业务流程、任务下发等，体现的是制造企业的各类业务活动。

维度三：价值链。从产品全生命周期视角出发，描述了以零部件、机器和工厂为典型代表的工业要素从虚拟原型到实物的全过程。具体体现在以下三个方面：一是基于IEC 62890标准，将其划分为模拟原型和实物制造两个阶段；二是突出零部件、机器和工厂等各类工业生产部分都要有虚拟和现实两个过程，体现了全要素"数字孪生"特征；三是在价值链构建过程中，工业生产要素之间依托数字系统紧密联系，实现工业生产环节的末端链接。以机器设备为例，虚拟阶段就是一个数字模型的建立，包含了建模与仿真，实物阶段主要就是实现最终的末端制造。

2.关于RAMI4.0参考架构的解读

（1）RAMI4.0是一个三维的价值模型，在对德国工业4.0进行描述的同时，也代表了德国工业界对工业4.0所进行的全局式思考，同工业4.0的基础框架保持高度一致性，实现了企业内部网络制造体系的纵向集成、企业之间的横向集成和全生命周期的端到端集成。

（2）智能工厂是实现RAMI4.0的最小单元。模型框架是高度自洽、自治的制造系统，并在系统内部实现了对CPS作用的一个具体呈现。CPS作为一个综合计算、网络和物理环境的多维复杂系统，通过3C（Computer、Communication、Control）技术的有机融合与深度协作，实现大型工程系统的实时感知、动态控制和信息服务。CPS的工作原理：利用网络实现计算进程与物理进程之间的交互，在网络空间中以远程、可靠、实时、安全、协作的方式对物理实体进行操作，实现其各层面的计算、通信、控制功能。CPS是理解智能制造参考架构模型的关键，在目前观察到的德美日三国的智能制造参考架构模型中，都致力于将物理实体和数字虚体统一到信息物理系统（图5-2）内，以期实现生产制造过程的全流程性协同。可以不夸张地说，工业4.0是基于CPS的革命。

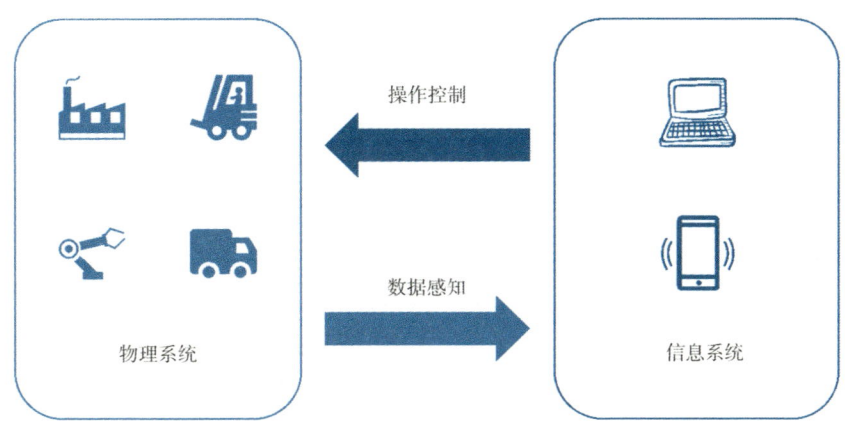

图 5-2　信息物理系统示意图

 专栏 5-2

工业 4.0 的数据观——"工业大数据 IDS"项目

德国是较早注意到工业大数据价值的国家，其在推动工业 4.0 战略标准落地的同时，启动了名为"工业大数据 IDS"的项目，旨在基于标准化通信接口构建一个安全的数据共享虚拟结构，将分散的工业数据转换为可信的数据交换网络。该网络不但为工业数据的交换和利用提供基础设施，更为数据交换提供清晰的制度和规则。IDS 系统可以连接上游的"智能生产"工厂和"智能物流"公司以及下游需要"智能服务"的个人客户和企业客户，汇聚整合来自工厂、物流公司、电信运营商、政府部门的公共数据等众多数据。此外，IDS 还制定了适用于不同场景的多种数据控制者和数据使用者之间的格式合同，大幅降低数据交易成本，促进数据流通。此后，"工业数据空间"项目进一步拓展为"国际数据空间（IDSA）"，范围、边界和抱负都大大得到了拓展。IDSA 旨在为商业数据交换建立标准，并将这种数据扩展至整个数字经济领域，并涵盖经济、社会、技术等多个领域。IDSA 是更广义维度的数据治理观点，其不再将数据看成是智能制造的结果，而是一种产品，并对其进行价值再创造。IDSA 将帮助企业自主决定如何处理数据，并创造新一代商业模式的基础。

二、美国工业互联网联盟及IIRA参考架构

1.IIRA参考架构

2012年，通用电气公司（GE）首次提出"工业互联网"（Industrial Internet），并将此作为其实现数字化转型的关键路径。其内涵是"在工业互联网络的支撑下，通过软件应用对机器设备进行远程监测、远程控制和远程维护，促进机器之间、机器与控制系统之间、企业之间的广泛互联，优化生产流程，提高生产效率，并由制造商向解决方案提供商转型"[1]。随后，IBM、思科、英特尔、微软等巨头企业也纷纷宣布在相关领域展开布局。2014年，美国工业互联网联盟（Industrial Internet Consortium，IIC）成立，得到了全球30余个国家和地区相关机构和企业的高度关注[2]。总体上来看，美国的工业互联网是一种自下而上（Bottom-up）实现智能制造的模式。

在工业物联网架构演进上，IIC于2015年发表了工业网络参考架构（Industrial Internet Reference Architecture，IIRA），针对跨工业领域会遇到的安全隐私、联机与互操作性问题制定架构，让现存标准或未来可能出现的新标准能统一在此安全架构下运作；2017年发布了最新的《工业物联网（互联网）参考架构V1.8》，其中对工业互联网参考架构（Industrial Internet Reference Architecture，IIRA）的描述为：①四大视角，从上到下依次是业务视角、用户视角、功能视角、实施视角，上层视角对下层视角进行指导，下层视角对上层视角进行验证和修正；②系统生命周期过程，在四大视角基础上，包括从概念化、需求、设计、开发、建模、测试等一直到调度、经营、演变、处置等各个环节；③应用领域，包括制造、运输、能源、健康等工业部门，并与四大视角相关联。不同的工业部门应用时需个性化定制其生命周期进程。

---

[1] 田洪川：《从先进制造战略到工业互联网 美国掀起再工业化浪潮》，《世界电信》2015年第4期，第66—70页。

[2] 王欣怡：《美国工业互联网发展的新进展和新启示》，《电信网技术》2017年第11期，第37—39页。

2. 关于 IIRA 参考架构的解读

美国的工业互联网战略是以 GE 为代表的 IIC 大力倡导的，其参考框架也体现了很强的信息物理系统色彩。从层次和维度来看，IIRA 也有三维体系，每个维度分为 5 个功能域，体现的是软件定义机器下，各个主体之间的信息交互与连接，是以模型和高级分析为核心、开放智能的工业系统。美国的工业互联网战略和德国工业 4.0 战略有不同之处，IIRA 的应用领域也更加宽泛，除了制造领域外，在能源、健康、运输等方面也有广泛应用。

三、日本工业价值链战略及 IVRA 参考架构

1. 日本 IVRA 参考架构

日本经济产业省发布的《日本制造业白皮书 2018》做了一个分析，虽然日本制造业在近些年来通过效率提升和优化，但仍然不如美国达到系统级的数字化解决方案提升所带来的多。日本从 1995—2000 年劳动生产率位居世界第一，到 2005 年排名世界第七、再到 2010 年位居世界第十，2015 年的位置已经跌到了第十四位左右，排在它前面的有老牌发达国家美国、德国、法国、英国，还有一些欧洲小国，像瑞士、丹麦、瑞典、芬兰、卢森堡、荷兰等国家。从全要素生产率的角度来看，日本的制造业相较于美国，仅有金属制品、化学制品、电器设备、汽车等少数几个门类处于领先地位，全国范围内的制造业全要素生产率水平落后美国更加明显。从制造业资产净收益的角度来看，日本在 8.5% 的区间内落后欧洲 5 个点，落后美国 10 个点。在这样的背景下，2018 年 6 月，日本经济产业省提出，要将互联工业作为制造业的发展目标。此前，日本工业价值链促进会（Industrial Value Chain Initiative，IVI）发布了《日本互联工业价值链的战略实施框架》，提出的新一代工业价值链参考架构（IVRA-Next），成为日本产业界发展互联工业的行动指南。

IVI 是一个由制造业企业、设备厂商、系统集成企业等发起的组织，旨在推动"智能工厂"的实现。2016 年 12 月 8 日，IVI 基于日本制造业的

现有基础，推出了智能工厂的基本架构《工业价值链参考架构》（Industrial Value Chain Reference Architecture，IVRA）。

IVRA 也是一个三维模式。三维模式的每一个块被称为"智能制造单元（Smart Manufacturing Unit，SMU）"，将制造现场作为一个单元，通过三个轴进行判断。纵向作为"资源轴"（Asset View），分为员工层、流程层、产品层和设备层。横向作为"执行轴"（Activity View），分为计划、执行、检查和处理，即 PDCA 循环。内向作为"管理轴"（Management View），分为质量、成本、交货期和环境，即 QCDE 活动。IVRA 中的三维模式如图 5-3 所示。

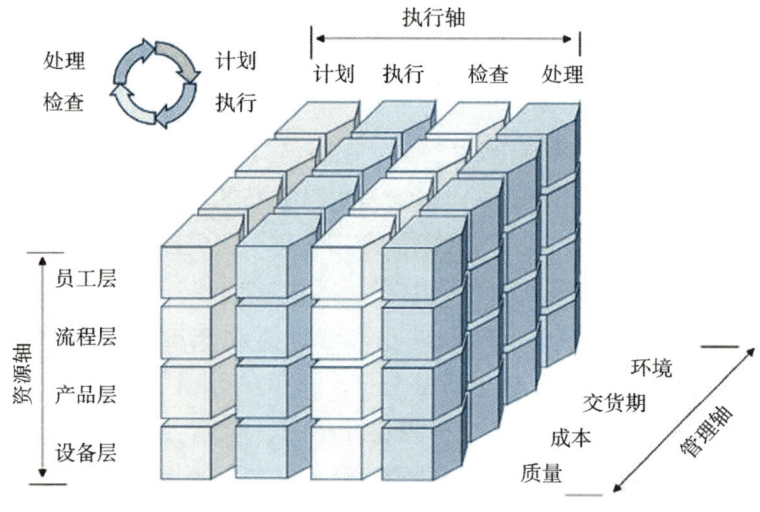

图5-3　IVRA中的三维模式

IVRA 中通过多个 SMU 组合展现制造业产业链和工程链等。多个 SMU 的组合称为"通用功能块（General Function Blocks，GFB）"。GFB 纵向表示企业或工厂的规模，分为企业层、部门层、厂房层和设备层；横向表示生产流程，包括市场需求与设计、架构与实现、生产、维护和研发等 5 个阶段；内向表示需求与供给流程，包括基本计划、原材料采购、生产执行、物流销售和售后服务 5 个阶段。

IVRA 还将智能制造单元（SMU）之间的联系定义为"轻便载入单元

（PLU）"，具体而言，分为价值、物料、信息和数据4个部分。通过掌控这四个部分在SMU间的传递准确度，来提升智能制造的效率。

2. 关于IVRA参考架构的解读

日本的IVRA，基本模型是一个通过智能制造单元SMU作为描述微观活动的基本组件，然后通过一个类似数字解读单元，实现SMU之间的链接，最后形成一个通用模块，这就基本完成企业所需要的实际功能了。这种做法，非常聪明地找到了最为基础的制造单元之间相互连接和交互的关系。如果智能制造系统是一个摩天大楼的话，SMU就是各种预制板。正是由于建立了这样的根基系统，基于标准、基于互联的各种智能制造的想法和意图才能真正成为现实。日本的IVI（工业价值链战略）是一盘企业合纵之局，以企业的生态联盟建设为主。从联盟实践来看，更加重要的是一个宏观商业问题，但从日本IVRA的实际操作技术来看，这也是一个微观层面需要考量的重点。联盟之间在宏观上固然要有合纵之愿，但在微观上也需要有合适的操作手柄。随着IVRA的发布，日本智能制造战略终于在数字模型领域与德国工业4.0、美国工业互联网形成了对标性的可操作参考架构。

总的来看，日本制造强调现场力，并认为在第四次工业革命期间要进一步加强，这也是提升生产力水平的关键所在。加强数字化工具应用，可以解决日本劳动力人口不足和效率提升滞缓难题。

另一方面，互联工业是日本认为应该创造新价值的大好时机。互联工业通过连接创造价值，日本也强调建立工业互联网平台，同时加强各个平台之间的相互协作，例如，EdgeCross、Field System、ADAMOS等典型案例。对日本而言，第四次工业革命主要跟物联网、大数据、人工智能等联系在一起，换句话说，智能制造是第四次工业革命的代表性技术。

此外，日本在推动本国智能制造创新体系建设方面不遗余力：一是与德国工业4.0开展对接，包括与德国BMWi的合作，日本官方和民间都有这种类型的合作；二是与美国工业互联网开展关于测试网的合作，包括与开放雾计算联盟的合作;三是与其他国家和地区开展业务合作,重点涵盖了印度、以色列和我国台湾地区等。

四、中国智能制造发展战略及IMSA

1.国家智能制造标准体系建设指南

2015年,工业和信息化部、国家标准化管理委员会共同组织制定了《国家智能制造标准体系建设指南(2015年版)》并建立动态更新机制。2018年,为构建满足产业发展需求、先进适用的智能制造标准体系,推动装备质量水平的整体提升,发布《国家智能制造标准体系建设指南(2018年版)》,对智能制造系统架构、智能制造标准体系结构、智能制造标准体系框架等作了阐述。

智能制造系统架构从生命周期、系统层级和智能特征三个维度对智能制造所涉及的活动、装备、特征等内容进行描述,主要用于明确智能制造的标准化需求、对象和范围,指导国家智能制造标准体系建设,如图5-4所示。

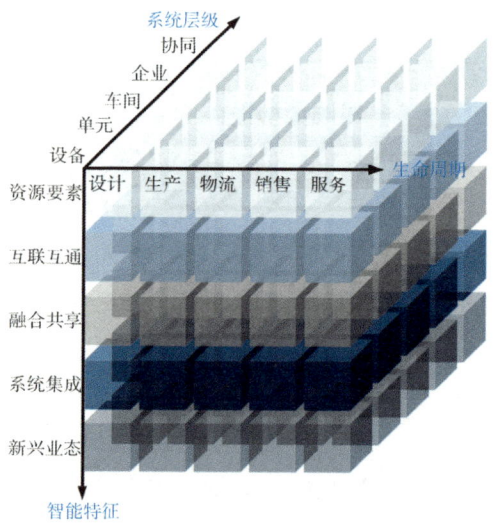

图5-4 智能制造系统架构

智能制造标准体系结构包括"A 基础共性""B 关键技术""C 行业应用"三个部分，主要反映了标准体系各部分的组成关系，在智能制造标准体系向下映射的基础上，形成智能制造标准体系框架，是形成智能制造标准体系的基本组成单元，如图 5-5 所示。

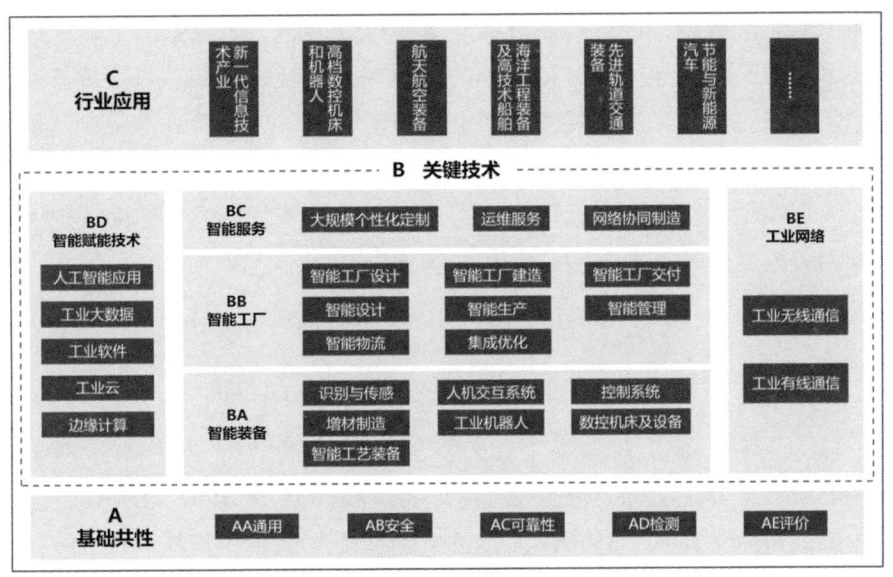

图 5-5　智能制造标准体系结构

从《国家智能制造标准体系建设指南（2018 年版）》来看，国家智能制造标准参考架构建设的目标是为了全面覆盖共性标准和关键技术标准，逐步建立较为完善的智能制造标准体系，建设智能制造标准实验平台，最后提升公共服务能力。

当前要制定一个智能制造标准专项，要做好程序符合性和编写规范性两方面要求。程序符合性，指的是要确保标准研制过程符合"智能制造专项工作细则"的要求，也就是要经受得起专家咨询组、行业专家、标准化专家的三轮审查，同时要在标准定位、标准内容、验证方案等方面经受得起推敲和质询。编写规范性，指的是标准编制过程中要保证材料的准确性和完备性，要有一些必备文件待审查，要有恰当合适的内容表达。

编制一个共性基础标准，要兼具指导性、可用性、特殊性、阶段性和继承性。而我国智能制造标准体系指南的建设原则就是统筹规划、分类施策、跨界融合、急用先行、立足国情、开放合作。

2. 关于IMSA的解读

IMSA有几个特点值得关注：一是IMSA重点解决了当前推进智能制造工作中遇到的数据集成、互联互通等基础瓶颈问题；二是强调了新一代信息技术产业、高端数控机床和机器人、航空航天装备、海洋工程装备及高技术船舶、先进轨道交通装备、节能与新能源汽车等装备的作用；三是提出了五种具体的智能制造模式：离散型制造、流程型制造、网络协同制造、大规模个性化定制、远程运维服务。目前智能制造的五种模式已经成为国内较为通行的智能制造研究范式基础。

五、关于未来工场标准建设的一些启示

总的来看，基于对未来工业的探索，无论是德国工业4.0参考架构（RAMI 4.0）、美国工业互联网联盟的工业互联网参考架构（IIRA）、日本工业价值链参考架构（IVRA），还是中国智能制造系统架构（IMSA），它们共同为未来的整个工厂基础设施的定义提供了一个参考的架构模型。这些计划和倡议都提出了利用诸如物联网、增材制造和数据分析等技术，也为后续未来工场的标准体系提出了重要的参考价值。

未来工场可以认为是一个虚实结合的集成系统，标准体系应包括总体指南、基础设施、工业物联网、人机协作、工业自动化、机器间通信协议、系统间交互控制、数据安全等各类标准，相互间具有统一、兼容、协作的关联，并非单一的个体。正因如此，只有在技术标准得到普遍共识的前提下，以及在成熟完善的标准体系框架内，"未来工场"才有可能成为现实。

第二节　应用驱动视角下的未来工场标准观

一、未来工场标准体系总体要求

未来工场是数字时代与机械时代的交会，它的最终目标是将传统分布式制造过程的每一步都连接起来，前所未有地集成跨领域、层级、地理边界、价值链和生命周期的系统和技术，通过参与价值链所有生产要素的连通性，实时确保所有相关信息的可用性，并根据需求从这些数据中分析推导出最佳的生产价值链流向。此外，未来工场作为未来城市系统的重要组成，除了关注技术层面的标准外，在社会工作标准、环境生态标准等方面也要有重要影响力。

二、未来工场标准体系架构初探

未来工场要求覆盖在整个产品和生产周期中分布式数据的完整性和一致性。为了确保这一点，分布式制造系统的数字化和链接构成了实施未来工场的关键措施。例如，通过整合新型生产设备，将其高度互联并广泛组织起来，基于生产设备和产品本身的实时生产数据进行人工智能自主决策或提供决策建议，这不仅使整个生产价值链变得更加灵活，同时也让单一的生产系统能及时地适应快速变化的商业需求。此外，在工业自动化、人机协作、数据安全等环节也都离不开标准化的支撑。尤其在当前人工智能、大数据、云计算、区块链等数字技术的驱动下，未来工场可能面对的场景也处于动态变化之中。未来工场建设要求广泛应用数字孪生、物联网、大数据、人工智能、工业互联网等技术，实现数字化设计、智能化生产、智慧化管理、协同化制造、绿色化制造、安全化管控和社会经济效益大幅提升。结合笔者在"数字化车间""智能工厂""未来工厂"建设方面的一些探索和经验,初步勾勒了"未来工场"标准架构体系,如图5-6所示。

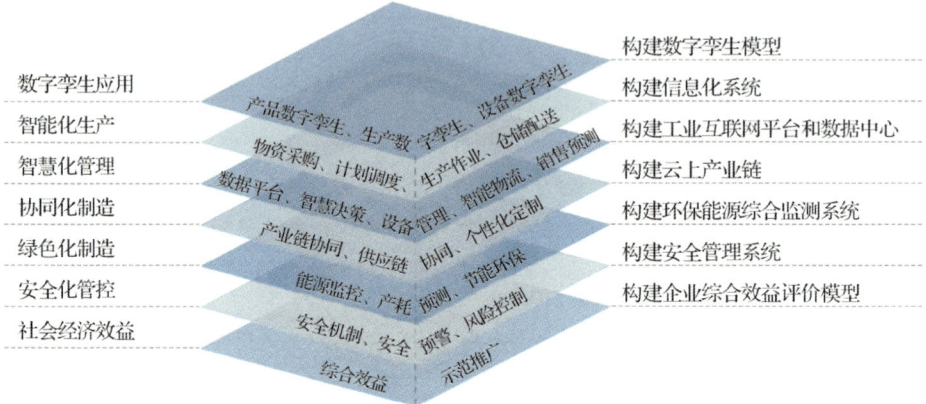

图5-6 "未来工场"标准架构体系

1. 数字孪生应用标准

综合应用三维建模、计算机仿真、虚拟现实(VR)/增强现实(AR)和物联网等技术,构建产品、设备和产线的数字孪生模型,实现产品设计、物理设备和生产过程的实时可视化展示和迭代优化。

(1)产品数字孪生:采用计算机辅助设计等技术,实现产品数字模型设计与管理;开展模拟仿真、虚拟化调试,测试和验证产品设计的合理性,提升研发效率与产品质量,缩短产品研发周期。

(2)生产数字孪生:采用计算机仿真、虚拟制造等技术,搭建数字化车间或数字化工厂,实现对生产线布局、工艺流程、制造过程及生产物流的仿真,优化生产过程。

(3)设备数字孪生:采用计算机建模、虚拟现实、数据采集等技术,实现物理设备运行状态在线监控和可视化展示,进行设备运行优化、预测性维护与保养;通过设备运行信息,对产品设计、工艺和制造迭代优化。

2. 智能化生产标准

建立工厂网络系统，鼓励运用5G、人工智能等技术，广泛应用智能生产设备、检测设备、物流设备，依托企业数据采集与监视控制系统（SCADA）、资源计划系统（ERP）、高级计划排程（APS）、制造执行系统（MES）、仓储管理系统（WMS）等信息化系统，实现物资采购计划调度、生产作业、仓储配送的数据自动采集、在线分析和优化执行，提高生产计划的准确性和生产过程的可控性，工厂或车间实现少人化、无人化。

（1）物资采购：建立供应商评价系统，能够对供应商能力进行量化评价；通过与上游供应商的销售系统集成，实现协同供应。实现与企业资源计划系统（ERP）等系统集成自动生成采购计划，实现流水、库存和单价的同步。

（2）计划调度：采用APS等生产计划排产系统或平台，实现基于市场需求、安全库存、制造过程等因素的科学排产，生成优化的生产作业计划、物料计划以及生产参数并实现在线校验。通过对生产过程的监控，实现系统自动预警和优化调度排产。

（3）生产作业：通过制造执行系统等信息系统集成，实现将工艺指导文件、生产配方、运行参数或生产指令自动下发到制造单元；实现对生产作业、生产资源、制造过程等关键数据的动态监测，建立数据分析模型，并进行优化分析；实时采集产品原料、生产过程、客户使用的质量信息，实现产品质量的全生命周期追溯。

（4）仓储配送：通过数字化仓储设备、配送设备与信息系统集成，依据实际生产状态实时拉动物流配送；建立相关知识库及预测分析模型，实现基于生产和物料状态预警的自动仓储和配送协同；流程型行业应安装相关智能仪表，根据储罐状态数据进行趋势预测，给出预防措施。

3. 智慧化管理标准

建立工业互联网平台和数据中心，通过企业资源计划系统（ERP）、产品生命周期管理（PLM）、供应链管理系统（SCM）、客户关系管理系统（CRM）等集成应用，实现数据共享共用，在采购、生产、销售、质量等方面实现协同管理，推进企业生产、运营和决策的智慧化管理。

（1）数据平台：构建统一数据平台、数据集市和数据模型，整合数据资源，实现生产经营关键绩效指标（KPI）决策的自动化、智能化，支持跨部门及部门内部常规数据分析，辅助开展决策，鼓励龙头企业建立行业级工业互联网平台。

（2）智慧决策：通过企业资源计划系统（ERP）、产品生命周期管理（PLM）、供应链管理系统（SCM）、客户关系管理系统（CRM）等互联互通，实现采购、计划、生产、销售等方面的协同管理及企业主要关键绩效指标预警，推进企业决策、管理可视化、智慧化。

（3）设备管理：建立设备故障知识库，通过在线监测等技术实现设备状态实时采集、基于事件的设备状态异常预警、远程诊断，以及应用大数据实现设备的预测性维护等。

（4）智能物流：鼓励内外部协同物流平台，实现生产、仓储配送、运输管理多系统的集成优化，实现配送全程信息跟踪，对异常轨迹进行报警；建立优化模型，实现天气、道路、订单等多因素情况下的运输路线优化管理。

（5）销售预测：通过对客户信息的挖掘分析，优化客户需求预测，制订精准销售计划；实现线上线下融合销售和协同管理，并与企业信息系统集成，基于客户需求变化动态调整设计、采购、生产、物流方案。

4.协同化制造标准

鼓励龙头企业依托工业互联网平台，实现人员、设备、数据等信息要素共享，打通企业间的物流、资金流、信息流等，实现设计、供应、制造和服务资源的在线共享和优化配置；鼓励整合行业内中小企业产供销资源，打造云上产业链，突破工厂物理界限，实现制造资源的动态分析和柔性配置。结合市场需求开展个性化定制，实现产品设计、计划排产、柔性制造、物流配送和售后服务的整体集成和协同优化。

（1）产业、供应链协同：通过工业互联网平台应用，实现信息数据资源在企业内外的交互共享。实现企业间和企业部门间创新资源、生产能力、市场需求的集聚与对接，实现基于云的设计、供应、制造和服务等环节的并行组织和协同优化。

（2）个性化定制：产品可模块化设计和个性化组合；建有用户个性化需求信息平台和各层级的个性化定制服务平台，能提供用户需求特征的数据挖掘和分析服务；产品设计、计划排产、柔性制造、物流配送和售后服务实现集成和协同优化。

5. 绿色化制造标准

建立能源综合管理监测系统，对主要耗能设备实现实时监测与管理；建立产耗预测模型，实现能源资源的优化调度、平衡预测和节能管理；建立环保监测系统，实现从清洁生产到末端治理的全过程环保数据采集、实时监控及报警，开展可视化分析。

（1）能源监控：建立能源综合管理监测系统，对主要耗能设备实现实时监测与控制；采集能源统计数据，进行数据和指标分析，形成优化方案。

（2）产耗预测：建立产耗预测模型，对水、电、气（汽）、煤、油以及物料等的消耗进行实时监控分析，实现能源资源的优化调度、平衡预测和有效管理。

（3）节能环保：加强先进节能环保技术、工艺和设备的应用，提高能源、材料利用率；实现环保数据全面采集，实时监控及报警，开展可视化分析，覆盖从清洁生产到末端治理全过程。

6. 安全化管控标准

设立安全管理机构，制定风险管控准则和风险管控流程；采用区块链标准，实现流程和结果可控化管理；开展安全预警，实现生产过程中人员、物料、过程、设备、环境、信息六类安全风险要素的智能化管控，定期开展风险评估；鼓励使用安全可控的软件、系统和设备。

（1）安全机制：设立工厂安全管理机构，统一负责全厂人员、物料、过程、设备、环境、信息安全的管控；全面梳理生产运营过程中潜在的风险要素，制定风险管理准则和风险管控流程；鼓励建立多层级的工业互联网安全防护体系。

（2）安全预警：合理利用物联网、大数据、人工智能等技术，对风险进行感知、传输、分析处理、预警响应、应急预案触发、善后处理、总结改进提高；实现生产过程中人员、物料、过程、设备、环境、信息六类安全风险要素的智能化管控。

（3）风险控制：应定期对用于工厂安全控制的装置和系统开展安全风险评估，确定安全控制有效性；鼓励使用安全可控的软件、系统和设备。

7. 社会经济效益标准

企业提质增效成果显著，生产效率、资源综合利用率大幅提升，研制周期、运营成本、产品不良品率显著降低；突破一批关键技术，形成一批专利、标准和经验成果，培育一批专业人才队伍。

（1）经济效益：提质增效成果显著，生产效率、资源综合利用率大幅提升，研制周期、运营成本、产品不良品率显著降低。

（2）示范推广：突破一批产业关键核心技术，形成一批核心专利、标准和经验成果，培育一批专业人才队伍，示范带动效应明显。

三、未来工场标准体系建设路径

参照国家标准委提出的智能制造"三步走"战略，本书提出了未来工场标准体系建设的三步走战略：

第一步，通过研究各大制造系统，提取其共性抽象特征，构建由生命周期、系统层级和智能特征组成的三维未来工场系统结构，从而明确具体对象和边界，识别制造标准、环境标准、社会工作标准的缺失环节，甄别现有标准间的交叉重叠关系。

第二步，在深入分析标准化需求的基础上，综合制造、社会、效率架构各维度逻辑关系，建立未来工场标准系统架构的生命周期维度和特征层级，形成分类关键技术标准，与基础共性标准和行业应用标准共同构成智能制造标准体系结构。

第三步，对未来工场标准体系架构分解细化，进而建立未来工场标准体系框架，指导未来工场标准体系建设及相关标准立项工作。

在任何给定的时间点，不同国家的企业都有可能使用源于不同技术范式的数字技术组合，从而使制造工厂在架构形态上发生演变。未来工场致力于实现多个数字化车间、智能工厂的统一管理和协同生产，实现精准、柔性、高效、节能的制造模式。

第六章 未来工场的制造观

第一节　未来工场的制造架构

未来工场制造观与智能工厂、未来工厂一脉相承，是集成先进制造技术和数字技术，广泛应用新能源、新材料、新工艺的智能工厂、创新工厂和绿色工厂，是体现创新、协调、绿色、开放、共享发展理念的未来制造场景。其制造架构包括设备层、产线层、车间层、工厂层、平台层五大层级，如图6-1所示。

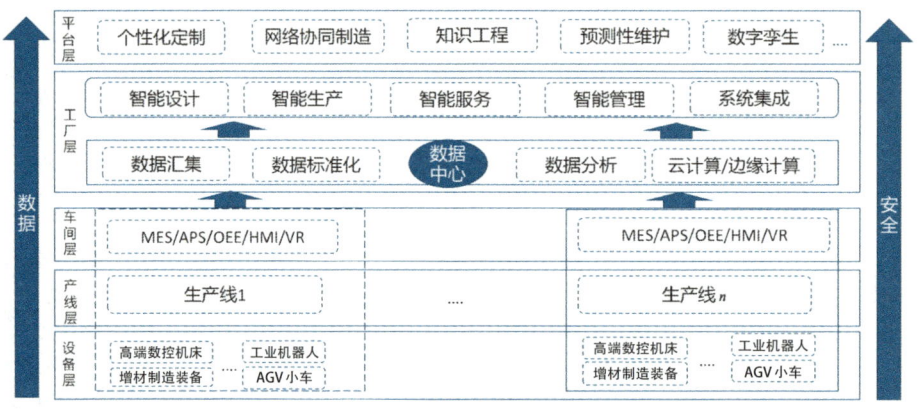

图6-1　未来工场的制造架构

一、基础设备层

基础设备层是未来工场的基础支撑，也是未来工场得以高效运转的重要工具和手段。未来工场将应用大量的智能装备进行生产，包括智能生产装备、智能检测设备、智能物流设备等。依托不断推广的数字化赋能，传统制造装备正逐步走向智能装备，以高端数控机床为代表的智能加工中心将具备误差补偿、温度补偿等功能，同时能够实现边检测、边加工；工业机器人则通过集成视觉、力觉、听觉等的智能传感器，做到精准识别工件、自主进行装配、自动避让人，实现人机协作；增材制造装备将会展现出越来越广泛的应用前景，可以直接用于零部件制造；智能物流设备则包括自动导引运输车（AGV）、自动化立体仓库、智能夹具、桁架式机械手、悬挂式输送链等。

二、智能产线层

在未来制造场景下，生产线将呈现更多的在线化、协作化、柔性化、智能化等特征：在生产和装配过程中，能够通过传感器、射频识别、数控系统等自动采集生产、质量、能耗、设备绩效等数据，并通过电子看板显示实时生产状态；通过安灯系统实现工序之间的协作；生产线能够实现快速换模，实现柔性自动化；能够支持多种相似产品的混线生产和装配，灵活调整工艺，适应小批量、多品种的生产模式；具有一定冗余，如果生产线上有设备出现故障，能够调整到其他设备生产；针对人工操作的工位，能够给予智能的提示。

三、数字车间层

在未来工场中，车间内广泛应用各类智能软件实现对生产各个环节的有效管控。在设备联网的基础上，利用制造执行系统（MES）、先进生产排产（APS）、劳动力管理等进行高效的生产排产和合理的人员排班，提高设备利用率（OEE），实现生产过程的追溯，减少在制品库存；应用人机界面（HMI）以及工业平板等移动终端，实现生产过程的无纸化；利用数字孪生技术将 MES 系统采集到的数据在虚拟的三维车间模型中实时地展现出来，不仅提供车间的虚拟现实环境，还可以显示设备的实际状态，实现虚实融合；利用数字物料拣选系统（DPS）实现物料拣选的自动化；利用智能物流装备实现生产过程中所需物料的及时配送。

四、智能工厂层

　　智能工厂层主要依托数据中心开展制造现场数据分析，通过生产指挥系统实时洞察工厂的运营，实现多个车间之间的协作和资源的调度，最终形成覆盖"智能设计—智能生产—智能服务—系统集成"的产品全生命周期流程。流程型制造企业已广泛应用分散控制系统（DCS）或可编程逻辑控制器（PLC）进行生产管控。一个重要的趋势是，大型离散型制造企业也开始建立中央控制室，实时更新和动态展示工厂的运营数据和图表，及时推送设备的运行状态，并可以通过图像识别技术对视频监控中发现的问题进行自动报警。

五、平台应用层

　　依托数字化车间和智能工厂支撑，未来工场将积极整合行业生态资源，深度挖掘行业潜在价值；流程型行业、离散型行业主要是基于数据沉淀，加快推进行业知识沉淀、封装，积极开发工业机理模型和大数据分析模型，在帮助自身效率提升的同时，积极利用工业App和微服务等方式面向行业中小企业输出价值服务；消费型轻工业则主要依托用户数据挖掘，找准消费关键词、绘制客户画像，开展精准营销和个性化定制；复杂装备工业则依托工业互联网平台，开展网络化协同、设备监控、远程运维、数字孪生等服务。

第二节　未来工场典型制造场景展望

"场景"原本是一个影视用语,指戏剧、影视剧中的场面。从更广泛的角度来看,"场景"已经泛化为各类情景,尤其是数字互联技术的出现,场景在不同领域不断泛化为新的体验,制造领域也是如此。在未来工场的视角下,以5G、大数据、云计算、人工智能、工业互联网、区块链、数字孪生等技术赋能的制造场景,正在系统性地改进人类关于制造业的"最初认识",制造场景正在以"肉眼可见"的速度发生巨大的变革,其意义重大,充满了更多无限遐想空间。本节基于数字化、网络化、智能化的视角,探讨未来诸多工业领域可能发生的系统性变革,以期呈现未来工场的可能雏形。需要指出的是,所甄选的案例,并非说其已经是未来工场,而是其在转型过程中孜孜不倦地追求新技术、新理念、新场景的创新,并形成了一定的商业模式,大幅提升了其在行业中的竞争力,或多或少具备了未来工场可能会有的样子。这也是笔者尝试给读者呈现的一部分未来工场的样子,绝非全部。

一、吉利长兴:试点"5G+工业互联网"新模式

汽车工业是当前工业领域智能制造水平最高的几个行业之一,无论是前端的研发与设计,还是冲压、焊接、涂装、总装等具体制造环节,其自动化、数字化水平均要大幅领先于传统行业。近年来新车上市与迭代周期的不断缩短,以及电动化、智能化、网联化对汽车性能需求的进一步突显,都对汽车的数字化研发和智能制造水平提出了更高的要求。基于未来工场的视角,以协同研发平台和数字孪生技术为代表的数字化研发与设计将成为行业主流,成为车企开放创新、全链路数据贯通和云端驱动的前道

载体。

工厂制造层面，多数车企以增材制造、工业机器人技术、微纳制造等先进制造基础和专家知识沉淀为支撑，叠加人工智能、大数据、云计算、边缘计算等数字技术的持续赋能，未来汽车行业将集中涌现出一批具有知识创造和增值能力的"未来工场"。

作为智能制造的"浙江名片"，吉利汽车集团很早就开始了未来工厂的研究。吉利长兴新能源汽车有限公司（简称"吉利长兴"）积极探索打造国内汽车制造业首个5G智慧未来工厂，以年产30万辆乘用车项目为基础，将新一代信息技术与智能制造深度融合，建设面向汽车行业的高质量、高安全、高可靠的"5G+工业互联网"平台，主要利用5G的大带宽、低时延等特性技术和工业互联网支持产业链上下游企业海量终端接入，实现节点数据共享，重点突破协同设计、协同制造、产品质量管控、供应链安全等新模式，成功构建了全新汽车制造业新智造体系。吉利长兴生产的最新4代吉利帝豪汽车已投入量产，是工信部首批"5G+工业互联网"示范工厂、浙江省"未来工厂"试点项目。

1. 积极布局5G、网络光纤等网络基础设施

吉利长兴以企业现有网络基础建设为重点，同时以5G网络为试点，构建企业园区5G+MEC无线组网，布设5G宏基站网络基础设施。工厂周边共6个宏站、4个室内分布系统和23个RRU（射频拉远模块），实现5G网络覆盖整个企业园区。厂区园区网络与互联网和企业外高质量网络连接带宽总和不低于1Gbps；网络丢包率不高于0.1%；点到点最小时延不高于10毫秒。

2. 利用数据链动，实现全程管理的高效协同

推动软件定义制造，推动生产计划和执行模块的ERP、MES、Andon生产系统集成。实现工厂内部生产管控透明，从而降低生产成本和提高生产效率。供应链协同模块通过SRM、TMS、LES的系统集成，利用采购协同、物料在途运输、拉动管理、仓储管理等功能实现了供应链过程透明，全面提升物流供应链的协作水平。使用EMS能源管理系统，优化用能措

施，达到企业节能增效和环保的目的。最后采用数据可视化技术实现管理层全局掌控企业实时运营状态生产数据，围绕企业资源控管理、物流过程管控、生产执行跟踪、质量工作监督等，实现研产供销的各要素、各环节、各系统、各平台的互联互通。

3. 强化虚拟现实技术应用，加快服务型制造推广

运用 AR/VR 技术，打造汽车制造销售一体化服务，实现 AR 看车+AR 沙盘+VR 车间漫游联合体验，客户可通过 App 直观了解汽车生产车间自动化、智能化工艺，实时查看典型工位的制造过程视频，作为强有力的销售辅助介绍工具，发展服务性制造。

4. 广泛应用新技术，探索智能制造新模式

吉利 5G 应用场景如图 6-2 所示。依托 5G、机器视觉、大数据分析、AI 等先进技术，实施设备远程诊断、设备预测性维护、视觉检测、智慧物流等应用场景。同时实施焊装机器人管理、拧紧数据分析、车辆厂内定位等工艺 App。支撑公司内业务数据、管理数据、运营数据、生产数据的动

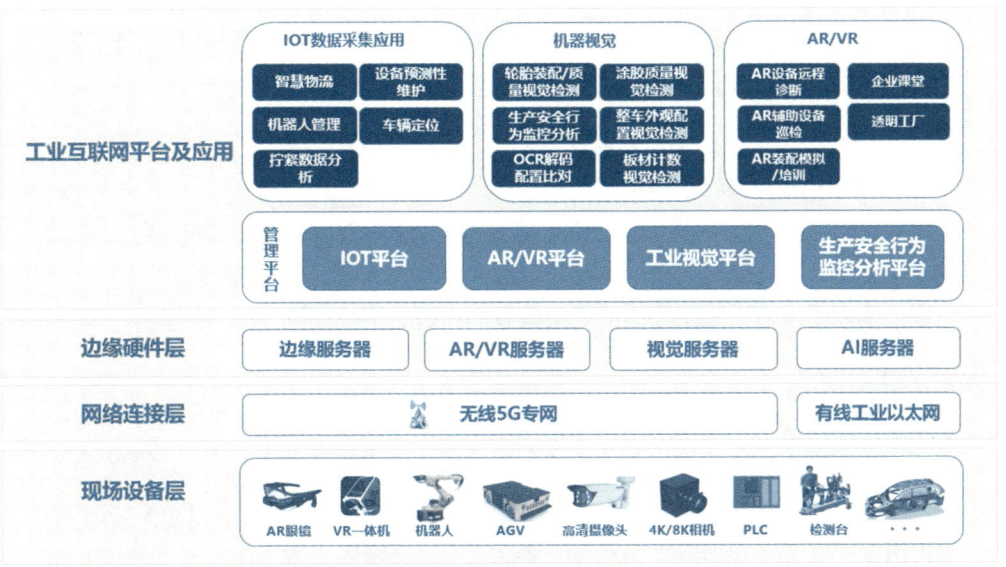

图 6-2　吉利 5G 应用场景

态交互,以数据驱动实现精益制造和智能决策。

二、敏实集团:打造汽车零部件"未来智能工厂"行业标杆

总部位于嘉兴南湖的敏实集团作为汽车零部件行业的领军企业,为响应国家智能制造发展战略,顺应汽车行业发展的时代潮流,率先进行了未来汽车智慧产业园的筹建,以期待全面实现集团公司的未来工厂智能化、人文化建设,通过引入5G和AI技术,进而体现工业文明的美与力,成为行业标杆。

1. 敏实集团所面临的数字化转型压力

汽车零部件行业数字化转型驱动力包括三个方面:一是盈利需求,鉴于汽车行业增速的普遍放缓,传统车企需要从提升生产运营能力出发,进一步扩大成本优势,获得持续盈利能力;二是新需求,由于新能源汽车逐步获得市场认可,自动驾驶技术日趋成熟,共享化成为出行的新选择,汽车零部件供应商需重新组织产品线,适应新形势下的主机厂采购需求;三是产业链的价值调整,随着汽车市场需求的变化,汽车供应链横向拓展,传统零部件供应商面临科技类供应商的冲击。

2. 敏实集团转型关键举措

为了迎接日趋白热化的汽车零部件市场竞争,敏实集团联合工业富联组织实施了"灯塔工厂"项目,以期望能够在未来产业竞争赛道上抢占先机,拔得头筹。具体而言,敏实集团通过以下几个方面开展企业数字化转型工作:

(1)通过数字化技术实现互联互通,努力实现从产品研发到订单交付两条端到端价值链贯通。敏实集团致力于升级产品研发体系,以研发为龙头,建立面向制造、质量、成本的产品设计模式——Design for X(DFM/DFQ/DFC);通过数据驱动的透明化生产与供应链运营决策,打通订单到

交付的端到端价值链（图6-3），实现成本的精细化管理；通过搭建项目"预算—核算—决算"三算体系，强调项目整体生命周期预算严肃性，实现预算偏离分析与核算体系精细化管理；订单交付能力的整体提升是敏实集团转型的另一大重点，以延续产品的成本优势。

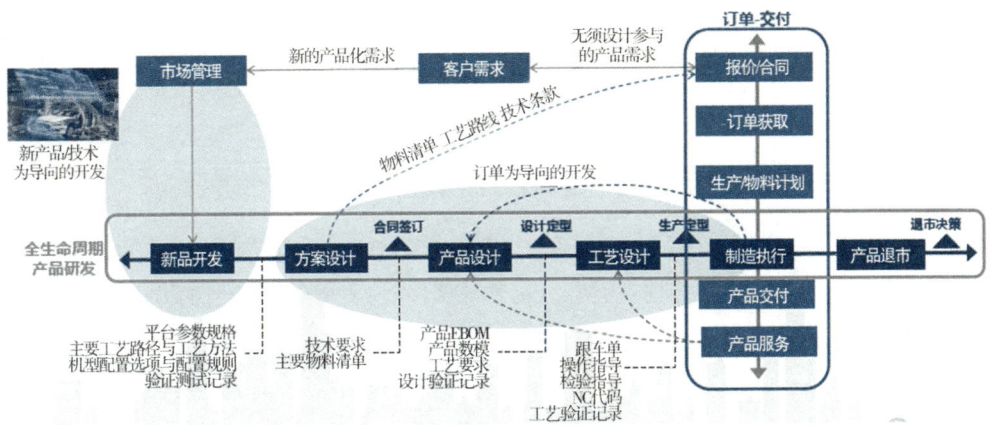

图6-3　数字化打通的订单交付和产品研发两条端到端价值链

（2）以成本为导向的制造能力提升，打造纵向计划协同和现场精细化执行能力。通过智能制造进一步提升生产制造能力，推行极致的精益管理降低生产成本，同时引入柔性化生产能力以应对个性化新需求。系统设计遵循全栈式设计理念，根据敏实集团现有信息化基础量身定制，无缝对接现有SAP套件（德国SAP公司开发的一套标准化管理系统）。

（3）建立指标运营决策体系，在全球工厂实施数据驱动的持续改善。为了提升对标行业最佳实践，敏实集团搭建了全球工厂指标运营决策体系，可以及时发现问题、定义痛点、发掘指标的提升潜力并明确目标，最终有效提升关键指标。通过数据监控关键指标，发现问题，找出决策因子，优化目标，实现及时准确地智能化决策流程。敏实集团整个流程是自上而下的，指标层层下探，提升触达效率，保障决策的协同性、准确性和及时性，从而体现企业高效的管理能力。

3. 转型效果

通过未来工厂建设，敏实集团成功实现了集团业务的数字化转型，其主要经济效益指标得到了大幅提升：一是关键指标大幅提升，覆盖人均产值、设备综合效率（OEE）、库存周转天数、万元产值能耗、良率等；二是制造能力提升，提高集团工厂网络的协同与柔性，应对市场和供应链波动能力提升；三是产业链协同，通过工业互联网平台，实现产业链数字化协同，与主机厂商及下游供应商无缝合作。

三、西飞公司：打造复杂制造网络协同新样板

航空工业具有产品结构复杂、设计周期长、制造环节多等特点，需要大规模、广范围的制造协同。其建设路径为：一是开展协同研发，通过面向工艺的设计、面向生产的设计、面向成本的设计、供应商参与设计，大大提高产品设计水平和可制造性；二是开展协同制造，基于敏捷制造、虚拟制造、网络制造、全球制造的生产模式，打破时间、空间的约束，通过互联网络，从传统的串行制造方式转变成并行制造模式，最大限度地缩短新品上市的时间，缩短生产周期；三是协同服务，通过建立远程诊断系统和动态服务机制，使整个供应链上的企业和合作伙伴共享客户、设计、生产经营信息，快速响应客户需求，提高设计、生产、服务的柔性。

中航工业西安飞机工业（集团）有限责任公司（简称"西飞公司"）是一家以飞机和航空零部件研制和生产为主的企业，先后研制、生产了20余种型号的飞机，民用飞机主要有运七系列飞机和新舟60飞机等。西飞公司的"支线飞机协同开发与云制造试点示范"项目成功入选工信部首批智能制造试点示范项目。西飞公司以智能制造试点示范项目为载体，在网络化协同制造领域积极探索，积累了很多宝贵的经验。

1. 搭建协同开发与云制造平台

西飞公司构建了一个协同开发与云制造平台，形成一套先进的智能制

造业务体系，催生航空装备产品发展的新模式。西飞公司通过飞机协同开发与云制造平台，在飞机设计过程中，实现飞机概念设计、详细设计、仿真计算、工艺设计的异地全程参与。针对用户的每一个调整，设计部门可以及时跟进调整，并与制造厂和零部件供应商沟通方案调整的可操作性，进而实现设计环节的快速高效联动。

2. 打造异地协同制造体系

西飞公司构建基于网络的异地多厂（所）协同制造体系，将整机组装、零部件厂（所）等资源整合，形成一个针对飞机组装和零部件生产的网络化制造联盟，能够针对不同型号的飞机制造需求，制订个性化的组装方案，而零部件厂（所）则根据实时动态信息，及时提供配套供应，实现对生产资源的优化配置。

3. 应用CAXA系统的敏捷化管理体系

西飞公司建立了CAXA系统管理数控中心，逐步形成了敏捷化管理体系。通过CAXA管理系统数控中心的1个数据服务器和3个通信服务器，将每个厂房对应到一个通信服务器，再基于CAXA管理平台，将西飞公司数控中心所有产品的文档分别挂接在不同节点下，通过系统的批量导入功能，将图纸直接与数控车间的各个数控设备相连，实现对计划客户端和工艺客户端的流程管控；利用主计划管理、物料需求管理，形成多个机种的生产管理系统，西飞公司能够同时满足大批量和订单化生产。

4. 建立远程诊断系统和动态服务机制

西飞公司应用数字化技术，建立了航空产品故障和维护维修的数据库，构建了支持多专业协同的远程诊断系统。西飞公司网络协同制造中的联动机制如图6-4所示。通过该系统，实现了对飞机和航空产品的使用性能、功耗、能耗等进行过程监控，并根据对运行数据的分析，预先制定改进方案和及时更换老化零部件，对飞机进行健康管理、维修，提高了航空产品服务的安全性和数据采集的多样性。同时，西飞公司以国际先进的航空制造商为标杆，形成面向客户端的动态服务机制，有针对性地对航空产品的运行进行数据采集分析，对出现的问题快速响应，提升客户服务水平。①

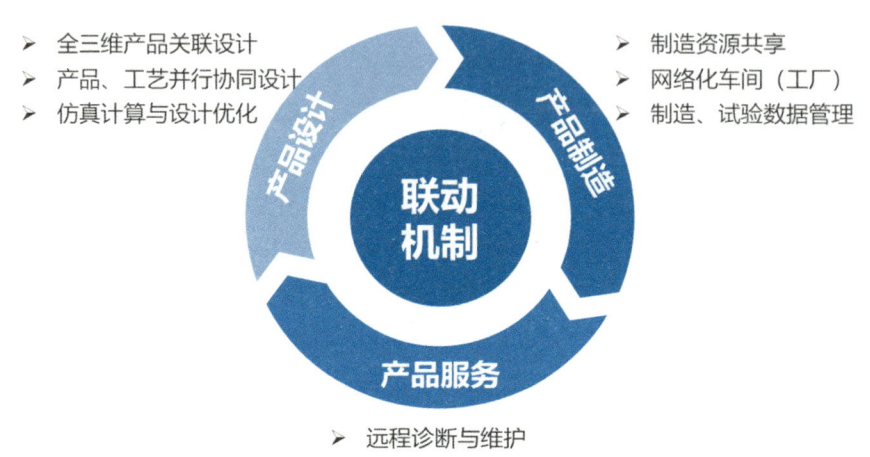

图6-4　西飞公司网络协同制造中的联动机制

四、兆丰机电：借力"5G+"跑出电机行业"加速度"

成立于1997年的浙江兆丰机电股份有限公司（简称"兆丰机电"），是国内汽车轮毂轴承单元的龙头制造企业。自2005年开始，兆丰机电不断深入信息化、数字化探索，从信息化改造，到"机器换人"、全面实行产业数字化，再到如今探索实现"黑灯工厂"，迈入工业4.0时代，这家老牌传统企业完成了一次次智慧转型。

---

① 参见王海龙、赵芸芸、张昕嫱：《从西飞公司看网络化协同制造模式》，《中国工业评论》2017年第8期。

1. "兆丰工厂大脑"实现数据互联互通

2015年,兆丰机电完成了机器换人的技术革新,大量机器人以及自动化生产设备在工厂里出现,大大提高了生产效率和品质。"兆丰工厂大脑"在原有的信息化基础上,实现了全域数据接入,以及跨部门多平台的工作协同。在实践中,"兆丰工厂大脑"可以根据客户订单的不同需求来进行"私人定制",其应用效果显著,大大提高了产品的交付能力,给客户的产品足足提前了7天。兆丰机电在第三代轮毂组成单元生产的节拍,通过数字化跟智能化的结合,也有了里程碑式的提升,生产节拍从原来的18s提速到15s。同时,在产品质量方面,在降低能耗以及数字集成等方面,"兆丰工厂大脑"对兆丰机电的企业管理提供了很大帮助,也给企业管理决策者提供了数字化依据。

2. 打造"5G+柔性作业车间"

随着定制化生产需求越来越多,兆丰机电生产线的灵活性受到了巨大的挑战。2019年4月,中国电信浙江公司和兆丰机电签署5G战略合作协议,共同打造"5G+柔性作业车间",运用天翼云平台的快速部署、强大的云计算能力以及5G大带宽、低时延和广连接的特性,打造5G工业数据采集、AGV云边协同、5G智能淬火、5G低时延机械臂、5G AR设计与培训等应用场景。在现有数字化智能制造的基础上,通过基于5G+AI的全域数据采集,探索建立全域感知、全局协同、全线智能的"5G+智能工厂"。

3. 打造"5G+智能工厂"

部署了5G技术后,兆丰机电在多个领域实现了效能的显著提升,智能制造工厂雏形初现。

(1) 工业数据采集数量、质量显著提升。借助5G技术,自动化车间实现了系统全覆盖,响应速度也从秒级提升到毫秒级,实现最多同时接入百万I/O节点,车间机床设备的数据通过5G网络实时上传,连接的数量和质量都大大提升,通过MEC边缘计算实时处理,响应更及时。

(2) 生产线部署更为灵活,为车间柔性生产提供有效支撑。5G帮助信息采集更及时，采集频次更高。5G大规模运用到采集方面，设备故障率会有5%—10%的降低。

（3）自动导引运输车或无人搬运车（AGV）云边协同助力效能提升。通过云化部署和5G网络降低AGV成本，实现AGV的灵活调度和控制。据测算，未来5G+AGV全面部署后，兆丰机电车间整体搬运效能提升5%。

（4）5G淬火练就"火眼金睛"。与淬火相关的20多个数据全部通过5G网络实时控制，同时部署了基于边缘计算的视觉分析模块，对淬火工艺进行智能分析，从事后检验改进为加工过程做直接判定，不仅保证生产安全，同时提高了轴承的良品率。目前，兆丰机电现实中的轴承生产甚至达到了实验室运算的理论状态，轴承的废品率降低到0.05%。

兆丰机电，这家轮毂巨头凭借5G的助力，正雕琢出更好的自己。它的实践也为"5G+工业互联网"解决方案的落地增加了成功的案例，积累了宝贵的经验。据了解，中国电信浙江公司将继续携手兆丰机电，在5G产业链成熟过程中分步部署云化AGV系统，同时也在大流量机器数据采集及分析、工业视觉识别上下料、高算力淬火工艺质量评估模型建设、AR/VR教育等典型5G场景中加速应用落地。兆丰机电对5G加持满怀信心，将实现所有工厂的5G覆盖，并在企业管理中进一步融入先进技术，促进企业更快更高效发展。

五、卧龙电气：工业互联网推动集团业务"整体智治"

卧龙电气驱动集团股份有限公司（简称"卧龙电气"）作为全球主要的电机及驱动解决方案的制造商，创建于1984年，经过30多年的创新发展，已在中国、越南、英国、德国、奥地利、意大利、波兰、塞尔维亚、墨西哥、印度拥有39个制造工厂和4个技术中心，是一家以"全球电机NO.1"为奋斗目标，致力于成为全球电机行业具有卓越竞争实力和服务能力的领导企业。近年来，卧龙电机把握数字化转型浪潮机遇，以高能级工业互联网平台建设为基础，面向设备健康管理、生产控制优化、质量检测分析、安全生产、能效优化管控、供应链优化分析等电机行业典型应用场景，培育了设备运行监控、物料跟踪管理、异音识别、能效优化管理、预测性维护等多个行业系统解决方案，大幅提升了其在智能制造范畴领域的能力，成为电机行业数字化转型先驱。

1. 设备运行监控

企业效益来源于设备的正常稳定和连续运转，实现设备的利用最大化是企业设备管理中的核心目标，这就要求对设备资源进行全生命周期的管理。通过对大功率电机各部件关联数据的实时监测处理，分析主要物理量基于历史数据的变化趋势及相互关联的程度，组合数据建立大功率电机能效模型，为大功率电机能源消耗监测提供一个立体视角。实时监测系统中电机供电端、电机本体、驱动设备负载、负载介质等关键节点数据，分析计算出大功率电机和各部件之间的能效值。设备管理系统可以完成对设备运维全过程的管理，包括设备台账档案、设备保养计划、维护、维修、改造、报废以及备品备件的管理，并可以通过全面的设备统计分析，如设备利用率、故障分析、性能分析、精度分析等，为提高设备产能实现精益化改善提供决策依据。

2. 物料跟踪管理

通过使用无线射频识别（RFID）仓储物流管理系统，对仓储各环节实施全过程控制管理，并可对货物进行货位、批次、保质期、配送等实行RFID电子标签管理，对收货、发货、补货等各个环节实施规范化作业，还可以根据客户的需求制作多种合理的统计报表。RFID技术引入仓储物流管理，免除手工书写输入步骤，解决库房信息陈旧滞后的弊病。RFID技术与信息技术的结合帮助商业企业合理有效地利用仓库空间，以快速、准确、低成本的方式为客户提供最好的服务。其中，RFID技术作为仓储技术的关键核心技术，具有读取方便快捷、识别速度快、穿透性和无障碍阅读、数据容量大等特点。

3. 基于电机异音的产品质量检测

电机厂商一直在期待能够自动识别异音解决方案来替代人工，卧龙工业互联网平台将这一需求变为现实，最终将实现100%的不良品召回，达到50%—99.9%的良品识别率。一是靠近电机生产线一侧，采用网络、计算、存储、应用核心能力为一体的开放平台，就近提供最近端服务；二是平台提供数据云存储、云计算等服务，电机异音识别等算法在云端升级实时部属到生产线。最终，根据质量控制（QC）标准对已知电机数据样本特征分类，建立时域/频域特征模型人工智能：利用神经网络技术建立电机的检测模型，由计算机构筑的电机智能检测系统与电机电气控制和执行机构相结合。

4. 能效优化管理

卧龙电气采用先进的精细化计量理念和现场总线技术，可以方便地深入生产线和建筑物的各个区域，实现对电机能耗全过程、全参数（能耗、环境参数等）在线监测，并根据国家能源计量导则要求，建立数据上传系统。

5. 预测性维护

通过对电机实施不定期或连续地在线监测，评价电机运行状况，查明电机有无状态异常或故障趋势，并预测应当进行维护的具体时间；通过分析监测数据和故障数据的相关性，进行大数据分析和机器学习，建立可以预测电机的剩余寿命和维护决策的模型；通过电机评估状态、故障诊断结果、剩余寿命预测结果和维护保障资源，做出维护决策。维护决策是从人员、资源、时间、费用、效益等多方面、多角度出发，根据寿命预测的结果定出维护计划，确定维护保障资源，给出维护活动的时间、地点、人员和内容。

六、正泰：打造"一云两网"，讲好"12810"故事

近年来，为顺应现代能源、智能制造和数字化技术融合发展大趋势，立足核心产品的智能化升级，正泰集团（简称正泰）提出"一云两网"（正泰云、正泰能源物联网、正泰工业物联网）发展战略。过去几年，正泰依托自主设计和研发的工业互联网平台，不断推进"一云两网"战略落地（图6-5），催生了一系列能源物联网和工业物联网的创新应用，引领行业发展新风向。

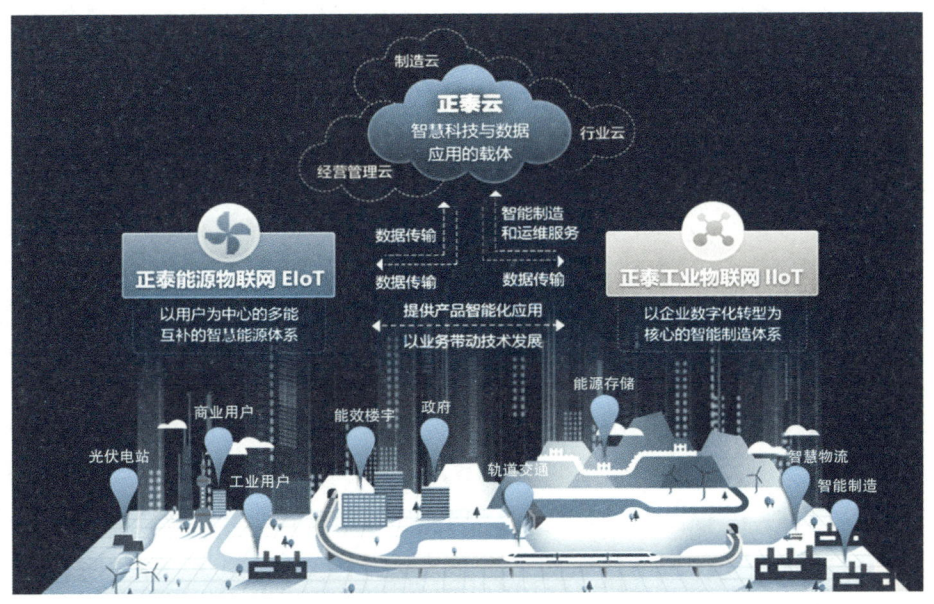

图6-5 正泰"一云两网"示意图

正泰云作为智慧科技和数据应用的载体，利用大数据、边缘计算、AI等技术赋能正泰、服务行业，目前已成为国内聚焦能源电力垂直领域的行业云先行者之一。正泰能源物联网构筑了区域智慧能源综合运营管理生态圈，为政府、工商业及终端用户提供光伏发电、多能互补、储能系统、智慧热网、智慧微网、能效楼宇等一揽子能源解决方案，让能源更安全、绿色、便捷、高效；正泰工业物联网构建基于海量数据采集、汇聚、分析的

服务体系，支撑制造资源泛在连接，为智能制造赋能，提供工业控制自动化解决方案等，助力传统制造业数字化转型。正泰云平台具备安全性、数据交互性、可扩展性、可伸缩性等各类强大而有效的特性，能够适应各类复杂的业务场景，包括智慧光伏监控与运维平台、温州低压电器智能制造生产工厂、宁夏银川华电智能热网、正泰上海松江智慧工业园区等，已广泛应用于正泰集团智能制造、智慧能源、智慧家居、智慧水务等各种业务形态。

1. 加快信息技术（IT）端与操作运营技术（OT）端的深入融合

在工业物联网建设实践方面，正泰依托工业互联网平台在企业内部进行IT端和OT端的融合，集成了所有的生产线，实现内部的互联互通。不仅如此，正泰积极强化与合作方链接，与代工厂进行全面对接。这是正泰现在正在探索尝试的最新举措，用物联网思维构成端到端的制造体系，打造产业链生态圈。

2. 以能源生态圈打造应对三大能源革命

正泰认为智慧能源是以电力系统为核心纽带，实现横向多源互补，纵向"源—网—荷—储"协调，能源与信息高度融合的新型能源体系，具有智能化、清洁化、去中心化三个特点。基于能源供给、能源消费、能源技术三个革命即将到来的战略研判，正泰在能源物联网应用实践方面也做了一些探索，以工业互联网平台为基础，推动能源物联网领域的应用，来打造能源用户、电网、金融机构与制造业共赢的一个生态圈。在新能源领域，正泰积极探索新业态、新模式、新服务，发展沙光互补、山地改造、海上光伏、农林光互补等"光伏+"新模式，在全球范围内建造数百座光伏电站。与此同时，正泰稳步拓展工商业分布式及户用分布式光伏电站，依托产业优势，在工业互联网、能源领域推进光伏电站智能化运营管理。

3.积极创新能源交易模式

正泰采用两种模式进行能源交易,一个是租赁;另一个是直售。储能技术也是需要重点考虑的方面,因为阳光在一天之中的分布具有时段性,为此从家庭储能到工业级的储能,达到调峰调频,这些在上海和国外很多地方使用,包括日本、英国。正泰在浙江海宁尖山新区开展"风、光、储、充、氢"智能微电网多能互补示范项目,通过对多种清洁能源的系统性配置和园区能效的智能化管控,在供能侧与用能侧实现双向结合。

4.正泰:讲好"12810"的故事

总的来看,正泰作为国内能源行业巨头,其正在追求的是规模和效率的统一。笔者调研正泰时,将正泰打造"一云两网"归纳为"12810"模式,目前为业界所津津乐道和广为传播。"1"是指1分钟下单,"2"是指2小时生产,"8"是指8小时配送,"10"是指10年免维修。正泰正在积极往这个方向进军,这也是未来工场的方向。消费与供给的边界不断模糊,但消费者福利却在这个过程中得到了最大化,企业也收获了效益和口碑。

七、飞鹤:数字中台助力国产奶粉"一号"品牌建设

在2019年的"第14届亚洲品牌盛典"上,黑龙江飞鹤乳业有限公司(简称"飞鹤")的品牌"飞鹤"入选亚洲品牌500强并被授予"亚洲至尊品牌金奖"。如今,在众多中国"宝妈"或者未来"宝妈"心中,始建于1962年的飞鹤品牌是国货奶粉当之无愧的代言人。飞鹤的业务系统建设以数字工厂智能制造、ERP(企业资源计划的简称)为核心,制订了"3+1+2"IT规划战略目标,以数字化智能化统一办公平台为核心能力,以阿里云数据中台为统一支撑,推动及指导新零售业务与智慧供应链业务的探索及变革。

存量增量两手抓,勇当国产奶粉一号位。飞鹤之前一直侧重于增量业务,积累了大量存量用户的数据。据悉,目前飞鹤已经掌握90%左右

的经销商的数据和 50% 的婴配终端消费者的消费数据，覆盖了包括生产、分销、零售、供应链等多方面数据，但数据太分散且不完整，而且数据不在线，无法达到支撑、驱动飞鹤前端业务的效果。因此，飞鹤与阿里云合作，以数据中台为核心重塑了 CRM 系统（客户关系管理系统），建立新的以数据赋能的营销平台。目的在于实现增量用户的存留运营、深入的存量用户运营，从而赋能线上线下全渠道业务，实现客户全生命周期运营。

（1）深度参与用户运营：飞鹤数据中台的主要产出是营销端：一个是群体画像，一个是个体画像。群体画像是对某地域特定人群的权益偏好进行分析，来制定区域促销策略；个体画像则是对营销动作的支撑，以某个会员的个体标签来触达用户。此时，数据中台提供的持续数据反哺，也成为飞鹤在会员深度运营、全产品域的全生命周期运营等构想的基石。在数据中台的帮助下，飞鹤整合线上线下数据，达到一体化的会员管理。无论是在线上还是在线下消费，会员的购买积分都会统一进行计算，并经过智能算法的推荐及预测帮助企业决策，选择更符合消费者需求的优惠方案。

（2）业务前端的营销策略：在业务前端，飞鹤为导购员提供"智慧导购"的数字工具。因为导购员直接面向用户，传统的方法只能根据自身经验与消费者进行沟通，效率低下。如今，"智慧导购"通过设定上百个用户标签，对用户进行个性化管理。比如根据会员的生日、用户上次购买奶粉的时间、用户曾经参加过的活动等数据，更好地为每一个用户进行更精细化的服务，真正达到千人千面。随着数据沉淀，利用数据中台的分析能力，前端数字化工具还会为导购员设定与推荐某些特定"导购动作"。此外，数据中台可以根据现有数据，充分计算每个用户的生命周期，实行"全产品域的全生命周期运营"。比如奶粉用户生命周期是三年，在三年婴儿奶粉周期快结束的时候，飞鹤可以把用户引导到下一个产品域，从而提供更长久的运营与服务。

（3）供应链与制造领域的数字化升级：飞鹤目前的数字化供应链以市场实际需求与需求预测为目标，以渠道供应链管理为基础，以生产基地产能为支撑，实现产销协同的集中计划体系。在生产执行层面，与生产现场的西门子MES（生产信息化管理）高度集成，强化制造执行的过程管控，实现精细成本核算体系的建立。飞鹤质量及成本管理体系如图6-6所示。

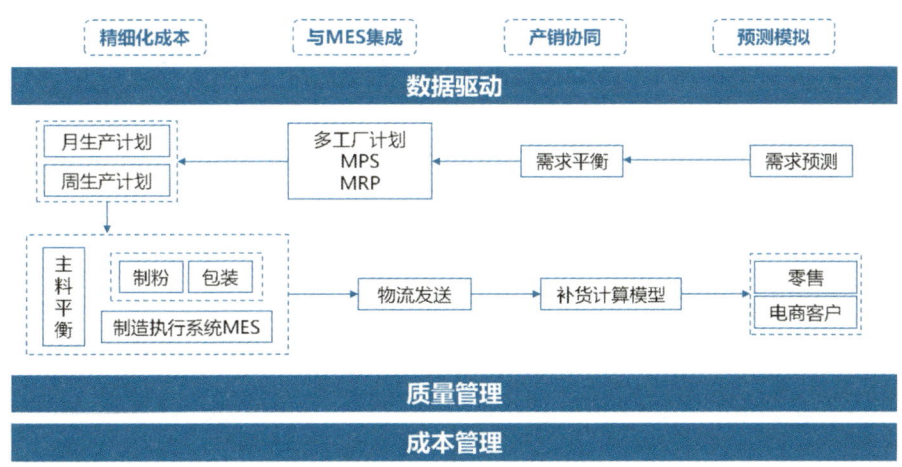

图6-6 飞鹤质量及成本管理体系

在安全管控上，建立以28天新鲜度为基础的高效供应体系，通过云采购系统建立与外部供应商的全面业务协同，强化基于食品安全与产品品质的原料品质管理与批次追踪，并建立核心物资国际化采购业务及全面风险控制体系。

飞鹤数据中台的第二阶段目标是供应链与制造领域。未来供应链由管理层、业务中间所有角色人以及前端业务系统三方面作为支撑，力求与营销的管理模式相近。飞鹤与阿里云的合作，将在采购、生产、库存、质量、管理等多个节点开展数字化拓展数据中台的应用场景服务落地。未来，飞鹤希望通过数据中台实现同源、敏捷、预知、倒推、双向五个方面的能力。

专栏6-1

飞鹤的数据中台构想

（1）同源：数据中台可以将所有人拉至同一层面，看到同一个业务本质。

（2）敏捷：让企业可以快速感知、应对外部市场变化，快速试错，快速找到合适路径。

（3）预知：利用沉淀下来的数据，在发生风险之前预知它，在机遇到来时能发现它。

（4）倒推：通过数据中台的分析能力，可以透过业务数据判断业务表象的真伪，倒逼组织运营效率和质量。

（5）双向：数据中台可以把数据汇总以后，进一步产生数据价值、数据能力，再将数据能力赋能给前端业务系统。

对快消行业而言，传统的营销方式已经逐渐被取代，数字化转型已是一种不可逆的趋势。尽管飞鹤是行业头部企业，但"晴天修屋顶"的理论可以让飞鹤在快节奏的信息时代更好地发展下去，从商品、营销、会员等方面形成自己的方法论。未来，飞鹤还会在供应链与生产制造领域继续深耕与探索，实现基础设施云化、触点数字化、业务在线化、运营数据化、决策智能化。

八、大胜达：拥抱工业4.0，打造包装行业"未来工厂"

包装行业作为一个古老的行业，经历古代的手工包装，已经逐步发展到时下的自动化、机械化包装，成为一个拥有一定现代技术装备、分类比较齐全的完整工业体系。站在"十四五"乃至未来更长一段时间看包装行业，会怎么样？包装业的4.0是什么？其业态、模式、产品、高质量发展的路径又是怎样？

浙江大胜达包装股份有限公司（简称"大胜达"）成立于2004年11月，总部坐落于杭州萧山经济技术开发区，是国家重点扶持的高新技术企业、中国纸包装开发生产基地,拥有中国纸制品研发中心、省级重点企业设计院、省级企业研究院、省级工业设计中心等多个研发平台,并被工信部列为"'两化'融合管理体系贯标试点企业"、浙江省"两化"深度融合示范企业、浙江省管理创新试点企业等。大胜达数字工厂以国际领先、国内一流的智能化生产线、柔印设备、检测装备,智能仓储/AGV等为平台,融合信息化系统与技术,软硬件集成、优化和控制,全面数字化管控运营过程,建设了高效节能、绿色环保的人机一体化数字工厂。

1. 引进先进的生产设备,为发展壮大打下稳固根基

"大胜达"拥有世界先进的德国BHS2800、BHS2500瓦楞纸板生产线,拥有集印刷、开槽、成型、打包于一体的世界先进的瑞典EMBA纸箱联动线,拥有世界先进的PRP机组式凹版印刷机、NTJZ-1800预印机、YMW7-1224AH高网线印刷机、INOVA-1632鼎龙印刷机、高宝印刷机及巨无霸K1-2640超大门幅柔板印刷机等,还拥有各类先进的印后加工设备,能够满足各类纸箱、彩盒、纸托盘等的生产加工要求。

2. 积极推动智能化工厂建设,生产效率提升立竿见影

近年来,"大胜达"积极推动智能化工厂建设(图6-7),实施了印刷及后道工序的"两化"融合改造,不断提高生产线自动化管控水平。2015年,公司研发了纸包装生产线物联网系统,依托ERP平台构建了资源环境

图6-7 大胜达智能化工厂

型的基础数据库，覆盖了主要生产流程，实时采集数据并反馈到生产控制端，可精细化统筹从订单下达、生产计划安排、物流调配、工序管理、设备管理、交货管理、物流配送到收货确认的全流程。

2016年，大胜达被杭州市经济和信息化局评定为杭州第一批工厂物联网示范样板项目。凭借工厂物联网，"大胜达"在短短1个月时间之内，公司人均创产提高20%，设备利用率提升15%，库存周转率提升15%，订单履行周期缩短25%，生产效率提升立竿见影。它让生产设备的"四肢"变得灵活、协调、高效。

3. 稳步推进扩张之路，在全国有10余个生产基地

由于纸包装产品销售具有明显的"运输半径"，跨区域业务扩张是纸包装企业发展壮大的必经之路。一直以来，大胜达以华东总部生产基地为样本，在江苏、四川、湖北等省份陆续投资建厂。大胜达已在全国各地布点生产，设立10余个生产基地。大胜达在"互联网+"方面的探索也走在同行的前面，与国内一流线上服务众包平台强强联合，建立包装设计电子商务平台，从包装设计端为切入口，解决包装用户设计团队单一、设计成本高等问题，打造包装产业线上、线下全生态链。如今，凭借多年在纸包装行业经验、雄厚的技术研发实力、先进的生产工艺，大胜达与国内外众多知名企业建立了长期稳定的合作关系。

九、犀牛工厂：阿里巴巴的"新制造业"跨界之路

阿里巴巴新制造平台"犀牛智造"依托阿里巴巴强大的云计算、物联网（IoT）、人工智能技术能力，积极链接"阿里生态"中的消费者和中小企业群体，洞察消费新趋势，实现销售预测和弹性排产，打造云、网、智、造融合的新制造体系。"犀牛智造"能够让商家可以像使用云计算一样，使用工业互联网服务，解决生产供应链中的一系列"痛点"，连通销售预测和柔性制造，目标是具备"从5分钟生产2 000件相同产品，到5分钟生产2 000件不同产品"的能力，让创业者、中小商家能够聚焦

核心能力，并带动中小工厂实现数字化升级，提升中国制造业的竞争力。在试点运营的2年多时间里，犀牛智造工厂（简称"犀牛工厂"）累计为200多位淘宝天猫商家、主播、时尚达人等提供了生产服务。

犀牛工厂包含五大技术要点：

（1）工厂智慧大脑。数字化设计系统联动需求和供给两侧，可3D快速仿真测试、为商家提供报价基础、为供应链提供采购依据、为生产提供工艺指导。

（2）中央仓智能化的采、裁、配。犀牛智能中央仓犹如餐饮行业的"中央厨房"，可智能采购、柔性供给。

（3）智能导航"棋盘式吊挂"。系统可将吊挂衣架自动分配至相对空闲的工位，改变了过去服装工厂吊挂单向流转，容易拥堵的问题。

（4）数字印花。可将印花工艺参数以投影的方式进行定位，取代传统工厂手工画框定位的方式，大大节省了印花效率。

（5）环保洗水。通过雾化技术代替传统水浴处理，洗水每件衣服用水量可减少到原先传统洗水的1/3，大大降低排放量，提升洗水竞争力。

服装行业是万亿级市场，而库存量大等问题一直困扰着这个传统行业。根据国家统计局数据，2020年1—8月全国纺织服装类零售总额6 936亿元，同比下降15%，较2020年1—7月有所收窄，低于同期社会消费品零售额增速6.4个百分点。梳理服装类上市公司半年报发现，服装线下销售遭遇重挫，近1/4的服装企业亏损，整体利润同比下滑超30%。对此，犀牛工厂针对服装行业痛点做出了相应的解决策略。

第一，服装行业库存积压严重。阿里巴巴犀牛智造负责人伍学刚表示"因为服装的时尚属性，产品生命周期非常短，浪费非常突出，由于库存造成的浪费占20%—25%"。对此，阿里巴巴提出的解决策略是：先确定订单数量再制造。

第二，服装制作耗时长。目前服装行业从流行风向把控到生产短则两个月，长则半年，且现有的服装制造工厂所有的排单、核对等流程都是通过人工一步步去核实，整个流程下来将耗费太多时间。对此，阿里巴巴提出的解决策略是：借助智能生产，将交付市场缩短到市面上工厂的一半。

第三，时尚风向难掌控。在每年换季前两个月，下一季的新款就根据市场流行趋势在加班加点地制作了。但这种预判很难打动挑剔的顾客，外加上会出现流行趋势预判错误的情况，将会造成不小的损失。对此，阿里巴巴提出的解决策略是：通过阿里巴巴平台上沉淀的消费行为，为淘宝、天猫商家提供时尚趋势预判。

犀牛工厂，作为"新制造"的"一号工程"，是具有互联网公司特色的"数字化工厂"，每块面料都有自己的"身份 ID"，进厂、裁剪、缝制、出厂可全链路跟踪；产前排位、生产排期、吊挂路线，都由 AI 机器来做决策。以往须清点物料和检查排期才能确定的工期，在"犀牛工厂"一键即可得到秒级回复。总之，犀牛工厂选择在服饰切入，选一个垂直行业垂直做深，做出价值，有助于开启以后广阔的制造行业革命。

十、中信建筑：10 天援建火神山的智造密码

2020 年 1 月 23 日下午，中信建筑设计研究总院有限公司（简称"中信建筑"）接到武汉火神山医院的紧急设计任务后，迅速组建 60 余人项目组，当晚即投入设计工作。非常时期，特殊的任务，雷神山医院的设计和建设是一场生死竞速，饱含着无数人的期待，意味着许多人生命的角逐。中信设计总院在 5 个小时内完成了场地平整设计图，24 小时内完成了方案设计图，60 小时内交付了全部施工图。经过参建各方人员 10 天的共同努力，在全国千万"云监工"的注视下，2 月 2 日，武汉火神山医院正式交付使用。在"云监工"瞩目之下，在极限工期内建成火神山医院的背后，先进的设计理念和科技元素充当着"幕后英雄"。火神山医院无论是规模质量还是设计的科学性，以及投用以来的效果，都优于或高于国家建设标准，也远高于当年的小汤山医院。其主要体现在对环保的要求更高，对医护人员的安全保障更可靠，医院信息化程度更高，军民融合要求更高。火神山医院火速建成的背后，集中体现了科学的设计理念、飞速发展的建造技术和严格的环保标准。

1. "鱼骨状"布局降低交叉感染

火神山医院采用模块化设计，呈现出较为独特的"鱼骨状"布局，每根"鱼刺"都是独立的医疗单元。其最初设计意图在于最大限度地降低交叉感染风险，患者进入医院和医护人员进入医院的通道完全分离，患者从病房外围"鱼刺"进入病区，医护人员从中轴"鱼骨"通道经过更衣、防护进入病房。

2. 复杂机电系统为气流装上"导航"

火神山医院内各病房护理单元共有 700 多台套风机送、排风设备，通风系统就像给院内空气装上了"导航"，气流往哪里流动都进行了周密设计，通过对换气次数及送、排风量的控制，使污染区、半污染区、清洁区形成 5—10MPa 的压力梯度，"指引"气流从洁净区流向污染区。火神山医院病房全部为负压病房，室内比室外气压低 15MPa，每间病房设有 1 个送风口和 2 个排风口，排风管设置配备的杀毒装置，对排出的空气先杀毒处理再排放。

3. 新一代信息技术赋能"云上智慧医院"

火神山医院的信息系统包含 5 大类 17 个系统，为其快速运营提供了强大的软硬件基础。通信方案全部选用了最高配置，通过搭建 5G 无线网络及专线网络，满足智慧医疗的远程指挥。相关参建单位为火神山医院量身打造了 3 套远程视频会议系统，分别连接两个指挥会议室和主管方会场，为远程视频会议及医疗会诊建立了基础。此外，医院还配备了先进的"远程会诊平台"，进行远程诊疗，5G 远程传输技术实现了前线"战场"与后方"智囊"的无缝衔接。其拥有高清视频会议终端，支持 1080P 的高清画质，在远程医疗会诊的场景下，借助 5G 低时延、大带宽、海量连接的特性，两地医疗专家通过辅助码流分享病患的 CT 片等医疗档案，进行诊断。通过这一平台，外地优质医疗专家资源可通过远程视频，与火神山医院的一线医务人员一同对病患进行远程会诊。

4.给医院穿上"隔离衣",确保滴水不漏

火神山医院地基基底采用高密度聚乙烯(HDPE)防渗膜进行全覆盖,将地上构筑物与地下水和土壤进行物理隔离,产生的污水将进行全封闭的收集处理,最终通过混凝土基层、防渗膜和钢筋混凝土地面层等三层隔离,确保滴水不漏。院区内的雨水也不会渗漏到地下,统一收集到雨水调蓄池,经过无害化处理后,排入市政管网。火神山医院1 000张床位的日废水产生量大概是800—1 000t的水平,鉴于新冠病毒的传染性强,污水处理工艺采用了更高的标准。在运营设计上,污水处理站采用双回路、双保险系统,最大日处理能力2 000t。在消毒处理上,医院消毒剂的投加量高于国家要求的传染病医院的消毒剂量,消毒停留时间达到近5h,远高于国家标准1.5h。废水从排出到处理合格要经过7道工序,最终经系统检测合格后,才会排入市政管网。

第七章 未来工场的组织观

在此次新冠肺炎疫情中,我国企业组织形态和效率也受到了前所未有的审视。"单细胞"式的个体工商户和微型企业组织抵御风险能力较弱,而强调科层制、决策集中的大中型企业也面临着突出的灵活性差、应对能力羸弱等问题。不少强调数字化、网络化、扁平化的企业组织,则在此次疫情中脱颖而出,在应对危机时表现抢眼,也是率先走出疫情阴霾的企业,这种企业组织方式通常也被称为"特种部队式的组织"。可以预见,未来的企业需要应对千变万化的市场环境,快速反应、可灵活拆分和重组成为企业组织架构演进的重要方向。本章将从企业的信息化架构转型、创新组织方式转型、产品生态竞争转型、知识分工范式转型和"三台"组织架构建设等出发,强调未来工场应该成为各类经济主体、各类创新资源、各类制造要素等整合集聚提升的平台,并且将以任务为导向,以"任务+平台+外部资源系统"为核心模式运转,强化组织的灵活性,以应对经济社会中层出不穷的"黑天鹅""灰犀牛"事件。

第一节　信息化架构转型：走向IT+OT融合

一、传统企业条块式信息化架构

长期以来，企业内部信息技术（IT）和操作运营技术（OT）是相互隔离的，它们各自有着不同的目标，沿着不同的路径发展，同时在不同的生态系统中运行。当前，传统企业依托业务单元开展的自动化决策已经无法适应未来精准化资源配置、自动化组织生产和网络化企业互联的要求，即使在大部分龙头企业，工厂内部结构也会因为"两层三级"的技术体系和网络架构（图7-1），使得企业的IT系统与OT体系之间存在相互隔离和诸多障碍。一是工业控制网络与工厂信息网络的技术标准各异，难以融合互通；二是工业生产全流程存在大量"信息死角"，亟须实现网络全覆盖；

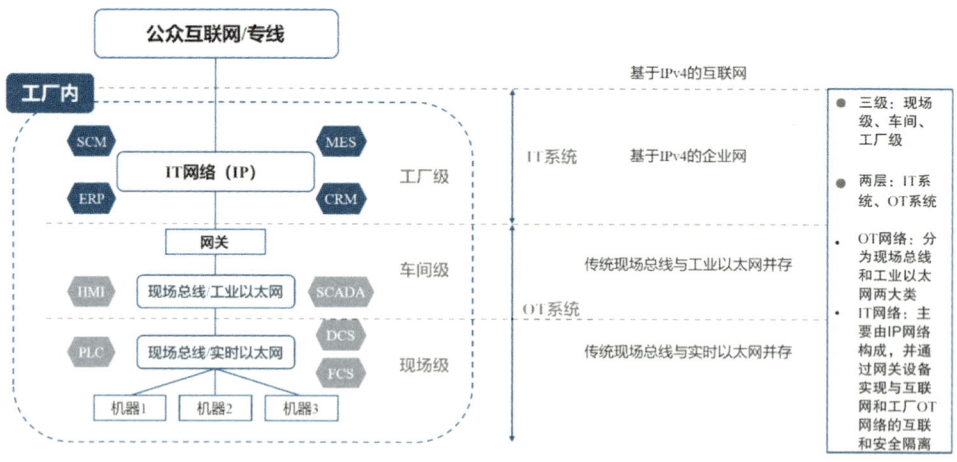

图7-1　工厂内部结构"两层三级"网络架构示意图

三是工厂网络静态配置、刚性组织的方式难以满足未来用户定制、柔性生产的需要。

工厂外部网络主要是指以支撑工业全生命周期各项活动为目的，用于连接企业上下游之间、企业与智能产品、企业与用户之间的网络。目前，大量工业企业已经与公众互联网之间实现互联，但互联网为工业生产带来的价值仍比较有限。从互联形式上来看，工厂的生产流程和企业管理流程仍封闭在工厂内部，从公众互联网的角度来看，工厂内部仍是一个"黑盒"。从应用形式上看，工厂与互联网的结合主要是在产品销售和供应链管理等环节，互联网在工业生产全生命周期中的资源优化配置作用仍未充分体现。以传统自动化时代的质量追溯场景（图7-2）为例，某公司针对某一自制件质量问题需要追溯制造过程、原材料、工艺、研发等信息时，需要跨越多个系统操作，非常烦琐。另外，涉及系统间集成时，一般以项目式进行开发，服务设计的通过性和前瞻性能偏弱，一般的设备接口很难重复利用。重复、重叠的接口，不但影响了需求的响应效率，也增加了维护IT和管理的成本。

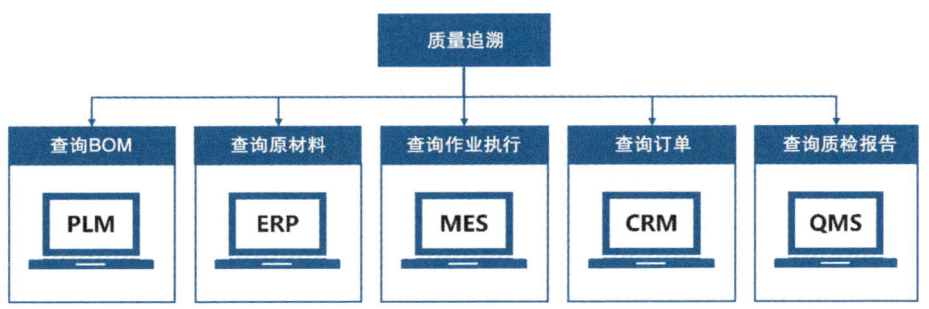

图7-2　自动化时代的质量追溯场景

二、未来企业IT与OT融合趋势

随着工业大数据、智能制造、工业互联网的出现和发展，OT与IT之间逐步有了融合发展的倾向。不少制造企业已经意识到在一个互联的工厂中将OT与IT融合的增益，如使突发的设备故障最小化、为更好的决策提供支持、优化业务过程、削减业务成本、缩短项目时间进程和降低风险。

与此同时，制造工厂内部网络也呈现出扁平化、IP化、无线化及灵活组网的发展趋势，进而加速了IT与OT融合的趋势。工厂内网络：传统工业网络与以太网、IP、无线技术的融合如图7-3所示。

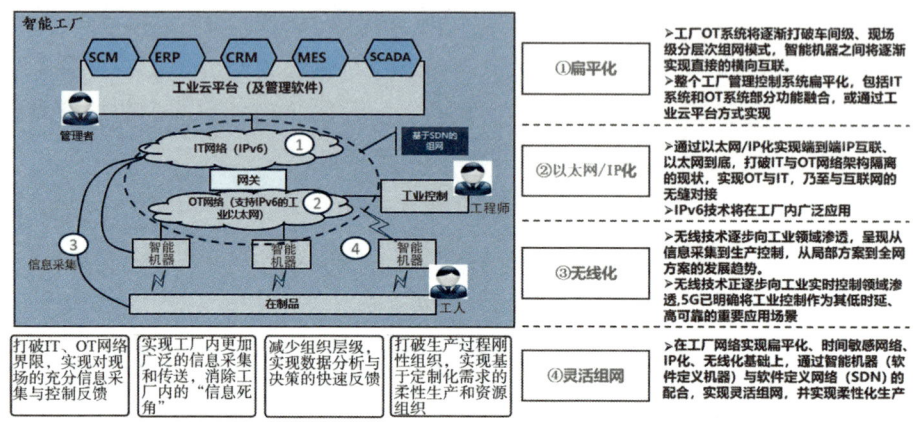

图7-3　工厂内网络：传统工业网络与以太网、IP、无线技术的融合

1.工厂内网络扁平化趋势

随着自动化技术和智能分析的集中，工厂OT系统将逐渐打破车间级、现场级分层次组网模式，智能机器之间将逐渐实现直接的横向互联。同时，工厂内部管理控制系统将趋于扁平化，包括IT系统和OT系统部分功能融合（如HMI），或通过工业云平台方式实现，实时控制功能下沉到智能机器，促使IT与OT网络逐步融合为同一张全互联网络。

2.工厂内网络以太网/IP化趋势

随着工业网络技术的发展演进，现场总线正在逐步被工业以太网替代。未来，工业内有线连接将被具有以太网物理接口的网络主导，同时基于通用标准的工业以太网逐步取代各种私有的工业以太网，并实现控制数据与信息数据同口传输。随着以太网的广泛使用，工业网络的IP化趋势将更为凸显，IP技术将由IP网络向OT网络延伸，实现信息网络的IP化，从而使得IT与OT节点（机器）直接可达。为解决大量支持IP的装备接入问题，IPv6技术将在工厂内广泛应用。

3. 工厂内无线网络成为重要补充

无线技术逐步向工业领域渗透，呈现从信息采集到生产控制，从局部方案到全网方案的发展趋势。目前无线技术主要用于信息采集、非实时控制和工厂内部信息化等，Wi-Fi、Zigbee、2G/3G/LTE、面向工业过程自动化的无线网络 WIA-PA、Wierless HART 及 ISA100.11a 等技术已在工厂内获得部分使用。对于低功耗、广覆盖、大连接等工业信息采集和控制场景，NB-IoT 将会成为较好的技术选择。同时无线技术正逐步向工业实时控制领域渗透，成为现有工业有线控制网络有力的补充或替代，如 5G 已明确将工业控制作为其低时延、高可靠的重要应用场景，3GPP 也已开展相关的研究工作，对应用场景、需求、关键技术等进行全面的梳理，此外 IEC 正在制定工厂自动化无线网络 WIA-FA 技术标准。IPv6 是工厂内网 IP 化的发展方向。

4. 工厂内网络组网方式更加灵活

未来基于智能机器柔性生产将实现生产域根据需求进行灵活重构，智能机器可在不同生产域间迁移和转换，并在生产域内实现即插即用，这需要工厂网络的灵活组网，实现网络层资源可编排能力，软件定义网络（SDN）是其中实现方式之一。基于 SDN 的扁平化工厂网络如图 7-4 所示。

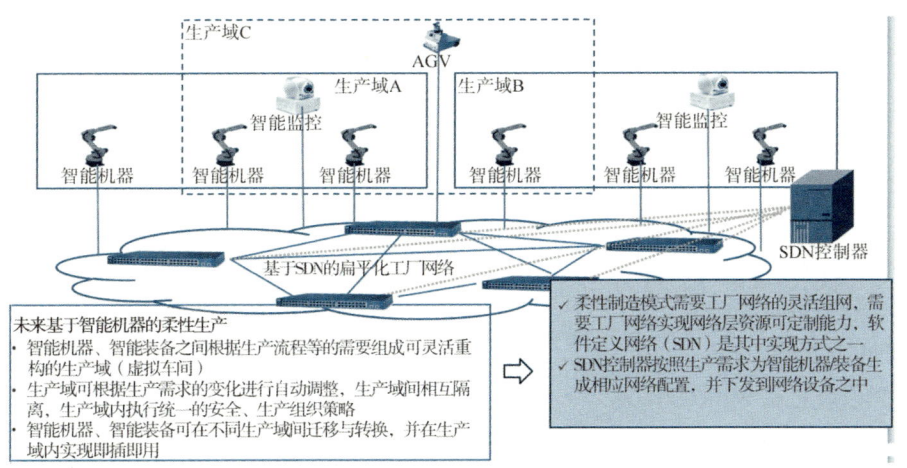

图 7-4　基于 SDN 的扁平化工厂网络

5. 工厂内外网融合态势明显

随着网络和信息技术、服务模式的发展，原来局限在工厂内的工业生产过程逐步扩展到外部网络，工业生产信息系统与互联网正在走向深度协同与融合，包括 IT 系统与互联网的融合、OT 系统与互联网的协同、企业专网与互联网的融合、产品服务与互联网的融合。

（1）企业 IT 系统与互联网融合。从网络层面来看是工厂内部 IT 网络向外网的延伸。企业将其 IT 系统（如 ERP、CRM 等）寄存托管在互联网的云服务平台中，或利用 SaaS 服务商提供的企业 IT 软件服务。OT 系统与互联网协同从网络层面看是部分 OT 系统网络向外网的延伸。在一些人力较难达到，且又需要实现生产过程调整和维护的场景下，需要通过可靠的互联网连接，实现远程的 OT 系统控制。目前，互联网的质量对于时延、抖动、可靠性有极高要求的实时控制还无法承载。

（2）企业专网与互联网融合。在公共网络中为企业生成独立的网络平面，并可对带宽、服务质量等进行灵活快速定制。这类业务场景需要提供独立的网络资源控制能力，开放的网络可编程能力，以及定制化的网络资源（如带宽、服务质量等）。目前的互联网尚不支持此类业务场景，需要网络虚拟化及软件定义网络技术的进一步发展与部署。

（3）产品服务与互联网融合。通过智能工业产品的信息采集和联网能力为工业企业提供新的产品服务模式。工业企业基于这些平台，可以为用户提供产品监测、预测性维护等延伸服务，从而延长了工业生产的价值链。这类业务的基础是对产品的海量数据采集与监测，需要通过无线等技术实现工业产品的泛在接入。

（4）工厂与公共网络的互联。基于新型互联需求不断增强和扩展，对现有公共网络不断提出新的需求：一是支持百亿终端接入，联网的工业装备及产品数量将达到百亿级水平；二是支持百级业务平面，考虑工业现场 OT、IT 各类应用以及未来业务发展，不同质量要求的业务平面应达到数百级别；三是支持百万用户隔离，全国规模以上工业企业数量在 50 万—60 万家，每家企业按照 3—5 个 VPN（虚拟专用网络）需求计，网络的承载能力需达到百万级 VPN 水平；四是提供全程服务质量保证，满足不同工业互联网应用端到端的网络质量可靠性要求；五是提供网络编排能力，网络应通过开放接口支持工业和其他行业用户对网络功能和协议进行自定义；六是提供内嵌安全能力，实现内生安全与网络可溯源以便保障关键应用安全。

工业与外部网络的进一步融合，将推动个性化定制、远程监控、智能产品服务等全新的制造和服务模式。为此，工厂外部网络需要具备更高速率、更高质量、更低时延、安全可靠、灵活组网等能力，这些需求在目前的互联网上还无法满足，需采用5G、软件定义网络（SDN）、网络功能虚拟化（NFV）等一系列新的网络技术研究和部署来支撑工业互联网发展。

第二节　创新空间变迁：实现创新零距离

一、科技、产业"两张皮"难题

科技与产业"两张皮"难题，即创新"死亡之谷"（图7-5），是长期困扰世界各国经济发展的挑战与难题。造成这一难题的根本原因是市场失灵。创新活动本身的不确定性和正外部性、基础设施的孤岛效应、不同创新主体协同失灵和市场的不完善等多种原因造成市场失灵，进而阻碍了研究成果的商业化和对经济增长促进作用的发挥。

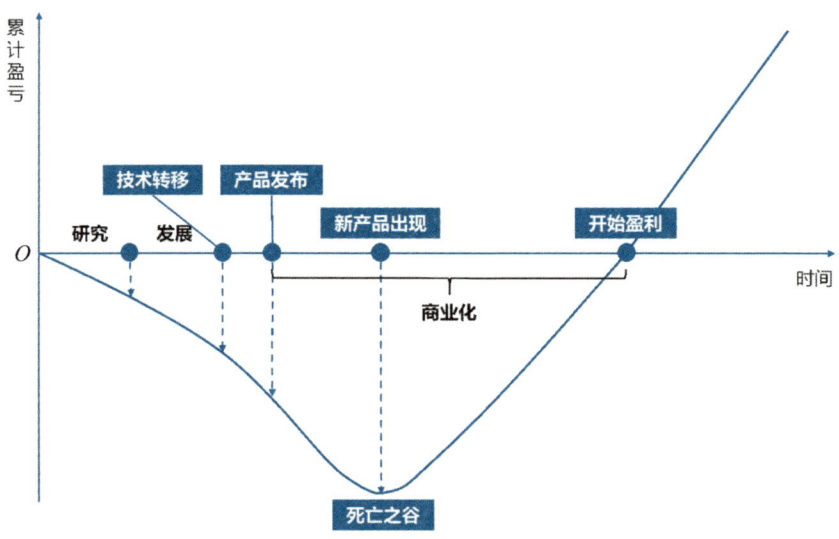

图7-5　创新"死亡之谷"

1. 创新活动的不确定性

从长远看，创新研发投入的增加会给企业带来巨大的潜在收益，特别是有重要影响的颠覆性创新，往往能帮助企业竞争优势的迅速扩大。但由于创新活动往往带有很强的不确定性和长期性，企业往往不愿意进行大规模投入，商业银行、私募股权投资基金（PE）/风险投资（VC）等金融机构也不愿意为其提供长期贷款和持续支持。

2. 创新活动的正外部性

从技术扩散的角度来看，众多企业虽然没有投资研发，但也可以从行业企业的创新行为中获利，这就是创新获得的溢出效应，即创新正外部性。因此，很多公司研发投入的决策并不会将研发作为一项重要因素考虑，如果没有公共资金的支持，研发经费投入水平会更低。主动投资创新的企业则可能由于经济学上"搭便车"效应的存在而抑制其创新动力与创新积极性。

3. 基础设施的孤岛效应

从基础设施的角度看，一些技术创新所必需的大型基础设施对于企业来讲规模太大或者成本太高而没有办法获得，特别对于中小企业来讲更是如此。如果考虑到其他方面的市场失灵因素，对大型科研基础设施投入的决策对大企业恐怕也会成为一个问题。对这些大型基础设施投入需要公共资金的介入。

4. 不同创新主体协同失灵

在企业、学术机构和政府之间，包括不同企业之间，不同学术机构和政府部门之间，需要有一个中立的召集者或者平台来促进相互之间的联系和协同。如果没有相应的机构或者平台，那么就会造成系统的协同失灵。

5. 创新资源投入强度不够

创新产品进入市场之初，市场需求的大小往往对后续发展起到决定作用。市场需求的缺乏可能会影响到研发的收益，特别是对那些需要创造市场需求的新技术应用或者可能对现有商业模式产生破坏性影响的技术来讲更是如此。然而，在目前全球竞争形势下，企业需要更快地抓住技术机会，尽快地进入市场也就需要公共资金或政策提供一定的支持。事实上，即使在工业和信息化部、国家发展和改革委员会等国家部委的产业政策和创新政策扶持下，能真正产生市场需求、满足投资强度的产品创新仍然少之又少。

 专栏7-1

"科技高原"下的经济增长困境[①]

"低垂的果实"，在经济学中被用来指代非常重要却又唾手可得的物质财富。比如，大片闲置的土地、大量的移民劳动者、强大的新科技等。它们正如挂在枝头、低低垂下的果子，一伸手就能摘到，从中得到的收益很大，所需付出的努力却很小。这也是众多后发展国家实现经济快速增长的重要因素。

美国乔治·梅森大学的泰勒·考恩在考察了美国建国后的经济发展史后曾经指出，从17世纪以来的300年中，美国的"崛起之路也正是得益于这种大量所谓的低垂果实"。以两个时间段为例，第二次世界大战后的第一个30年，即1973年与1947年相比，美国的中等家庭收入翻了一番，达到4.4万美元。但是44年后的2017年，只有5.77万美元，增长不足23%。这表明美国已经陷入了"高位停滞期"状态。这一代美国人跟上代人收入差不多，生活质量也差不多，考恩把这种现象称为"大停滞"。在考恩看来，美国进入"大停滞"最大的原因是：由于没有"低垂的果实"可以采摘，美国进入了"科技高原"(technological plateau)，科技创新遭遇了高原"窒息"。这一结论同样得到了美国著名经济学罗伯特·戈登教授的支持，其在《美国增长的起落》一书中指出，美国在内战之后得益于在电力、卫生系统、内燃机、化学工业、医疗、现代通信等领域的诸多"伟大发明"，才能得到前所未有的快速、持续的技术进步与收入增长，而信息技术革命则发生在最近的2004—2014年，全要素生产率增长已经降至1890年以来的最低值。在此基础上，戈登教授进一步预测未来创新的速度会停留在2004—2014年间的较低水平。

事实上，对于美国等发达国家而言，本身技术水平早已处于技术前沿上，通过技术革新来增加全要素生产率难度较大；尽管包括计算机技术的发展和网络技术的发展为发达国家的经济发展注入了一定的活力，但上述技术对经济增长的提振作用并没有预期中那么大。这一观点也得到了国内苏州大学董洁林教授团队的支持，他们认为在更长的时间跨度内，当前人类确实已经处于科技创新活跃度下降的历史时期。最近一波长达500年的科技大革命，已经开始走向终结，目前全世界正处于一个微创新活跃而宏大创新不断减弱的关键期。

[①] 参见乔治梅森大学教授泰勒·考恩：《大停滞？——科技高原下的经济困境：美国的难题与中国的机遇》，上海人民出版社2015年版。

二、"实验室经济"兴起

从产业创新的角度来看,从源头创新到成果产业化是一场接力赛。但目前来看,作为创新源头的实验室到微观单元的制造工厂仍存在一定距离,而未来工场就是实现技术转化的关键一棒。在未来工场的建设过程中,由于其源于工厂,具有贴近新材料、新工艺、新产品的"一线"优势,但又高于传统工厂,在新技术、新知识创造方面,与学术界积极倡导的"实验室经济""研发经济"发展理念高度契合。"实验室经济"一般被认为是一种从研发投入到核心技术,再到产业优势的新型产业发展模式。在这种模式下,企业依靠自身建设的实验室或与高校、科研院所共建的实验室,在第一时间将知识转化为技术,让技术生成产业。在某种程度上,可以认为未来工场是"实验室经济"和传统工厂的混合升级版本。未来工场全链创新如图7-6所示。

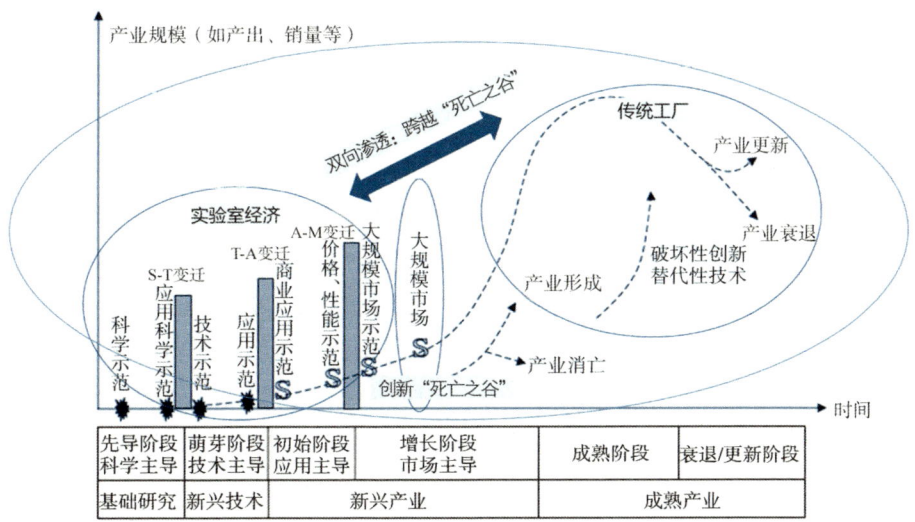

图7-6 未来工场全链创新示意图

从长远来看,未来工场既是产业创新的重要推手,又是其所在地经济发展重要的创意之源。在具体实施过程中,未来工场的科学家、工程师甚至管理人员通常会贡献一些"意外"的创意、发现、发明和技术,而这些创意、发现和发明往往比纯粹的基础研究成果更加贴近应用场景，更容易产品化和服务化，甚至可能构成未来经济的基础。更为重要的一点是，未来工场是创新维度的全链整合。在传统创新链上，未来工场作为创新链生态的重要整合者，有望带动传统工厂与实验室双向融合发展，积极跨越创新"死亡之谷"。比如来自英国的蒂姆·伯纳斯·李正是在供职欧洲核子研究中心（CERN）期间提出了万维网的概念，造就了现代互联网的基础；美国朗讯公司所属的贝尔实验室，从成立至今一直是世界上最大和成就最突出的企业研究机构，其最突出的特点是基础研究、技术开发和经营管理三者结合。而脸书（Facebook）所开发的404实验室、阿里巴巴设立的达摩实验室都在积极从产业维度反向推导，积极介入AI芯片、VR等创新前道研究。

三、未来工场的创新组织观

在未来工场中，创新作为一个核心功能被摆在了更加突出的位置。除了在空间层面致力于实现实验室经济与传统工厂的融合互促，更在更广泛的二次创新方面扮演了重要作用。未来工场将通过对操作性工程技术、工艺支持体系的学习，实现应用型产品研发并衍生"线性"应用，最后再到探索性研发新技术应用和技术的非线性拓展。

当前，创新已成为各个国家、企业、组织大力推进自身竞争优势扩大和创新能力提升的关键，打造富有竞争力的创新空间成为国别、区域、城市的共同追求。在这方面，量城科技有限公司首席执行官（CEO）袁晓辉博士的观点颇具代表性。袁晓辉博士认为创新空间是指能支撑和激发创新主体开展创新活动，能促进科技创新成果产生和扩散的空间体系，在成熟的创新空间体系中，产生创新行为或创新成果的概率或者潜力更高。从微观尺度来看，创新主体可以被分成"创新源"和"企业家"两大类，而"创新源"包括高校、企业研发机构和科研机构等，它们往往围绕创新产品生命周期开展技术研发、成果转化、中试生产、批量生产、市场推广，该过程中会产生各类行为，譬如组建团队、科学研究、技术实验、产品中试、市场调查、企业合作等；而企业家包括创新人才和创业者等，他们会围绕着企业成长生命周期，经历初创、加速、成熟、衰落、转型等各个阶段，组建团队、形成商务交往等。因此，所有微观层面的创新空间都应该围绕这两类主体的需求和行为模式来构建。

第三节　平台经济与知识分工

对未来工场而言，其要面向行业内企业输出影响力、与未来城市中的其他主体进行交互，高度依赖平台层的赋能支持。当前，新一轮工业革命蓬勃兴起，互联网、大数据、人工智能等新一代信息技术与工业制造技术深度融合，推动生产制造模式、产业组织方式、商业运行机制发生颠覆式创新，催生融合发展的新技术、新产品、新模式、新业态，为工业经济发展打造新动能、开辟新道路、拓展新边界。工业互联网作为新一代信息技术与制造业深度融合的产物，通过实现人、机、物的全面互联，构建起全要素、全产业链、全价值链相互连接的新型工业生产制造和服务体系，将成为未来工场的新型基础设施，对未来工业发展产生全方位、深层次、革命性影响。借鉴哈耶克的知识分工理论，本节试图给出一个基于知识分工范式视角下的平台形态演变历史研究，为未来工场提出未来组织架构。

一、平台经济

1.平台兴起：产品竞争走向生态竞争

平台是一种交易空间或场所，可以存在于现实世界，包括各类现实交易载体以及市场载体，也可以存在于虚拟网络空间，如淘宝网、支付宝等各类虚拟交易空间。平台通过引导或促成双方或多方客户之间的交易，并且通过收取恰当的费用而努力吸引交易各方使用该空间或场所，最终达到收益最大化。平台是网络时代市场资源整合和商业模式创新而成的具体形态，是传统自由市场演化的结果。

进入21世纪以来，物联网、云计算、大数据、人工智能等新兴技术范式对经济社会产生了颠覆性影响，人类从传统工业时代的供应链组织、产业集群组织、企业联盟组织向平台经济、共享经济下的平台组织迈进。在平台情境下，平台型企业作为一种基于数字技术平台链接各类要素的特殊组织，与一般性的传统企业在诸多方面都存在着较大的差异。一方面，大的平台企业本身在为B端、C端、G端用户提供服务的同时，边际成本不断减弱的前提下，积极开发长尾市场，形成价值逻辑重构。

未来，企业竞争将走向平台生态系统间的竞争，竞争的边界将会跨越不同的行业，企业竞争力主要来源于行业整合所带来的优势和影响力的互惠溢价。竞争的基础是企业间的互利共生，目前互联网巨头间的竞争正形成这种态势。企业利用竞争优势与生态优势将相互促进，形成互赖、互依、共生的生态系统，良性循环，更快实现战略发展目标。这里的生态系统既囊括了产业链上的生态，也包括了跨行业的生态，而后者带来的竞争力将会愈发强大。未来的商业模式将是生态圈的竞争，而生态圈竞争出现的基础则是商业基础设施中技术的进步。

5G基站、智能电网、云计算、IDC数据中心等商业新型基础设施建设加速了不同行业和不同企业间的联系和交集，推动了新的合作范式形成。

平台作为重要的商业参与者，其强大的资金实力和要素整合能力，使其很容易跨越行业形成"降维打击"。以阿里巴巴、腾讯为代表的平台企业，依托其支付宝、钉钉、微信等流量入口，在多个"互联网+"领域表现出极强的"鲶鱼效应"和"颠覆效应"。而广大中小型企业由于"单打独斗"，缺乏防御网、生态圈，在新一轮的数字商业竞争中处于劣势地位。未来，互利、共生的生态系统有利于企业的发展，唯有协同作战才能实现更好的生存。

平台理论的演进历程如图7-7所示。

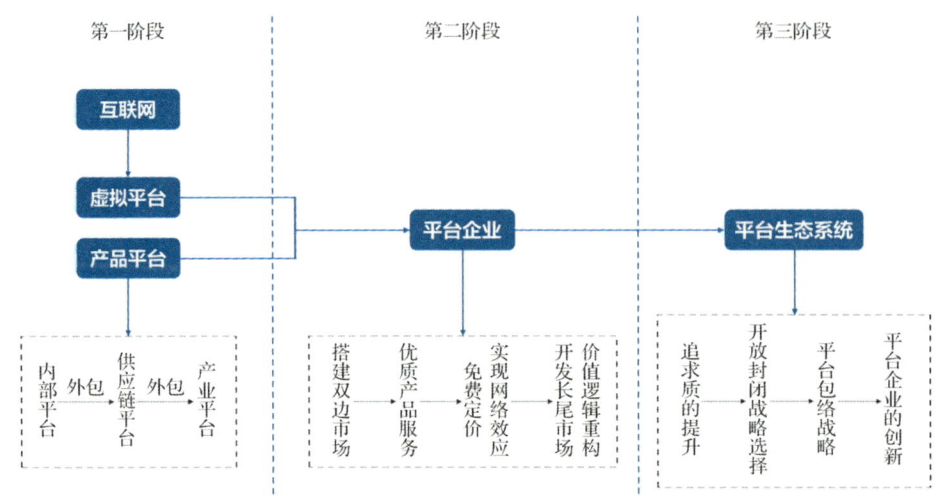

图7-7　平台理论的演进历程

2.平台经济：颠覆性商业模式创新

在平台经济发展的早期，直接面向终端消费者的电商平台率先崛起。随着互联网与产业融合加深，平台的产业领域不再局限于零售业电商平台，而是趋于多元化发展。例如，出现了众包、共享等诸多基于互联网平台的新产业领域。随着平台进入产业领域越来越丰富，其对产业和产业组织变革的影响力越来越大，平台逐步由一种商业现象发展为一种经济形态。平台经济的兴起得益于平台型企业的快速崛起（图7-8）。有研究分析了2007—2018年间全球市值TOP10企业的属性，发现2007年，全球只有微软1家平台型企业；2012年，有苹果、西门子2家平台型企业；而2018年，全球市值前十的企业中，有苹果、微软、谷歌、亚马逊、腾讯、脸书、西门子、阿里巴巴等8家平台型企业。超大型平台企业的快速崛起引起了学术界的广泛关注。

图7-8 平台型企业快速崛起

从经济学意义上来看，平台经济学是市场组织的具体形态，脱胎于市场结构研究，属于产业经济学范畴。上海交通大学徐晋教授等关于平台经济学的定义颇具代表意义，其于2006年发表在《中国工业经济》上的《平台经济学初探》一文中首先提出，平台经济学是研究平台之间的竞争与垄断情况、强调市场结构作用，通过交易成本和合约理论，分析不同类型平台的发展模式与竞争机制，一并提出相应政策的新经济学科。中国科学院大学经济与管理学院吕本富教授认为平台经济本身是一种商业模式创新，其实现了传统工业经济从封闭的以产定销发展到反向资源配置的敏捷供应，最终实现无边界、无距离、自成长的爆发成长。需求方越来越个性化，而生产方越来越小批量，所以供给侧和需求侧都有反规模效应。近年来，随着数字技术的快速进步，平台经济的配置效率大大提升，所触及的范围也大大扩张。从数字经济视角来看，以新一代信息技术为重要支撑的数字平台，打破了传统经济学市场与企业二分的观点，正在提升组织决策、优化资源配置、促进技术进步等方面显现出前所未有的巨大潜力和推动作用。

基于未来工场的视角，数字平台仍然扮演着生态缔造者和联结者的关键角色，无论是消费互联网时代的电商平台、社交平台、媒介平台，还是工业互联网时代的工业云平台、大数据分析平台、AI平台等，其所依赖的都是平台所具备的网络效应和边际效应。但未来工场也面临着一系列关于平台生态建设的挑战，目前对于平台生态系统的构成、竞争以及动态化发展模式的研究还没有形成统一的认知，如何对平台生态系统进行有效的规制，以避免单寡头垄断对市场公平性的破坏，以及如何缓解平台生态系统跨界发展对其他行业的冲击，是未来工场需要破题的重要使命之一。

3.平台治理：从双边市场到商业生态圈

关于平台治理，目前学术界、产业界有多个理论流派。早期的研究多出于双边市场理论，其理论内核在于：区别于传统企业所面对的市场单边性（即面向单一消费侧或供给端），平台型企业基于网络平台实现市场需求侧与供给侧的双边用户的有效链接与聚合而形成平台双边市场（Two-sided markets），并成为双边市场的搭建者与运营管理者。双边市场理论的一个重要特征是网络外部性，平台型企业能够基于经济性制度或经济性手段（如双边定价策略）对平台内双边用户的社会责任行为予以影响与治理，但也正是双边市场中独特的网络效应，对于平台经济价值导向空前膨胀带来的平台垄断、平台主体之间的"二选一"等恶性竞争行为缺乏相应的解决之道。

近年来，随着互联网巨头企业在全球范围内的崛起，以及在国民经济中重要性的不断增强，由穆尔（Moore）提出的商业生态系统理论逐渐成为业内比较关注和认可的平台治理理论。商业生态系统是核心企业组织主导下的商业价值网络内组织成员构成的竞争合作体系、创新协调系统及共同演化系统，具有能力互补、资源共享、价值共创与共生演化等多重特征，不同类型的企业在生态位中所扮演的功能角色以及运行机制不尽相同。商业生态系统理论结合了自然生态理论与共同演化理论系统，在分析战略联盟、商业共同体等松紧型产业组织模式方面均具有较强的解释力。在生态圈理论框架下，作为圈内核心企业的平台型企业应当利用其核心影响力与控制力，发挥对其他组织成员的经济治理功能，协调商业生态圈内的资源分配、要素共享与价值分配，以实现商业生态圈的共同发展愿景。具体的治理机制是，通过平台型企业的责任管控机制、商业生态圈的责任愿景认同卷入机制、责任型运行规则与程序、责任型评价与声誉激励机制、责任型评价与惩戒机制，实现对平台内不同组织成员相关权责行为的治理。

对未来工场而言，双边市场理论、生态圈理论下的治理观均具有一定的适配性。但未来工场的治理观在集成上述研究成果的同时，更加突出其社会属性，其理论思潮更接近于新公共治理理论，强调平台经济的治理主体应该由传统的单一的平台核心企业向涵盖政府组织、市场企业组织、公民社会组织等多重治理主体的治理格局转变，且不同的治理主体在治理过程中因强调资源共享性、沟通高效性、协调合作性，形成多元治理主体为解决同一公共性与社会性问题的整体方案，并最终形成解决公共社会问题的自组织网络。平台型企业社会责任治理[①]的治理主体具有多元性，且依据多元化的治理主体形成多元化的治理模式。平台型企业社会责任治理模式选择具有多元性，基于政府、社会与公民组织多重社会责任治理主体的多中心治理网络，着力构建以平台型企业个体治理为主、政府公共监管为辅的网状治理格局。

二、知识分工

自英国第一次工业革命以来，基于产品分工的经济秩序已悄悄运行了几百年，而随着经济全球化和信息爆炸时代的到来，基于知识的分工才得以萌芽。诺贝尔经济学奖得主、奥地利学派代表性人物弗里德里希·奥古斯特·冯·哈耶克早在1934年就提出，相对于劳动分工，现代科学知识体系的庞大性和个人的"泛而不精"特征，需要一种全新的分工模式来支撑，而这种模式就是基于知识的分工，这可能也是西方经济学家关于知识分工最早的阐述。在知识分工的理论框架下，任何经济组织中的个体均能够沿着一定的专业方向获取全部科学知识体系中的一个部分，因此也就有了基于知识的比较优势。如果每个个体都将其具有比较优势的知识资源投入社会分工当中，那么组织的效率将得到极大程度的提升。相比于基于产品的劳动分工，基于知识的分工也将更具有进步意义，也符合未来工场所

---

① 参见肖红军、阳镇:《平台型企业社会责任治理:理论分野和研究展望》，《西安交通大学学报(社会科学版)》2020年第1期，第57—68页。

提倡的知识范式变迁。

1. 知识分工1.0：消费互联网范式

得益于以集成电路为代表的半导体产业大发展，前三次工业革命所形成的产品技术、制造工艺、专业设计等工业知识通过被封装为代码化的电路，得以脱离有形的硬件产品，开始作为独立的产品、商品进行传播、使用和交易，基于知识交易的新业态新模式逐渐显现。

随着航空工业、远洋运输、跨境电商的出现和快速发展，国际服务贸易成为可能。基于互联网技术，企业服务海量消费者的边际成本迅速降低，经济学意义上的范围经济效应得到空前强化。总的来看，一个数字服务平台形成之后，可以销售多种产品和服务。因此，在网络和数据时代，服务业成为高效率产业和可贸易产业。而作为它的一个重要现象，远程服务、跨境贸易等知识得以被封装在门户网站、手机软件、App，是"消费互联网"作为知识分工1.0范式的最扎实证据。从早期的雅虎、新浪、搜狐门户网，到后期快速崛起的亚马逊、阿里巴巴等电商平台，以及谷歌（Google）、百度等搜索引擎，MSN、QQ等在线社交工具，无一不是知识分工1.0时代的经典产物。这也可以看作消费互联网的辉煌时期。

以中美两国为代表，其高度发达的消费互联网为其工业互联网发展奠定了扎实的基础，做好了充足的战略准备。

一是技术准备方面。消费互联网时代，人人互动、人机互动等所沉淀的大量数据，不仅倒逼出了全社会的云计算能力，也滋养了AI等技术的发展。

二是能力倒逼方面。消费者的数字化，持续倒逼零售和营销环节的数字化。

三是需求牵引方面。消费互联网激发、汇聚出了一个快速多变、高度个性化的在线市场，推动制造业的柔性化升级。

四是角色发育方面。消费互联网阶段，不仅发展出了大型平台等新物种，还涌现了以App和服务市场等形态存在的各类服务商，以及产销合一的消费者等。

五是文化培养方面。消费互联网高速发展的20多年，让数字技术和数字经济的文化属性——开放、透明、分享等，在全社会广为流传和接受，培养了全社会的数字化认知——理解、认可、拥抱数字化技术的内在特性。

六是机制传导方面。消费互联网所孕育出的分工协作体系，从消费者、营销、零售、批发、管理等多个环节，反向传导给所有的商业环节。

2.知识分工2.0：工业互联网范式

得益于消费互联网的长期推动，工业互联网在知识分工2.0时代大量继承了消费互联网的诸多特征，特别是形态、认识、思维方式等方面。但工业互联网作为数字技术与制造技术的结合，在连接对象、通信标准、传输要求、关键平台、技术效应、政府监管等方面也表现出与消费互联网不相同的方面。消费互联网与工业互联网的比较如图7-9所示。

	消费互联网		工业互联网
	桌面端（桌面互联网）	移动端（移动互联网）	
连接对象	PC、笔记本（标准化、智能化）	手机、Pad、智能穿戴等	设备、产品、系统、人等
通信标准	统一标准协议，开放网络		多种协议、标准并存，封闭网络
传输要求	尽力而为		实时、可靠、安全
关键平台	Windows、MacOS、Unix	IOS、Android	—
技术效应	提高交易效率		提高生产效率
政府监管	鼓励创新、加强监管（踩油门、踩刹车）		支持鼓励发展为主
主力军	互联网企业		制造企业
资金支持	轻资产，投资回收期短；需求洞察+流量+资本，存量资源依赖少；从线上到线下		重资产，回收期长；继承与创新，存量依赖
App数量	上千万应用软件	600万+	预计达到百万级
窗口期	浏览、搜索、电子商务（2000年前后）	移动OS（2008）、及时通信（2013）	2014—
时代机遇	美国主导，我国跟随式发展	从跟跑到并跑	大有可为的战略机遇期

图7-9 消费互联网与工业互联网的比较

工业互联网平台是面向制造业数字化、网络化、智能化需求，构建基于海量数据采集、汇聚、分析的服务体系，支撑制造资源泛在连接、弹性供给、高效配置的工业云平台。一般认为工业互联网平台包括边缘侧、IaaS层、PaaS层、SaaS层。工业PaaS层核心是将工业技术原理、行业知识、基础工艺和研发工具规则化、模块化、软件化，形成各种数字化微服务组件和模型；工业App层将工业技术、经验、知识和最佳实践固化封装为面向特定场景应用的应用软件。无论是PaaS平台的微服务组件，还是

SaaS 平台上的面向角色的 App——当大量跨行业、跨领域的各类工业经验、知识、方法将以工业 App、工业微服务组件的形式沉淀到工业互联网平台之上，就意味着基于工业知识的算法市场正在兴起，被封装的工业专业知识可以在更大的范围、更高的频次、更短的路径上创造、交易、传播。工业互联网架构体系如图 7-10 所示。

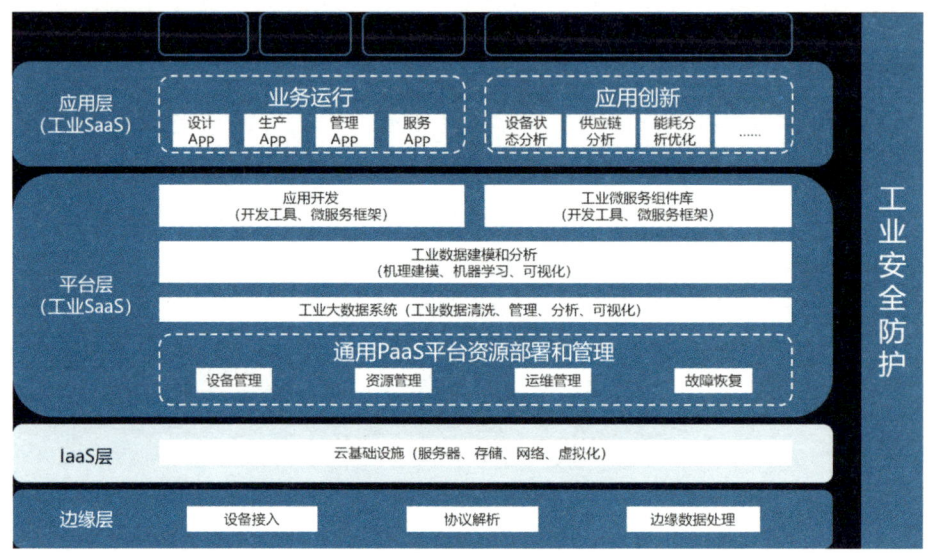

图 7-10　工业互联网架构体系

当前，关于工业互联网的功能及应用存在进一步泛化和扩大化的态势，这是一个有趣的现象。一方面，有不少专家学者不断指出，工业互联网应该姓"工"，其重点应该关注在工业范畴内的生产制造、供应链协调和客户管理等方面内容，强化其工业属性。但另一方面，国内有不少 ICT 企业跨界进入工业互联网领域，希望分得一杯羹。凭借其在消费互联网领域形成的强大优势，工业互联网的概念和内涵则得到了进一步丰富和扩容。

站在未来工场的角度来看，工业互联网平台的本质是通过构建精准、实时、高效的数据采集互联体系，建立面向工业大数据存储、集成、访问、分析、管理的开发环境，实现工业技术、经验、知识的模型化、标准化、软件化、复用化，不断优化研发设计、生产制造、运营管理等资源配置效率，形成资源富集、多方参与、合作共赢、协同演进的制造业新生态。工业互联网平台不仅仅是传统云平台的迭代升级,还是未来工场对外链接、赋能、互动的关键使能设施,是新工业体系的"操作系统",也是未来经济系统的关键组成部分。

三、中台战略

在蓬勃发展的中国经济大潮中,以阿里巴巴为代表的互联网领军企业在组织管理模式上做出了呼应时代特征的变革探索,并引起了行业内的强烈反响和广泛共识,成为企业组织变革理论的重要创新力量。首先简要回顾中台战略的演进史,并在此基础上,甄选若干典型企业作为研究对象,研究样本企业推进未来组织变革的新思路、新想法、新探索,为后续提出未来工场的"三台"组织架构做好铺垫。

1. 中台战略的缘起及定义

当前业内讨论比较多的中台战略是由阿里集团首先提出并发扬光大的。据说"中台"概念起源于马云2015年去芬兰Supercell公司的一次商务考察。马云在考察时发现,Supercell公司总人数不足200人,却创造了《部落冲突》《皇室战争》《海岛奇兵》和《卡通农场》等多款超级现象级游戏产品,原因是Supercell在进行游戏开发时,一般以2—5个员工、最多不超过7个员工组成独立的开发团队,称为Cell(细胞),团队可以自行决定做什么样的产品,然后最快时间推出产品公测版,看看游戏是否受用户欢迎。如果用户不欢迎,迅速放弃这个产品,再进行新的尝试,其间几乎没有管理角色的介入。Supercell的成功很大原因就在于其高效的"部落"组织策略。在Supercell仅有的100多人中,被分成若干个小前台组织,每个小组虽然人不多,但都包含了做一款游戏需要的所有人才。本来就不大的公司被分成若干个小组,这样做的好处是可以快速决策,快速研发,快速把产品推向市场,而游戏引擎、服务器等后台基础则不需要操心。受到上述启发,阿里巴巴进行了大刀阔斧的组织架构改革,开始正式实施中台战略,并将搜索事业部、共享业务平台、数据技术及产品部抽取出来组成中台事业群,整合资源,为"前台"的业务开展提供底层的技术、数据等资源和能力的支持。此后，阿里巴巴集团的钟华编写了《企业IT架构转型之道——阿里巴巴中台战略与架构实战》，对阿里巴巴集团的中台战略实践进行了全面的总结和归纳。在其定义中，所谓"中台"就是从业务的视角看是企业业务能力的共享和复用，从技术的视角看是软件组件、数据服务组件的复用，以降低开发成本和提升效率。

中台战略提出后，其在国内外咨询界迅速引起广泛反响。美国参数公司（PTC）更是对中台战略在工业领域的应用做了一个细分的分析和场景展望。国际咨询巨头罗兰贝格、埃森哲、毕马威纷纷推出了对于中台战略的理解和应用场景展望。其中，罗兰贝格关于中台的解读被业界广泛传播，也颇为经典，其认为业务中台是企业核心能力的固化，并通过能力产品化的方式打造可供各业务单元接入的接口（一致的、标准的核心能力产品资源包），便于不同直线调用；数据中台是将企业海量、多维的数据资产盘点、整合、分析，为前台提供数据资产、数据定制创新、数据监测与数据分析等服务，最终实现数据资产的活化。从本质上来说，中台的本质是打造能力复用的平台；从目标上来看，是提升企业效能、强化数据化运营、更好支持业务部门面对复杂多变的市场需求时快速响应及创新。

2.工业企业的中台战略

"中台"概念兴起于互联网电商行业，并以链式传导的方式迅速扩大至工业行业，目前有不少工业企业对中台战略表现出浓厚兴趣，包括茅台、上汽、新希望等大型制造集团。目前来看，中台战略将为工业企业带来以下三个方面的帮助，进而提升企业竞争力。

（1）夯实用户基础，提升定制化服务能力。在人口红利不断衰减、劳动力成本大幅飙升的大背景下，传统制造企业通过简单制造能力扩大抢占市场份额的难度已经变得很大，必须深耕现有业务，把住流量入口，通过组织架构变革提升对消费者需求的反应能力，持续提升用户黏性与活跃度，构建起流量护城河，是制造企业开展业务探索、谋求新发展的基础动能。

（2）推动产业链数字化，构建核心能力闭环。实现互联互通和数据驱动是推进工业企业数字化转型升级的重要要求。在知识分工2.0时代，基于需求侧的数字分析是供给侧价值创造的重要来源，用户需求导向的可视化能力成为企业赢得竞争的关键。时下，大型制造企业臃肿不堪的后台系统构建及维护成本高，和企业前台对数据应用的快速迭代创新、快速响应用户需求之间存在巨大矛盾，而引入了中台架构，导入快速响应的"变速齿轮"系统后，可以实现企业层面全价值链、全要素数据的互联互通，围绕产品全生命周期流程降本增效提质。服务前台快速创新正是中台的内涵所在。

（3）拥抱工业互联网，科技赋能制造企业。以BAT为代表的企业，利用大数据、云计算和人工智能等新技术做"科技赋能"者，为众多制造企业提供标准化工具、能力或行业定制解决方案，助力企业提高效率、创造价值。阿里巴巴打造数字经济时代的商业操作系统，阿里云已经成为制造企业数字化转型的有力工具；腾讯云事业部深耕垂直行业，扮演"数字化转型助手"角色，在产业互联网和人工智能方面迅猛发力；百度推进Apollo开放与商业化、DuerOS创新升级，赋能车联网行业。这些数字化转型服务商通过提供系统工具、"IT+OT"融合解决方案、算法算力等方案能力，抓住制造业线上线下融合所带来的新场景和新机遇，将数字技术创新下沉到生产制造核心环节，推动产业链、价值链、供应链、人才链、创新链等全面重构，最终深度嵌入上下游合作伙伴，建立核心能力闭环，收割效率红利，成为企业中台服务提供者的重要追求和生态缔造者。

3. 未来工场的"三台"组织架构

未来工场秉承开放的组织观，也将围绕"三台"组织架构开展探索，如图7-11所示。前台架构主要负责产品、服务的快速迭代试错，帮助后台探索开发未来资源（包括技术），重点针对企业目前短期目标，灵活性突出；中台则致力于将前台的成功经验总结成为高度标准化、高度模块化的工具，为前台提供丰富有效的工具库，具有较强的稳定性；后台则是负责高度前瞻性的基础研究。未来市场培育，包括商业趋势分析、长期市场预测以及长期战略设计，是面向未来长期目标的灵活与稳定兼顾型"后台"。通过中台架构的导入，未来工场的组织架构具备以下特点：

一是支撑前台业务应用的快速构建及创新，满足快速变化的商业场景以及日趋多元化、复杂化的用户需求；二是实现后台跨系统的链接，整合共性需求、服务、系统及数据，避免重复建设与维护带来的资源浪费；三是提供数据聚合、治理与分析，消除数据孤岛，提升运行效率，并为前台决策赋能。

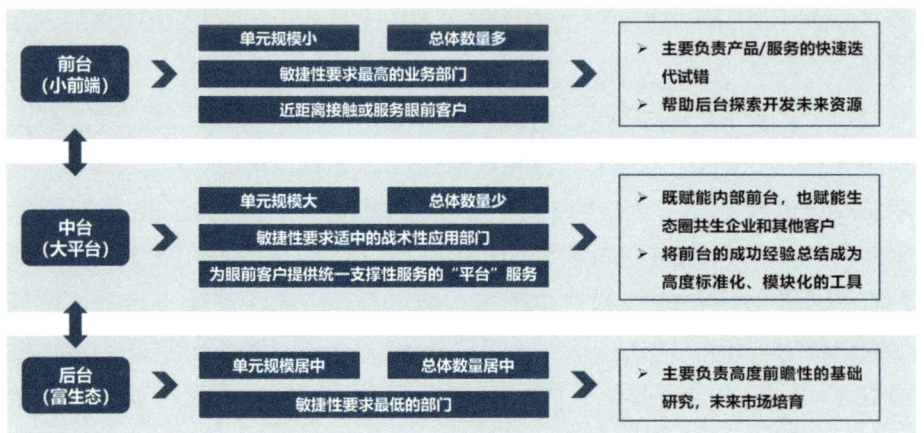

图7-11　未来工场的"三台"组织架构

第八章 未来工场的文化观

工业文化诞生于第一次工业革命时期，是继人类文明发展之后的又一种文化形态，它是伴随工业革命的演进而不断发展与完善的，是一个国家工业发展的精神产物，在当代人类文明中扮演着重要角色，并在过去、当下和未来持续为人类文明进步提供支撑。企业文化发端于工业文化，并在发展过程中与工业文化相互融合、相互促进。本章较为系统地回顾了人类工业史出现过的各类管理思想和工业文化，包括亚当·斯密基于"经济人"假设的劳动分工理论、泰勒和福特的科层制管理和流水线作业、梅奥的人际关系理论、行为经济学关于"委托代理模型"中植入公平性偏好的大胆尝试，以及德国的工匠精神、日本的精益制造、美国制造的创新文化和有中国特色的国家与集体主义工业文化、个人能动主义工业文化。在此基础上，提出未来工场的文化观，包括"向善"的理念、"图变"的战略、"合规"的战术、"数字化"的变量、"互联共生"和协同变革等方面。

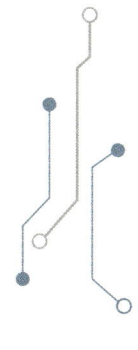

第一节 从车间管理到现代企业管理

一、劳动分工理论

劳动分工理论出自经济学鼻祖亚当·斯密，被认为是第一次工业革命时期最重要的经济学理论创新。正是由于劳动分工理论的提出，奠定了后续机械化大生产的理论基础，也为科学管理发展提供了重要的理论来源。

1. 工厂管理的初级阶段

有了工业，便有了工业生产管理。18世纪，英国率先萌发第一次工业革命，工场手工业逐步转变为机器工业，工业才成为一个独立的行业。最早的工厂生产管理还是十分原始的状态，一定程度上充斥着压榨、血腥和贪婪。管理人员几乎都是从工人队伍里挑选出来的监工和包工头，兼职负责管理其他的工人，包括童工、女工。当时工厂中的很多事物还是靠工厂主亲自决策。早期工厂管理还基本上处于初级阶段，初步完成了对工人的管理和对产品的管理；通过制定规章制度，保障了工厂的纪律执行，以及对生产成本和利润的核算。

2. 工业管理理论与亚当·斯密

工业管理理论同样发端于亚当·斯密，其劳动分工理论和"经济人"假设，构成了现代经济学的"四梁八柱"，也成为现代管理理论的重要逻辑起点。"经济人"假设经济主体的决策均由自身利益最大化出发，各类经济主体均善于寻找既定条件下的最优解。在早期的工厂管理中，企业主（资本家）为了提高业绩，对积极进取的工人采取奖励政策，对消极怠工的工人则采用惩罚措施,成为工业时代最早的"胡萝卜加大棒(Carrot and Stick)"的管理思想。在"经济人"假设下的这种早期工业管理思想,客观上提高了工厂的效率,也为后续科学管理思想的建立提供了理论源泉。

从历史视角来看,"分工理论"和"经济人"假设对18世纪的经济社会发展产生了明显的推动作用,亚当·斯密关于"面包师+屠夫"的分工故事和自由主义构想,成为资本主义社会后200多年来高速发展的核心思想,大大促进了英国、法国、德国等欧洲国家以及后续美国、日本等国家的社会发展和国民财富增加。分工理论的演变见表8-1。

表8-1 分工理论的演变

理论	提出者	主要内容
分工理论	亚当·斯密	分工的起源是由于人的才能具有自然差异,起因于人类独有的交换和易货倾向。交换易货系属私利行为,其利益决定分工。假定个人乐于专业化和提高劳动生产力,那么经由剩余产品的交换,能够促进个人和社会增加财富
国际贸易分工理论	大卫·李嘉图	一国只要专门生产本国成本绝对低于他国的产品,用以交换本国生产成本绝对高于他国的产品,就会使各国的资源得到最优效率的应用,获得的总产出也会增加,从而提升两国的消费和社会福利水平
劳动分工理论	卡尔·马克思	分工使生产组织成为一个有机的系统;分工造成了手工工场内部的劳动等级制度;分工使得手工工场内部的协调成为一种技术性的手段
生产要素禀赋理论	赫克歇尔·俄林	假定各国的劳动生产率是一样的,那么产生比较成本差异的原因有两个:一是各个国家的生产禀赋要素比率不同;二是商品生产的要素密集度不同
知识分工理论	弗里德里希·奥古斯特·冯·哈耶克	知识既是相互独立的,又是相互分工的。知识可以分为明示知识和默会知识,明示知识可以明确用文字描述和理解,默会知识则只能意会、不能言传
内生分工理论	杨小凯	随着交易效率不断改进,劳动分工会发生演进,而经济发展、贸易和市场结构变化现象都是这个演进过程的"不同侧面"

二、科学管理理论

亚当·斯密的分工理论包括了生产技术的分工、组织结构的分工和管理职能的分工。分工大力促进劳动生产力的发展。在充分分工的基础上，许多简化劳动力的机械发明得以应用。真正实现组织结构的分工和管理职能的分工应该是在第二次工业革命后，在这期间，四位管理学大师关于科学管理理论的探索成了那个时代最闪耀的管理学智慧。

1.泰勒："科学管理之父"

泰勒被称为"科学管理之父"，也是工业工程学科的奠基人。泰勒是第一个将"工作"和"动作"本身作为研究对象的学者，其研究方法经常被称为"工作研究"或者"动作研究"。"工作研究"具体指的是如何用流程、动作、工具等方式将事情最高效地完成。这个时期的生产力还是很低的，低效和浪费比比皆是，人们既不能把控整体，局部问题也很多。泰勒的"工作研究"是基于在生产线上找工人做实验的方法，他最著名的是"铁锹实验"。泰勒的科学管理包含了很丰富的内容：第一，从每个工人每项操作中都归纳出科学规律，将管理形成一门真正的科学；第二，人尽其才，科学地选择工人，同时还要对工人进行教育和培养；第三，管理者与工人进行坦诚友好合作，确保所有工作按照已建立的科学原则去执行。

2.弗兰克·吉尔布雷斯夫妇

弗兰克·吉尔布雷斯夫妇首次将工业工程从一种实验和经验的办法，变成一种可以量化的科学办法，他们两人的工作对于工业工程管理发展起了决定性的作用。一直到今天，秒表和卡尺依然是工业工程研究方法的入门功夫。吉尔布雷斯夫妇发明了"动素"的概念，把人的所有动作归纳成17个动素。在生产作业中将所有的动作分解成这些动素的和，在对每个动素做了定量研究之后，就可以分析每个作业需要花多少时间。

弗兰克·吉尔布雷斯夫妇在管理思想方面的主要贡献有：一是动作研究，坚持"动作经济原则"并把这种原则推广到工人中，使工效大为提高；二是探讨工人、工作和工作环境之间的相互影响；三是疲劳研究，主张减轻疲劳，并向社会呼吁把消除疲劳放在头等重要的地位；四是认为任何工作都有一种最好的管理方法，应该制度化。吉尔布雷斯的夫人莉莲·吉尔布雷斯（Lillian Gilbreth）是个心理学家，也是世界上第一个心理学博士。她与工业工程中工业心理学和工业生理学的发展以及"人因工程"有着非常紧密的联系。

3. 亨利·劳伦斯·甘特

亨利·劳伦斯·甘特是甘特图（生产计划进度图）的发明者。甘特图这一看似简单的图表，实际上是二次工业革命时期企业生产管理的核心技术之一。时间属于极度稀缺性资源，任何工作在管理控制中的关键因素就是时间，时间是制订任何生产计划的前提基础。甘特利用一张标明计划和控制工作进度的线条图来解决时间安排问题。然而，现如今很多工厂的生产计划中依然存在诸多时间的"断点"，当然，这与现在生产现场远比甘特那个时代要复杂有关。在当时，甘特应用的这种图表不仅仅是做计划，他用水平线条图说明工人完成任务的进展情况，每天把每个工人是否达到标准和获得奖金的情况用水平线条记录下来。管理部门能够根据图表指出缺点所在，而工人则能直观地看到自己的工作成效。甘特又进一步在图表上增加了许多内容，包括每天生产量的对比、成本、设备使用率、每个工人计划完成量和实际完成量的对比等。此外，甘特作为人际关系理论的重要先驱者之一，生产关系和谐是他所关注的另一个重要方面。他曾经公开表示："如果管理想要实现社会价值观和服务于社会的目标，那么，对工人的剥削是不可忍受的。"

4. 亨利·福特

亨利·福特是科学管理创新的开拓者、实践者，也是获益者。福特创建的世界第一条汽车生产流水线迄今为止都有巨大影响。这条汽车流水线通过劳动的标准化、技术分工和定制的专门机器生产出大批量标准产品。在分工和专业化的基础上加上相应的指挥控制、监督和奖惩，生产流水线高效有序运行，创造了巨大财富。福特一生为之奋斗的目标就是使大多数人买得起汽车,享受使用汽车的快乐,以及让雇用的工人能够赚到丰实的工资。100年前,福特就向工人支付每日8小时5美元的工资,在当时已经非常丰厚了。

 专栏 8–1

福特的泰勒制实践

生产车间:以泰勒制为基础

福特在芝加哥屠宰场的启发下,将脑力劳动和体力劳动明确分工——设计人员负责设计,管理人员负责监督,工人只需完成简单动作,并利用泰勒制,将流水线上的分工专业化做到最细微的地步,保证每个工人都可以用最简单的方法完成。每个工人都被固定在流水线上以均匀速度进行生产,这样就可以将工序的协调性和生产效率提高到最大程度。福特将零件生产和生产程序标准化,因此所有的T型车采用的是相同架构,从而最大限度地节约生产成本,便于适应流水线作业。正是这些举措开了大规模生产的先河。福特制的标准化生产拆分了工作步骤,导致一名工人总是重复地进行简单劳动,因此大大降低了对熟练工的需求,工人几乎都由半熟练工和新手来充当。

商业模式:纵向一体化

福特汽车公司的销售服务并非随意交给经销商,而是以特许经营的方式在全美迅速开设自己的专卖店。作为一家专卖店,不是将汽车简单卖掉或者修好就可以万事大吉了,而是要时时刻刻注意自己的品牌形象。可以说福特专卖店正是美国汽车普及的一大标志。一家福特专卖店的建成,就意味着周边"车生活"的开始。福特汽车公司在全美各地都设立了配件中心,这样就大大提高了维修效率,加上福特汽车本身就质量过硬,因此获得了消费者的青睐。福特汽车公司和通用汽车公司的商业模式比较见表8–2。

表8–2　福特汽车公司和通用汽车公司的商业模式比较(20世纪30年代)

	福特汽车公司	通用汽车公司
顾客	中产阶层	中产阶层和富人阶层
价值提供	品质上乘、车身牢固、单一品牌、单一模式	多品牌多模式、时尚
收益按时	低成本、低价格	成本、价格分不同层次
竞争力	纵向一体化模式 通过分工作业实现的规模生产	事业部制下的分散经营模式 通过分工作业实现的规模生产

5.古典管理理论体系

除了上述四位大师，还有一批管理问题研究的先驱者在20世纪前后探索管理的奥秘。他们共同努力的成果就是让"科学管理"变为"管理科学"，成为一门让后世收益的学问。比较有名的就是法约尔和韦伯两位大师，他们分别利用办公室总经理和组织来解决企业和社会组织的管理问题，为当时的社会解决企业组织中的劳资关系、管理原理和原则、生产效率等方面的问题，提供了管理思想的指导和科学理论方法。古典管理理论体系详见表8-3。

表8-3 古典管理理论体系

代表理论	代表人物	核心思想
科学管理理论	泰罗	科学管理理论的基本出发点是提高劳动生产效率，其主要内容是： (1)使工作方法、劳动工具、工作环境标准化 (2)确定合理的工作量 (3)挑选和培训工人，使其掌握标准工作方法 (4)实行差别工资制 (5)实行职能工长制
管理过程理论	法约尔	研究的中心问题是组织结构和管理原则的合理化。管理活动包括五种职能，即计划、组织、指挥、协调和控制
官僚行政组织理论	韦伯	组织活动要通过职务或职位而不是通过个人或世袭地位来管理。理想的行政组织体系具有以下特点： (1)明确的组织分工 (2)自上而下的等级体系 (3)合理地任用人员 (4)建立职业的管理人员制度 (5)建立严格的、不受各种因素影响的规则和纪律 (6)建立理性的行动准则

6.关于科学管理理论的一些思考

一旦某项科学技术能够成为生产力，就不存在过时、陈旧和失效的问题。尽管当代管理技术日新月异，但科学管理理念和范式仍然历久弥新。

三次工业革命的科学成果给人们的生产生活带来了空前的便利，即使现代管理理论不停更迭，但在现代工厂的管理者最喜欢、最常用的管理方法中都能找到科学管理的影子。

科学管理视角下的"经济人"假设现在依然是管理的基本逻辑起点，但与第一次工业革命时期相比却有了迭代和提升。如果要最大限度地发挥每个工人的积极性，管理者必须给工人足够的薪资激励，并且兼顾到工人的福利。但与之相伴的一个问题是，流水生产线确实大幅度提升了劳动效率，但线上的工人动作就像机器一样高度标准化，随着时间的推移，人就变成了干活的机器，毫无主观能动性可言。

当人类从手工业工场状态进入大工业工厂，个性化定制的产品生产转变为大批量标准化产品生产模式，经验型的管理已不能胜任。企业管理进入科学管理新阶段，开始走向规范化、制度化。企业管理走向管理科学的标志是进入量化管理阶段，但当时的量化管理的水平还不高，在处理复杂生产工序、财务流程、运营等方面，很多管理者沿用老的技术手段和方法，牺牲了部分资源和效率，但毕竟是走出了量化管理的一步。该时期的工厂管理有一个明显的进步，那就是以时间轴为标准的计划、执行、反馈，即使粗放一些，还是让工厂的管理成为一个完整的闭环可控系统。这个时期所产生的大量改善工厂管理、车间管理以及"工作研究"和"动作研究"的方法，迄今为止都是非常有效地提高生产效率、减少低效浪费的管理技术。

三、人际关系理论

1.梅奥与人际关系理论

古典管理理论的杰出代表泰勒、法约尔等人在不同的方面对管理思想和管理理论的发展做出了卓越的贡献，并对管理实践产生了深刻影响，但是他们共同的特点是，着重强调管理的科学性、合理性、纪律性，而未给管理中人的因素和作用给予足够重视。他们的理论是基于这样一种假设，即社会是由一群无组织的个人所组成的；他们在思想上、行动上力争获得个人利益，追求最大限度的经济收入，即"经济人"假设；管理部门面对的仅仅是单一的职工个体或个体的简单总和。基于这种认识，工人被安排从事固定的、枯燥的和过分简单的工作，成了"活机器"。从20世纪20年代美国推行科学管理的实践来看，泰勒制在使生产率大幅度提高的同时，也使工人的劳动变得异常紧张、单调和劳累，因而引起了工人的强烈不满，并导致工人的怠工、罢工以及劳资关系日益紧张等事件出现；另一方面，随着经济的发展和科学的进步，有着较高文化水平和技术水平的工人逐渐占据了主导地位，体力劳动也逐渐让位于脑力劳动，使得西方资产阶级感到单纯用古典管理理论和方法已不能有效控制工人以达到提高生产率和利润的目的。从而使对新管理思想、管理理论和管理方法的寻求和探索成为必要。与此同时，人的积极性对提高劳动生产率的影响和作用逐渐在生产实践中显示出来，并引起了许多企业管理学者和实业家的重视。

梅奥是原籍澳大利亚的美国行为科学家，人际关系理论的创始人，美国艺术与科学院院士。其在美国西方电器公司霍桑工厂进行的长达9年的实验研究——霍桑试验，真正揭开了作为组织中人的行为的研究序幕。霍桑试验的研究结果否定了传统管理理论对于人的假设，表明工人不是被动的、孤立的个体。他们的行为不仅仅受工资的刺激，影响生产效率的最重要因素不是待遇和工作条件，而是工作中的人际关系。

2.人际关系理论的几点启示

（1）工人是"社会人"而不是"经济人"。人们的行为并不单纯出自追求金钱的动机，还有社会方面的、心理方面的需要，即追求人与人之间的友情、安全感、归属感和受人尊敬等，而后者更为重要。因此，不能单纯从技术和物质条件着眼，而必须首先从社会心理方面考虑合理的组织与管理。

（2）企业中存在着非正式组织。企业中除了存在着古典管理理论所研究的为了实现企业目标而明确规定各成员相互关系和职责范围的正式组织之外，还存在着非正式组织。这种非正式组织的作用在于维护其成员的共同利益，使之免受其内部个别成员的疏忽或外部人员的干涉所造成的损失。为此，非正式组织中有自己的核心人物和领袖，有大家共同遵循的观念、价值标准、行为准则和道德规范等。在正式组织中，以效率逻辑为其行为规范；而在非正式组织中，则以感情逻辑为其行为规范。管理当局应该重视非正式组织的作用，注意在正式组织的效率逻辑与非正式组织的感情逻辑之间保持平衡，以便管理人员与工人之间能够充分协作。

（3）新的领导能力在于提高工人的满意度。在决定劳动生产率的诸多因素中，置于首位的因素是工人的满意度，而生产条件、工资报酬只是第二位的。职工的满意度越高，其士气就越高，从而效率就越高。高的满意度来源于工人个人需求的有效满足，包括物质需求和精神需求。

3.人际关系理论的实践意义

梅奥的霍桑试验对古典管理理论进行了大胆的突破，第一次把管理研究的重点从工作上和从物的因素上转到人的因素上来，不仅在理论上对古典管理理论做了修正和补充，开辟了管理研究的新理论，为现代行为科学的发展奠定了基础，还对管理实践产生了深远的影响。比如，人才是企业发展的动力之源；有效沟通是管理中的艺术方法；企业文化是寻求效率逻辑与感情逻辑之间的动态平衡的有效途径。与此同时，现代企业发展实践证明，企业中的人，特别是企业家，在企业发展中起着非常重要的作用。同时，也要重视企业制度的培育、建立。如何处理企业中制度和人的关系，如何摆放两者的地位，是一个很重要的问题。在某种意义上，制度重于技术，制度重于企业家的行为。

四、行为管理学

1.委托代理理论

企业是一个组织，而不是市场，对于组织的考核也经常被延伸应用到企业上，甚至可以引入部分的市场机制去改善管理。现代企业管理在经济学上也经常被抽象成为委托代理关系，即企业主（委托人）通过体制机制设计来实现车间、工厂、企业内多种身份的工人产出最大化。委托代理理论是过去30多年来契约理论体系中最重要的进展，是部分经济学家不满阿罗-德布鲁体系（Arrow-Debrue System）中的企业"黑箱理论"，通过深入研究企业内部信息不对称和激励机制设计问题而发展起来的。委托代理理论的中心任务是研究存在利益冲突和信息不对称的情况下，委托人如何设计最优契约来激励代理人。

2. 公平与互惠性偏好

传统的委托代理模型在取得巨大成就的同时，局限性也日渐明显，特别是代理人在接受薪酬制度安排时并未呈现出公平互惠性倾向，更是受到了来自行为经济学家们的猛烈批评。互惠性偏好理论对合约的执行有显著的影响，对潜在的欺骗者提供了有效的制约，促使他们表现出合作的态度或至少限制了他们的不合作程度。有关互惠性对努力程度激励的作用已经得到了来自行为经济学家和实验经济学家的论证，并且有相当多的试验已经在可控的实验经济学范畴内得到佐证。而脑科学的进一步研究发现：人们宁愿舍弃私利也要追求公平，一定程度上是因为人们从该惩罚行为本身可以获得满足。浙江大学跨学科研究中心发现：当尾核、壳核的血流值显示出其活跃程度远远超过平均水平时，受试者表现出强烈的惩罚愿望并且通过惩罚行为获得较高的满足，从而证实了他们的猜想，即惩罚者可以从惩罚行为本身得到满足。这也为互惠性偏好理论提供了来自神经经济学上的证据。

五、从丰田制走向温特制

1. 丰田制：精益制造的集大成者

第二次工业革命建立了现代大工业，此后以美国为代表的西方实行了福特制生产方式，将世界经济推向了新的增长阶段。福特模式的运行主要建立在三个原则基础上：首先，脑力劳动和体力劳动分工绝对明确：设计人员负责设计，管理人员负责监督，工人只需要完成简单动作；其次，利用泰罗制，将流水线上的分工专业化到最细微的地步，保证每个工人都可以用最简单的方法完成；再次，寻找最佳的生产模式，无论在设计、生产、管理上都需要寻找最佳的模式，达到提高效率和节省成本的目的。福特制的生产方式，大大促进了生产工艺过程和产品的标准化流程，通过规模经济（Scale economy）和范围经济（Scope economy）极大提高了劳动生产率，为工业制成品的大规模生产和群众式消费提供了基础。

福特制在第二次世界大战后从美国传播到欧洲和日本。20世纪60年代，以丰田公司为首的日本制造业根据日本的文化传统和本土特点，将福特模式与弹性生产方式有机结合，改组为丰田生产方式。丰田制在保留福特生产方式大规模生产优点的同时，又注入了新的内涵。首先，它的工作组织打破了层层管理的模式，发挥人的积极性，所有职工都要关心生产方法、产品和服务质量的改进。在大型企业中，职员组成灵活的、自主管理的小组，集体决定如何管理生产或他们负责的工作，推动设计与生产融合，设计师与生产者面对面交流。这种组织形式要求工人有多种技能，并把工人当成长期资产，不断投资进行培训。其次，及时适应市场变化，把生产与不断变化的市场需求结合起来，形成最有效的产出规模。对整个生产过程实行全面质量管理，每个部分都实行零差错，要求供货商和顾客之间信息畅通、关系融洽，彼此之间可以做到"零库存"。最后，在上下游之间形成良好的合作关系，与供货厂家建立长期信任关系，互相反馈信息。丰田制很好地吸收了美国的科学管理概念，将美国的策略、产品生命周期、市场分析、经济计量、信息处理、现代广告等，巧妙地与日本的群体意识、忠臣观念、终身雇佣制、重视长远利益等特点融合，逐渐形成了一种新的独具日本特色的生产方式，推动了日本在海外的扩张和日本工业的现代化。

从宏观视角来看，丰田制与福特制如出一辙，丰田制可以被视为福特制的"日本版"，两者均是追求规模经济效应和范围经济效应的垂直型结构，产品的设计、制造、销售，以至售后服务，都是在同一个内部完成。这个过程中，虽然许多产品具有多节点的价值链特征，但都是以价值链整体来竞争，单一节点对竞争结果影响不显著，因为那个时候各个产业部门尚未形成。因此，汽车工业成了福特制和丰田制的最经典行业应用。

2. 温特制：PC时代的新型制式

20世纪80年代后期，新兴的个人电脑（PC）制造方式与福特制、丰田制有着截然不同的过程。PC时代所关注的新科技、新消费、新营销，以及对产品定价规律和摩尔定律的揣摩等，彻底改变了原来垄断竞争的局面，一个全新的、水平式的生产结构成为PC行业最高效的生产组织模式。

在 PC 行业中，涌现出微软、英特尔、莲花、康柏、戴尔、希捷（Seagate）、甲骨文（Oracle）等一大批企业，它们在 PC 产业链节点中专攻某个领域，并逐渐形成核心竞争力。譬如，1995 年 PC 电脑销售量超过 IBM 成为全球电脑业新霸主的康柏[①]，其主要业务就是制造、组装和销售，并加速推广自主品牌。整个 PC 行业价值链被分拆成一系列独立节点，从上游的半导体生产，到 PC 机的硬件制造、软件开发、整机组装，再到打印机、扫描仪、键盘、鼠标等配套产品和维修等售后服务，都成为独立的产业部门，每个产业部门都有许多专业化的企业参与竞争。这种模式的竞争方式与福特制时代的综合型竞争完全不同，每个节点都会出现激烈竞争，导致整个产业快速升级。

福特制追求的是规模效应和范围效应，而 PC 行业的水平分工则强调集聚效应。这种新的生产模式不同于传统的劳动密集型产业，它十分强调各个部件生产商之间的协作与配合。在这种新的产业群聚效应模式中，通过细化的产业分工，每个企业可以专注某一个部件或产品的某一个部分，获得规模经济效应；不同企业之间互相配合，又可以获得范围经济效应。它与同时追求规模经济效应和范围经济效应的传统模式不同，整个 PC 产业链条上各个组成部分有着强烈的灵活性，从而避免了传统模式容易僵化的弊端。

集聚效应的发生，加速了 PC 产业链的整体提升，也加快了市场标准的不断提高。微软和英特尔共同构筑的温特制（WINTELISM）平台，以微软公司的视窗系统和英特尔公司的微处理器互相耦合搭配，凭借实力和快速创新不断抛开对手，并引领整个产业不断升级，最终通过掌握标准到达金字塔顶端。在个人电脑、硬盘与监视器等有明确标准的硬件领域，通过日益消费品化的竞争，大大降低成本和价格，形成了大规模生产。实际上，20 世纪 90 年代初期，温特平台出现（代表性产品是 1991 年微软的视窗与英特尔的 486 结合），带来了个人电脑性能大幅度提高和销量暴涨，从而使得温特制在全球出现大流行，并逐渐取代了福特制，助力美国电子

---

① 这家诞生于 1982 年的公司的英文名称 COMPAQ 由 "兼容"（Compatible）和 "质量"（Quality）两个词组成，是当时最快成为全球 500 强的 ICT 企业。

信息制造业扭转对日本的竞争劣势。

温特制给美国带来的主要好处可以由"路径依赖"和网络效应的"正反馈"原理来解释：一方面，温特制在成为标准之后可以锁定消费群，形成强烈的报酬递增特征；另一方面，温特制使事实上的标准制订者成为市场垄断者，其网络效应的"正反馈"原理使任何参与的竞争者都要付出比以往大得多的代价。温特制下，竞争的重点不是投资，也不是降低成本，而是标准的提升和客户群体的锁定。

从全球角度来看，温特制与美国创新能力突出、人才储备强大、金融市场灵活、消费者偏好新产品等优势结合起来，由此塑造了一大批新兴企业，使美国公司在20世纪90年代的国际竞争中稳居世界前列。水平生产结构和温特平台的动态性升级，使得个人电脑乃至整个全球计算机产业链不断加快循环，新兴的美国公司不断获得"先行优势"，并牢牢控制住了全球市场。

六、"人本主义"的企业管理制度设计

在"人本主义"的大背景下，许多企业开始使用各种各样的互惠性管理策略来进行企业管理。历史文化和宗教等制度可能会实现理性人情形下无法实现的帕累托改进。因此，雇主针对不同的劳动者可以设计不同形式的劳动合约，以此来最大程度获得劳动者剩余。现代企业中，劳动合同设计因人而异是普遍现象。通过互惠性选择而导致的不完全合约的内生形成表明，员工互惠性的偏好不仅会对经济制度的运行产生显著影响，而且会对制度本身的形成和选择产生重要影响。

新经济背景下，新一代信息技术推动管理学进入"能本管理"时代，其最大特点是关注"人的创造力"。海尔是"能本管理"时代的代表企业，所推行的自主经营体和利益共同体模式是让每一个人进行自我创业，希望借助互联网手段开放组织边界，搭建开放式的网络组织结构来整合全球范

围的智慧资源，构建人才生态圈，让内外人才进行高度融合，并激发这些知识型员工的创造力，共同为顾客创造价值，进而实现自己的价值。

第二节 精益求精的工业文化

一、英国：重商主义与达尔文自然选择

英国的工业文化发端于第一次工业革命，其工业文化的系统成型主要源于三种思潮：一是亚当·斯密所提倡的"经济人"假设；二是社会达尔文主义的自然选择观；三是以牛顿为代表的理性科学主义。三种思潮交融所形成的工业价值观贯穿了英国第一次工业革命，给英国带来巨大的社会财富。直至19世纪中叶工业革命完成后，英国人发现这种重商主义色彩浓厚的价值观给英国经济社会发展带来巨大的负面影响，如社会道德风气下滑、利己主义泛滥等问题。这一时期，英国中上阶层人士从未对这样的工业文化有过好感。《英国文化与工业精神的衰落（1850—1980）》一书就引用了各类小说、艺术、诗歌、政论、哲学、社会习惯等诸多方面的文献，生动地探讨了当时英国的精英阶层对只注重经济增长的现代工业社会的抵触和批判。但好的一个方面是，英国在殖民侵略和对世界贫穷国家倾销商品、掠夺资源的同时，也广泛地传播了工业文化和工业文明的最新成果。中国、印度等国家都在这个时期被动地接受了一定的工业文明。此后，法、德、美、日等先后在19世纪、20世纪完成了工业革命，大大丰富和深化了工业文化的内涵，使之成为世界的主流文化。值得注意的是老牌资本主义国家法国，尽管其工业革命比英国迟50年左右，工业文化有较多学习英国文化的内容，但在这个重农主义起源地，法国人对农耕经济和农业文化的留恋较深，在价值观变革中夹杂着较多的农业文化理念。直

至今天，法国工业文化仍然显现着情感的元素，理性色彩不及其他欧洲国家。

二、德国：强调理性专注的"工匠文化"

德国工业在发展过程中，同样深受亚当·斯密的分工理论影响，并集成了英国的重商主义和法国的重农主义思想，强调市场竞争机制作用下的工业发展路径，经过两次世界大战的战争文化洗礼，后期又受到日本"精益制造"等理念影响，吸收了团队协作等现代制造文化理念，最终形成了理智、专注、富有人文内涵但又不失创新精神的"工匠文化"传统。德国企业的工匠文化并不仅仅是抽象的精神文化，更包含了制度文化和物质文化，具体来看有以下特点：

一是企业制度和家族荣耀。家族中强烈的传承观念融入公司的经营理念当中，企业成为一份需要代代相传的家族珍宝。

二是价值创造和专注精神。德国制造业人员擅长"小事大作，小企大业"，几十年、几百年专注于一个产品领域，不求规模大，但求实力强。在德国，没有哪家企业是一夜暴富，迅速成为全球焦点的。他们往往是专注于某个领域、某项产品的"小公司""慢公司"，但极少有"差公司"，绝没有"假公司"。它们大多是拥有百年以上经历、高度注重产品质量和价值的世界著名公司，也被称为"隐形冠军"。

三是团体意识和人本主义。德国企业强调以人为本，视员工的忠诚度为自身的"内在力量"之一，注重提高员工素质，尊重员工意见，努力打造"学习型组织"。

四是完美主义的企业形象。德国企业普遍具有精益求精的意识和注重诚信为本，追求产品质量完美、提供一流服务已成为企业员工的自觉行动。

五是开疆拓土的开创精神。德国企业家的国际化精神很早就深植于他们的DNA中，德国企业通过在海外建设生产基地、研发中心和收购并购，不断增强国际竞争力。

三、美国：现代托拉斯文化的集大成者

　　从某种程度上来说，20世纪是美国工业文化流行全球的高光时刻，发轫于科学管理的美国工业文化，在第二次工业革命期间展现出强大的战斗力。美国得益于泰勒制的出现，石油工业、钢铁工业托拉斯集团大规模兴起，出现了洛克菲勒（"石油大王"）、安德鲁·卡耐基（"钢铁大王"）。洛克菲勒于1890年创办了美国芝加哥大学，1901年创办了洛克菲勒大学；安德鲁·卡耐基则于1900年创办了卡耐基梅隆大学。这一时期，美国人形成了以制造为荣、以创造财富为导向的文化价值观。到了汽车工业社会，福特与"蓝血十杰"的合作缔造了福特汽车帝国。这个时期，美国的工业达到全盛时期，以企业管理、流程优化、业绩提升为服务内容的咨询公司开始兴起，大量闻名于世的一流咨询公司也大都在这个时期出现，包括波士顿咨询、贝恩咨询、麦肯锡集团等咨询业巨头。之后，这批咨询公司在全球范围内大量扩张业务，并身体力行地改变企业组织和管理理念，成为美国制造文化、企业文化的布道者和实践者。这个时期，美国也形成了以股东价值最大化为导向的现代企业制度。

　　总的来看，美国工业文化有以下几个特点：

　　一是尊重企业的价值观。不少美国工业集团在商业实践中形成了适合自己的核心价值观，并逐渐得到了员工的认同。例如，通用电气CEO提出的"坚持诚信，注重业绩，渴望变革"助力通用电气成为世界第一的工业制造集团。依靠这种共同的制造信仰，员工忠于企业，企业目标成为所有员工的奋斗目标，企业和员工之间产生了密切的羁绊。在美国工业企业中确立了尊重个人、注重团队精神、鼓励创新等核心理念，并通过培训、感染和灌输等方式，使员工产生共鸣，强化员工的认同感。

　　二是美国制造提倡创新。美国是世界一流创新强国，工业企业更是长期走在创新的前沿，形成了富有竞争优势的创新文化。这种创新文化令美国制造业具备了对自身进行深入剖析的能力，扬弃了与时代不相符的因素，保持了与时俱进的有胆识有魄力的创新势头。即使在当下服务业高度发达的美国，美国的制造业创新研发投入仍然占据美国私营企业创新投入

的67%—70%，2016年美国企业花费在制造业上面的投资就高达3 750亿元。另外一个特点就是美国工业文化中关注原理、注重基础技术创新，包括新材料、新能源、新工艺等方面，美国始终保持在世界一流梯队，且经常有颠覆全球产业格局的创新出现。21世纪的第一个十年，苹果公司推出的iPhone就实现了对诺基亚这一手机霸主的超越；马斯克主导的特斯拉作为新能源汽车的领军型企业，正在汽车领域掀起新的浪潮，未来能否形成对传统燃油汽车的逆袭尚有待观察，但其最终入围全球市值前三的汽车集团只是时间问题。

三是颇具特色的第三方知识管理体系在美国工业文化更新方面也扮演了重要角色。知识经济对企业的发展也产生了重要的影响，企业知识管理的能力直接决定了企业的竞争优势。而美国一流高校和咨询机构所形成的知识管理体系和知识创造能力支撑了美国制造业长达一个多世纪的辉煌，正是通过实施这种卓有成效的知识管理策略，促进了企业内部的知识创造、创新、分享、传播，形成了一种相互尊重、相互信任的氛围。

四、日本：从德川"问屋制"走向精益制造

日本的工业文化带有较为浓厚的传统文化色彩，是东西方文化融合的产物。一方面，日本被迫打开国门后，效仿西方的办法，大力学习工业技术和工业生产方式，以西方工业文化改造日本传统文化，在规范制度和严谨工作上创办、改造企业。另一方面，日本并没有丢弃传统的目的价值观，即对外发动战争、推行侵略扩张的价值追求。直至第二次世界大战日本战败后，被迫暂时放弃侵略扩张的国家意志，转而全力推进工业化，由此产生了日本自己的工业文化。尤其在企业文化建设上，日本走出了一条独特的道路，既吸纳了西方文化注重技术和追求效率的元素，又兼备日本传统文化中视企业为家庭的观念意识。

无论是明治维新时期，还是第二次世界大战后的演化，日本的工业文化都是随着技术的发展进行相应的变化。日本在第二次世界大战以后，快速推进了工业化进程，在20世纪七八十年代跨入了发达国家行列，而日本的看板管理、全面质量管理、零库存管理、企业文化（Z理论）、"一个

流"生产方式等管理模式创新,都是在20世纪80年代的战后快速工业化进程和经济发展背景下诞生的。从微观企业层面来看,日本的大企业与小企业的管理创新模式存在差异,大企业更多是作为整个国家层面生产体系中的核心,主要在设备投入、专利引入、标准拟定和基础工艺管理等方面进行创新;而小企业则专注于大企业应对风险、降低成本的专业性较强的配套环节,主要关注产品质量和工艺改进。其次,不同行业企业的管理创新模式也存在不同,如市场相对成熟的蚕丝纺织业,关注产品种类、质量和工艺管理的创新,而对于采矿业和炼铁等资本品生产企业,则更关注规模效应引发的成本管理的创新。

日本的管理创新模式在与技术创新相匹配的过程中,依据社会经济文化、市场需求和生产技术条件等内外部环境选择适宜的模式。第二次世界大战前后,日本制造业正处于工业2.0阶段,理论上讲,制造业组织结构应该从零散型组织模式向集中型组织模式转变,只有这样才能最大限度地获取规模经济,实现成本最小化与利润最大化。然而现实中的日本制造业却选择了大型企业与小企业相结合的"转包制"组织形式,这种近乎零散型的组织模式不但满足了第二次世界大战期间军需物资的大规模需求,而且在发展大型企业的同时,也促进了小企业的成长与发展。这种匪夷所思的选择,是基于德川年代"问屋制"的演化。德川年代的"问屋制"促进了以家庭作坊为代表的小微型企业在工艺和质量上能够达到专业工厂的需求,而出于风险规避、战争影响和需求多样化的考虑,大企业还是会选择将部分生产环节转包给小企业,并在工艺、技术和管理方面指导和帮助小企业。

五、中国:兼收并蓄的社会主义工业文化

中国的工业文化发展严格意义上讲是从中华人民共和国成立后实行工业化道路才开始出现的,是带有计划经济模式的工业文化,叠加上当时苏联对我国的工业援助,这使我国早期的工业文化具有较为浓厚的苏联色彩。改革开放后,我国现代企业制度开始逐步建立,民营企业成为独立法人,工业化进程全面提速,工业文化走上正常发展轨道。但从整体上看,中国的工业文化仍处在形成与发展的阶段,有广泛共识的工业文化仍未完

全形成。

2015年以来，我国提出了打造制造强国的战略部署，这一战略的贯彻落实不仅需要先进技术发展的刚性推动，更需要文化力量的柔性支撑。制造业高质量发展的要求也对繁荣中国特色工业文化提出了新要求。工业和信息化部会同财政部印发《关于推进工业文化发展的指导意见》，提出要"大力弘扬中国工业精神，夯实工业文化发展基础，不断壮大工业文化产业，培育有中国特色的工业文化，提升国家工业形象和全民工业文化素养，推动工业大国向工业强国转变。"对中国工业文化建设而言，未来需要重点加强工业精神的传播，深入挖掘、传承大庆精神、"两弹一星"精神、载人航天精神等传统精神，大力弘扬工匠精神、创新精神、诚信精神、企业家精神等。

从学术角度来看，与西方资本主义工业文化不尽相同，中国工业文化源自优秀的民族传统文化，在吸收世界工业文化精髓的基础上，在传承创新、兼收并蓄的过程中形成了别具一格的风格，成为中国特色社会主义文化的重要组成部分。自1949年中华人民共和国成立以来，经过几代人的艰苦努力，中国已经建成了门类齐全、独立完整的工业体系，工业发展取得了举世瞩目的成就，成为世界第一制造大国。在一些行业领域形成了各具特色的文化成果，如在推进工业化的探索实践中，孕育了"两弹一星"、载人航天等一系列先进工业文化典型，形成了自力更生、艰苦奋斗、无私奉献、爱国敬业等具有中国特色的精神宝藏，涌现了一大批优秀单位和英雄模范，也留下了大量承载工业文化的物质、制度和精神财富，为工业发展提供了强大的精神动力。

第三节　未来工场的文化观

从大处着眼，好的工业文化是一个国家工业竞争力中的重要组成部分，是工业领域的"软实力"。从小处深究，即便各类型企业具备了先进的工业设备和软件系统，也具备了数据采集能力，若没有合适的制度建设和文化创新支撑，各类数据信息很难高度集成、互联共享、创造价值，部门墙依然高耸，生产依然可能与市场脱节，导致竞争力下降。如果说科技创新决定了产业能走多快、飞多高，那么文化创新则关系到企业能走多稳、飞多远。因此，在新一轮科技革命和产业变革背景下，研究工业化后半程中适合我国国情的企业管理模式创新与发展，思考未来工业管理方式创新或者工业文化复兴，正当其时。而这，也是未来工场所致力研究的重点。

一、理念："向善"

谷歌的"不作恶（Don't Be Evil）"准则昭示了一家高科技企业的经营理念，从简单的利润最大化导向转变为经济社会的友好参与者，致力于为世界贡献"真善美"的力量。作为国内首屈一指的大型社交平台服务公司，腾讯近年来大力提倡"科技向善（Tech for Good）"，引起了业内人士的热烈追捧。在未来，可能连过去被广泛奉为圭臬的"以用户体验为中心"都不一定完全正确，更多的发展理念应该转向"以人为本"。未来工场致力于为人类提供更高的制造效率、更完美的生活体验，是"科技向善"理念的天然倡导者和实践者。事实上，也只有"科技向善"理念的进一步传播，才能促使科技创新朝着更加有利于人类社会进步的方向发展，科技、产业、人文才得以成为支撑人类命运共同体的核心武器。

二、精神："匠心"

建设未来工场的关键，在于培养现代工匠，把"匠心精神"渗透到每一个制造业工人和管理者的心灵深处，把精益求精、热爱工作的精神代代相传，而"匠心"精神的关键是做到"由近向远、由多向少、由快节奏向雅时尚"转变。在指导思想上，要"由近向远"转变，要借鉴"德国制造""瑞士制造"等成功的经验，面对浮躁，要耐得住寂寞，经得起诱惑，着眼于企业的长远发展，要从"一年磨十剑"向"十年磨一剑"转变，要从"今天努力赚钱"向"明天更加值钱"转变。在发展方向上，要"由多向少"转变，更加精准地专注在更少范围内的制造业上，减少产品门类，提高产品品质，努力实现从"标准制造"向"制造标准"转变，要在"少（门类少一点）、精（品种精一点）、高（附加值高一点）"上下功夫，努力使每一件工业品都"匠心独运"。在社会期待上，要"由快节奏向雅时尚"转变。俗话说"慢工出细活"，"出活"要有耐心，培育"工匠"，更加需要全社会有耐心。培育工匠要靠职业教育，更要依靠全社会去营造一个良好的氛围。

三、战略："图变"

战略是企业落实发展理念的核心。根据麦肯锡的研究表明，主动调整业务组合和资源优化配置能够大幅提升企业家的回报率。在需求响应越来越快的背景下，未来企业必须彻底转变原有的"赛马式"思维，重新审视当下业务组合的价值能力和发展潜力，果断退出盈利性差的非核心产业，为核心产业的进一步拓展提供充足的"弹药"。同时，鉴于业务增长模式和价值实现方式的快速变化以及周期不断缩短，未来企业需要加快转变和建立新的发展战略动能，加快纳入数据、技术等新生产要素，以实现下一阶段的突破，包括加强科技创新投入和业务数字化转型。最后，还要积极权衡国内、国际两个市场，通过企业的国际化扩张找到新空间。总的来说，未来工场所提倡的战略"图变"，关键在于建立起在高度不确定性下实现有效战略决策的模式和能力，即在更高维度、更细颗粒度下实现需求价值的挖掘。

四、战术："合规"

随着跨境贸易深化、生态环境公约强化以及政策工具的政治化趋势，企业经营的跨国法律风险不断上升。想要在新一轮全球化竞争中保持优势，就需要引导相关主体建立合规竞争意识。未来工场摒弃了传统工业思维中一些不负责任的商业价值观，包括贿赂、破坏生态、违反当地法律等做法，积极倡导企业在合法合规的环境下开展商贸往来。未来工场倡导利益共同体的价值观，争取成为所在国家、地区、城市的生态系统建设者、参与者，而非破坏者。当然，面对越来越复杂的国际政治环境，未来工场也支持企业内部成立合规性审查和法务组，以及时应对来自国内外监管层的合规审查，规避企业经营风险。

五、变量："数字化"

2020年3月30日，中共中央、国务院印发《关于构建更加完善的要素市场化配置体制机制的意见》。这是中央关于要素市场化配置的第一份文件，其中首次将数据这一要素作为与人才、技术、资本等并列的要素，对数字经济发展具有历史性意义。对未来工场而言，数字化所带来的商业模式变革充满了各种可能性。数字化的颠覆程度正在加速，不再局限于互联网时代的某些行业，不再只是由电商和通信媒体等来引导，而是会渗透到绝大多数行业。借用经济学家约瑟夫·熊彼特的定义，数字资源将渗透到产业中的任何一个环节，会带来拥有无限可能的、新的产业组合。这种新的产业组合跟以往完全不一样，机会只多不少。

六、探索："互利共生"

以数字化为标志的互联互通，带来了企业组织边界的泛在化、模糊化，如何与客户、友商实现"你中有我、我中有你"的良好生态，成为企业制定战略的一个重要起点。未来工场倡导能力动态化、知识共享和互利共生。在中国的大地上，如何将管理创新与中国哲学的人文精神结合起来，把天人合一、利他精神等思想发扬光大，提升有东方色彩的战略思想在企业战略决策中的优先级，是未来工场需要去破题和思考的。

七、变革："协同"

经济学所倡导的"均衡"、生命科学领域所倡导的"稳态"，是传统管理思想的重要来源。未来工场提倡大胆的变革思想，支持企业通过迭代、试错、流动、灰度创新等手段，将打破平衡当成一种新常态。在未来工场所营造的创新洪流中，将助力中国管理理念守正创新。正如浙江大学吴晓波教授提出的那样，管理者不可能依赖进口，他们应该是中国自己培养的管理者。这批管理者熟悉并了解自己的国家和人民，并且深深根植于中国的文化、社会和环境当中。

第九章 产业空间的迭代：从"园区"到"城区"

产业空间的主阵地到底在哪里？是未来经济发展必须要考虑的重要问题。制造业以"园区""功能区""开发区"为主阵地，有力地支撑了工业经济的快速发展。但需要指出的是，随着技术创新在制造业创新跨越中所起的作用越来越大，决定制造业现代化的关键核心要素已经发生改变。对未来工场而言，必须要回答好的问题是未来工业的走向问题，未来的工业选址是向城市内行走还是往城市外围行走。目前全国各地已经有将近500个国家级的开发区、出口加工区、保税区等，各类省级开发区超过1 000个，各类园区超2万个，如何推进园区高质量发展？城市与工业如何互动？"大烟囱、高排放"的时代明显已经过去，城市如何依靠科技与产业互动形成新的竞争力成为新的焦点。本章首先回顾了中国园区发展的风风雨雨40年，提出未来工场将助力工业回归城市，并提出未来工场在城市的形态必将是"创新极核"，其往往与顶级科研机构、高等院校、孵化器等企业孵化器和加速器相连，与金融服务完善、市场渠道广阔、交通便捷的高品质都市生活区相匹配。

第一节 园区时代的制造场景

一、园区40年

作为世界主要工业大国发展工业经济的主阵地，产业园区历来被视为空间层面最有效的经济手段之一。从我国改革开放40多年的进程来看，产业园区对中国经济社会发展的贡献是全方位的，其更进一步体现在经济增长极、创新集聚地、管理示范区、开放先导区、贸易自由区等多个方面。可以说，发展园区经济是我国走新型工业化道路的重要目标之一。

1.园区兴起的历史视角

第二次世界大战以来，世界各国制定了各种产业区域开发政策，建立了名目繁多的产业园区，如免税区、出口加工区、自由贸易区、企业区、工业园、工业村、工业团地、科学园、技术园、研究园、技术城、经济技术开发区、高新技术产业开发区、生态工业园区、创意产业园区等。由于各国国情和发展阶段不同，各自所设立产业园区的种类和名称也不同，但整体上，产业园区可以划分为两大类型：一类是关注单一的短期性经济增长目标的传统产业园区，另一类是关注多元的长期性综合发展目标的现代产业园区。前者不仅在出现时间上早于后者，而且基本上不同国家和地区采用产业园区这一政策工具的初始阶段都会选择，以发展制造业为主，强调加工制造环节；后者则在前者加工制造环节的基础上延伸或增加了新的环节，且在不同环节之间的组织方式和功能表现等方面呈现出多样化特点。产业园区分类见表9-1。

表9-1 产业园区分类

类型	具体类别	特征
追求经济增长的传统产业园区	出口加工区	发展中国家所建立的出口加工区,是在面临生产力低下、资金缺乏、人才不足、技术落后的情况下所采用的特殊政策工具,随着国际贸易的迅速发展,资本、商品、劳动力、技术、信息等跨国界流动,一国的经济活动越来越多地参与国际分工,带来国别经济可能的对外依赖性——依赖外部原料,依赖外部设备、资金和技术,依赖外部消费品的供给,依赖外部销售市场等
	工业园	在兴建工厂之前,由一个独立组织的规划提供一组适用的工业建筑(用地),辅之以基础设施和绿色空间,如公共道路、植物园、娱乐场所、停车场等,且包括各类设施之间的地带
多元经济治理目标导向的现代产业园区	科技园	增加就业机会和促进高技术制造业增长,其具有以下特征:景色优美、环境宜人、基础设施完善,吸引科技人才;和大学或研究机构有正式运作上的联系;积极的管理,为创业企业提供孵化器设施和服务,推动科研成果、知识产权的商业化等
	生态工业园	生态工业园是企业之间以及企业与地方社区之间合作,通过密切的产业联系,共享各种资源,减少生产过程对自然生态环境的影响,加强废物循环利用,以降低生产成本,提高经济效益,并实现可持续发展
	创新区	创新区强调企业家的创业精神及其行动,其中的企业加速器和孵化器等空间通过公共交通、局域网、混合用途建筑相互连接,其间行为主体的协作和知识共享意识也相应得到培养

2.园区兴起的经济意义

建设产业园区,实现产业集中布局,通过"增长点""增长极",推动经济集约发展,是现代经济理论倡导的经济发展方式。从经济学理论看,国内学者提出的增长极、规模经济、国家竞争优势等理论,构建了产业集群与经济发展的理论基础,证实了产业集群能够明显地促进经济增长。而园区作为产业集群的重要载体,在以工业化进程持续推进为核心的现代经济发展过程中,起到的作用不容忽视。法国经济学家弗朗索瓦·佩鲁(Francois Perroux)于1950年首次提出"增长极"(Growth Pole)概念,认为经济增长通常是从一个或者数个"增长中心"逐渐传导到其他部门或地区。因此,应该选择特定的地理空间作为增长极,以带动区域经济发展,而园区通常被认为是能够有效带动区域发展的增长极,通常具有极化效应、扩散效应和规模经济的地理空间。

3. 中国园区的"四十不惑"

改革开放40多年来,以蛇口工业园的设立为起点,我国的产业园区走出了一条从无到有、从弱到强的发展历程,成为我国经济高速发展的重要贡献者。我国产业园区发展阶段见表9-2。

表9-2 我国产业园区发展阶段

阶段	时间范围	主要事件	主要特征
探索阶段	1979—1983年	招商局在深圳创办蛇口工业区	简单工业加工区,并对产业设置与园区运营制度进行初步探索
起步阶段	1984—1991年	首设经济技术开发区及高新技术区	明确产业园区功能,出口加工型园区成长快速,并出现保税区、金融贸易区等特殊类型园区
快速发展阶段	1992—2004年	邓小平南方谈话	产业园区数量快速上升,产业驱动升级
转型升级、优化提升阶段	2005年至今	国务院对各类产业园区进行整顿清理	产业园区同质性加强、经济效益分化

目前我国产业园区已呈现出涉及不同产业层次、覆盖经济领域广泛、多种类型互为补充的发展态势,园区产业结构和空间布局不断优化,在追求合理化和高端化目标的过程中取得了一定的成效。尤其是国家级产业园区,依托强大的政策支持和我国经济社会高速发展的需求,通过改造提升传统制造业,着力发展高新技术和战略性新兴产业,有效地促进了制造业与现代服务业的有机融合发展。同时,伴随制造业和生产性服务业由城市

中心向城市外围的逐步转移，园区作为这些产业空间布局落地的重要载体，发挥了巨大的作用。

但不得不说的是，经过几十年的发展，中国产业园区经济虽然取得了显著成绩，但也出现了不少问题。归纳起来，主要表现在以下3个方面：一是园区主导产业趋同，同质化特征明显；二是开发过程"重量轻质"，难以形成合理分工布局；三是园区政策依赖性强，要素利用率较低。这为处于不惑之年的产业园区发展出了新的难题。系统来看，产业园区发展转型属于推进我国经济发展提质升级、保障经济安全的国家级战略内容，产业园区发展转型升级的实质是我国经济发展体制机制创新，深化改革开放，探索政策试点，为推广示范积累成功经验的重要先行区。

二、园区4.0时代的未来工场

伴随历次全球产业转移和分工重构，产业园区的载体形式得到了各个工业大国的青睐。在构建区域产业发展的空间集聚载体过程中，其功能也不断地发生着变化。经过几十年的快速发展，目前的产业园区已经从最初的纯粹的工业园区（1.0），发展为生产、生活、文化等功能逐步融合的科技园区（2.0）、高科技社区（3.0）。新时期，随着信息技术、服务经济、商业模式等频繁创新，推动园区形态加速升级，基于数字技术和智能服务的未来工场（园区4.0）时代正加速到来。在此背景下，科创、产业、城市、人文等多维度融合，其实质恰恰是以人为核心，推动科技（资源）、产业、城市等城市基本要素的有机融合，互动发展。其基本要求包括创新融合、功能融合、空间融合、人文融合。

1. 创新融合

创新融合，即科技创新与产业发展的结合。园区作为高新产业发展的重要载体，要重视对高校院所、科研基础设施、重大创新平台等科技载体的集聚培育。创新功能是新时期园区发展的特有要求，是科技成果、科技服务与产业需求导向的结合，实现催生孵化高技术原创产业集群，加快科技优势向经济优势转化。可以将园区时代的创新空间、创新组织分为基于科学的分析型集群、基于工程的综合性集群、基于艺术的象征型集群。

2. 功能融合

功能融合，即城市功能供给与产业发展需求的有机融合。以城市功能强化对新兴高技术产业、原创产业/业态的支撑，以专业的优质服务吸引集聚高端产业，实现以城促产、以产兴城，包括先进制造、产业创新、人才商务、休闲娱乐等功能的供给与实际需求的契合。

3. 空间融合

空间融合，既包括园区与城区空间融合，又包括内部空间的融合。当前，园区一般作为与主城区隔离的独立空间存在，但作为城市功能的重要组成，园区要注重与城市空间布局的协调，以及内部产业、服务配套等空间优化布局。

4. 人文融合

围绕人才发展需求，以良好的创新创业服务环境、文化氛围打造人文社区。既为高层次人才的科技创新提供研发服务平台，为科技创业提供孵化服务平台，为商务居住提供交流平台和生态环境，又要具备满足"大众创业，万众创新"的人文环境和基于信息网络发展的开放生态。

可以预见的是，在不久的将来，园区城市化将成为现代城市发展的一个重要方向。以我国的高新区为例，这类科技园区从规划建设之初就遵循了科技新城的愿景，不仅在建设过程中强调科技与产业融合发展，更是在所在地区的城市建设中扮演了重要的参与者和推动者角色，通过合理规划、超前设计的城市功能配套和科技创新、产城融合的理念成为新一轮园区发展的重要方向。同时，要充分意识到从园区走向城市，未来工场是其发展的重要模式，但这个过程并非一蹴而就，其间可能伴随着从量变到质变的积累和过渡。

第二节　城市时代的产融平台

进入 21 世纪以来，随着经济全球化深入发展和产业价值链的细化分解，创新资源越来越明显地突破组织的、地域的、国家的界限，在全球范围内自由流动，加速形成全球创新网络。在全球创新网络中，一些地理区位优越、产业基础较好、创新环境优良的城市能够更多更广地集聚全球创新要素，成为网络中的节点城市。节点城市利用网络通道不断吸纳外部资源并对外输出其影响，当其集聚和辐射力超越国界并影响全球时，便成为全球有影响力的科技创新中心。未来，全球经济将再度从"园区时代"走向"城市时代"，其核心载体也必然会是体现"产城人"融合的"未来工场"。国际领先型大都市，如纽约、伦敦、东京等城市，已经在未来城市生态、产业布局、制造模式方面开展了广泛探索，其形成的有效经验将为后续"未来工场"的建设提供广泛支持。

一、纽约：工程型创新空间典范

纽约成功吸引了微软、谷歌、雅虎、3COM 等世界知名公司，辉瑞、百时美施贵宝、Barr、博士伦、强生、惠氏等知名生物医药企业也已将总部或研发机构设在纽约和临近的新泽西州，苹果、台积电等世界芯片巨头也纷纷在纽约建厂，全球最大的移动互联网芯片基地已经落户这里。在 Startup Genome 发布的《2018 创业生态系统报告》中，纽约的综合排名居世界第二，仅次于硅谷。这表明纽约已经成为一个新的"世界科技创新之都"，其中，纽约"硅巷"的崛起则成为城市时代最值得关注的发展话题。

"硅巷"发端于纽约曼哈顿第五大道和 23 街交会处的熨斗大厦，隶属于典型的创新城区范畴。进入这些城区的企业并不是需要大空间的装备制造业，如汽车、航空等产业，而是类似于互联网、数字经济等不需要太大空间的高新技术企业。"硅巷"在短短数十年时间里发展起来，应该说跟纽约良好的城市设施和文化基础密切相关，其规划采取的策略包括：

（1）调整用地。对辖区内6 000多个地块进行了规划调整，将制造产业用地调整为居住、商业或混合用地，从而适应新的产业需求和经济发展。同时，进行了大量的保障房建设。

（2）"数字纽约"基础设施建设。通过"数字纽约"计划和区域光纤网络的搭建，为互联网时代下的经济发展提供保障，吸引互联网企业的入驻。政府还通过多个官方网站为在"硅巷"创业的团队提供资源平台，共享区域内的基础设施资源，分享创新服务资源。

（3）减免税收。为切实减轻企业负担，政府为企业提供了较为优惠的税收政策，如房产税减征5年计划、免除商业房租税、曼哈顿优惠能源计划。

二、伦敦：英国科技城战略

英国于2010年启动实施了"英国科技城"的国家战略，试图将东伦敦地区打造为世界一流的国际技术中心。为此，政府已投入了4亿英镑以支持科技城的发展。2013年，英国政府启动"天狼星计划"，旨在为创业者提供创业资金与优秀培训资源。该计划要求创业团队必须有2人以上，且成员中至少有一半必须是非英国居民，借此吸引更多优秀的国际人才。此外，伦敦政府为优秀的科技创业人才提供免雇主担保签证。强有力的政策和资金支持，使伦敦科技城得以迅速成长，如今已成为小型快速成长数字技术公司在欧洲最大的聚集地之一。据《2012年伦敦科技城3年成果报告》，伦敦的科技公司从2009年的49 969家暴增至2012年的88 215家。大量企业的入驻为伦敦科技城提供了58万个就业机会，其中包含43万个科技相关职位，科技产业产值每年以超过10%的速度增长，占GDP的比重已超过8%。近年来，伦敦吸引了大批全球优秀科技企业入驻，如思科、英特尔、亚马逊、推特、高通、脸书、谷歌等。此外，大多数欧洲领先的风险投资公司都将总部设在了伦敦，为科技城提供了完备的融资服务，如英国和欧洲创业公司主要投资者 Index Ventures、Accel Partners、DFJ Esprit 以及 Balderton Capital 均聚集在伦敦科技城周边。不仅如此，硅谷银行也在东伦敦开设分行。谷歌新成立的谷歌欧洲风险投资公司也入驻科技城，宣布为伦敦投入 1 亿美元的创投基金。除此之外，成立于 2007 年、被称为欧洲最老"新型"孵化器的 Seed Camp 也入驻这里，并在此设立孵化中心，为伦敦科技城的发展提供服务。在 Startup Genome 发布的《2017 创业生态系统报告》中，伦敦是欧洲创业生态系统绩效最高的城市，且在全球创业生态系统中位居第三，仅次于硅谷和纽约。在 Technation 发布的 2018 年报告——《联系与合作：为英国科技提供动力并推动经济发展》中，伦敦的国际科技创业公司数量位居全球第四，仅次于新加坡、柏林和芝加哥；54% 的创业者在英国以外出生。在 2thinknow 的 "2016—2017 年全球创新城市排行榜"中，伦敦的全球排名已上升至第一。

三、东京：全球科技创新之路

东京是世界重要的科技中心，其创新综合实力全球领先。21 世纪以来，日本政府明确了东京成为全球创新网络枢纽的发展目标，并为进一步优化东京投资环境、加快创新要素集聚、激发创新活力制定了一系列政策与措施。2014 年 3 月，日本政府正式指定东京圈、关西圈、福冈县福冈市、冲绳县四个地区作为国家战略特区。其中东京圈定位为"国际商务创新中心"，战略任务是促进国际资本、国际人才、国际企业聚集东京，开创具有国际竞争力的东京新产业。在 2014 年的《财富》世界 500 强榜单中，东京上榜企业达到 43 家，其中排名第一的丰田公司列全球第 9 位。此外，汤森路透集团旗下知识产权与科技事业部发布的"2014 年全球百强创新机构"中，亚洲 46 家上榜机构中有 39 家来自日本，而其中更有 22 家的总部位于东京。近 10 年来，东京 PCT 专利申请数量稳居世界第一，是全球科技创新产出能力最强的城市。在 2thinknow 的 "2016—2017 年全球创新城市排行榜"中，东京位居全球第三，仅次于伦敦和纽约，已然成为全球最重要的科技创新枢纽城市。

四、巴塞罗那22@：老工业区变成创新街区的城市更新范本

当前，全球进入创新驱动发展时代，创新被公认为是知识经济时代国家和地区的核心竞争力，创新经济的发展必然伴随着城市空间的更新迭代。在新一轮全球城市竞争升级的背景下，欧美国家正大力投资发展创新街区，以促进知识密集型企业的形成与发展，推动城市复兴和经济发展。而在我国"大众创业，万众创新"的大背景下，国家高度重视创新驱动发展战略，并指出创新城区建设是区域创新发展的新趋势。2014年5月，美国著名智库布鲁金斯学会（Brookings Institution）发布名为《创新街区的崛起：美国新兴创新地理》（*The Rise of Innovation Districts： A New Geography of Innovation in America*）的研究报告，提出"创新街区"这一概念，并描述了全球创新发展的新兴趋势。在全球化创新街区的发展浪潮中，巴塞罗那22@是最早的创新街区，其创新发展的举措能够为其他城市创新街区的改造提供丰富的经验借鉴。

1. 巴塞罗那22@创新街区的发展

巴塞罗那22@创新街区（简称"22@创新街区"）坐落于Poblenou区，地处巴塞罗那的核心区域，自19世纪起一直是巴塞罗那的工业中心，是当时全世界第五大纺织品产地，一度被称作"加泰罗尼亚的曼彻斯特"。但在1963—1990年间，随着其他工业区的发展，Poblenou慢慢衰落，超过1 300家企业离开了Poblenou，巴塞罗那也流失了近25万个工业就业岗位。为扭转这一局面，巴塞罗那启动了针对Poblenou的城市改造计划，2000年7月，政府通过了Poblenou工业区改造《城市规划修正案》，即22@规划案。2000—2012年期间，22@创新街区新增企业4 500家，新增职工56 000人，超72%为本科以上学历。如今22@已成为全球公认的创新街区。

2. 22@创新街区的城市更新实践

22@创新街区城市改造的概念框架分为三步：第一步是城市空间重

建，包括城市规划、建筑改造以及城市基础设施的更新；第二步是产业集群建设，包括引进发展创意产业机构、吸引保留创意人才等；第三步是更新人居关系，意味着重塑城市思想氛围、价值取向和规范模式。

（1）城市空间重建。22@创新街区致力于打造一个整合、多样与平衡的城市，利用大量住房供应、新的便民街道模式与优美的公共绿地，使区域中的生产、教育与研究和谐共处。为了更有力地执行更新计划，在项目初期，70%土地被用于139个城市改造计划，用于新的生产型空间、社会住宅、公共设施和技术服务。139个城市改造计划中，有84个属于私营开发。如图9-1所示，通过容积率提升（从2.0提升到3.0），更好地帮助开发商提升效益并推动基础建设改善。22@创新街区充分尊重现有空间结构，保留工业区街道和历史特征，同时摒弃传统工业区功能单一且低密度的发展模式，选择了高密度和多元化的城市空间，力求更高效的城市土地利用。

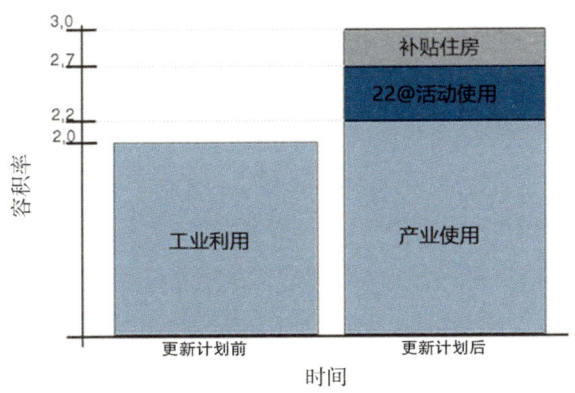

图9-1 建筑容积率变化

（2）产业集群建设。22@创新街区重点吸引和发展信息与通信、媒体、医疗技术、能源和设计五个集群的创新型企业，并在每一个领域都建立多元稳健的产业生态系统。22@创新街区为初创企业提供孵化器及中小企业的办公空间、配套咨询公司、技术中心、继续教育和职业培训中心，建设专业人才住房，同时为当地企业提供媒体宣传服务，寻求风险融资和商业合作机会，加泰罗尼亚的大学均在22@创新街区内设立研究中心。另外，22@创新街区重视网络关系建设，建立企业协会，组织早餐会，旨在促进公司和地区专业人士的知识交流机会。创新不仅发生在产业集群内部，还体现在集群之间的互动和协作。比如22@Staying in company 项目，方便学生对接22@创新街区内的企业进行就业，还有培训、技术转让等项目，方便培养人才、聚集人才。

（3）更新人居关系。22@创新街区将旧工厂改建为新型敞开式公寓，并且建造新型建筑促进创新发展。所有地块均采用新型工业及服务与居住功能相结合的复合街区模式，创造城市居住、生产、服务功能的新平衡。22@创新街区创造了大量的公共空间，如广场、绿地等，将工业用地的10%用以建设新的公共空间和城市绿地。通过设计适合步行和促进商业活力的街道尺度，提高人行道可视性和安全性，恢复传统民居及小巷。本着行人和环境优先的原则，采用先进的智慧基础设施等方式，充分设置行人专用街道和自行车道网络；改善区域间的交通和安全设施，大力发展城市公共交通；完善城市基础设施，更新垃圾收集管道系统。新型的设计形成高标准的开放型交流空间，体现出城市"以人为本"的价值观。

第三节　未来工场的空间观

城市时代的未来工场代表了传统城市或者老城区的一种"图变"倾向，通过营收创造创新生态以提升发展活力的倾向。特别是在金融危机之后，"创新区域"的说法逐渐兴起，实际上是产业新城或者科技园区概念的拓展和升级，包含了一大批在科技、文化、经济进步具有创新特征、发展活力，并具有明确创新发展意图和管理措施的城市群、城市、城区、城镇、街区、街道等。未来工场不仅仅与先进技术相关，它将通过技术、数据与社会创新促进公民参与经济、社会、公共空间、环境、交通、基础设施等产城融合，打造一个更具韧性、宜居和可行的城市。从长远来看，未来工场所在城市的形态，必将是"创新极核"，其往往与顶级科研机构、高等院校、孵化器等企业孵化器和加速器相连，与金融服务完善、市场渠道广阔、交通便捷的高品质都市生活区相匹配。

一、产业多元化、布局均衡化的城市格局

近年来，全球重要科创中心的产业构成大多发生了渐进性转变，从单一产业支撑转向多元产业支撑；产业的空间布局亦随之发生渐进性扩散，从单一集聚核心转向多点集聚。日趋多元的支柱产业和相对均衡的空间布局使这些科创中心获得了较高的经济弹性，较快实现了国际金融危机之后的经济恢复和科技发展。在支柱产业多元化发展方面，硅谷、波士顿、慕尼黑等城市的表现非常突出。在硅谷地区，生命科学产业已经超过移动通信、软件开发、计算机硬件与服务、电子等与信息技术紧密相关的产业部门，成为仅次于互联网产业的第二大产业。在波士顿地区，生物科技产业的兴起和创新区的多次再造，已经完全改变了波士顿早期以电子产品产业

为主的创新经济格局,以及此前以垂直一体化大型企业为主的单一发展模式。在产业空间布局均衡化发展方面,慕尼黑等地的做法颇有特色。以慕尼黑为例,当城市扩张推动地价上涨、迫使传统工业迁离市区之初,慕尼黑市政府即十分注重扶持传统产业发展,一方面,在兴建科技工业园区的同时,于园区中划出专供传统产业租用的用地面积,并扶持园区中的传统工业企业向市场供货;另一方面,坚持实施产业中心政策,在人口稠密的城市中心为传统产业创造经营空间。

二、新兴产业与传统产业融合发展

在新一轮科技革命和产业变革蓬勃兴起的大背景下,科技积淀雄厚的发达国家科创中心很少"全面开花"地进入各个新兴技术领域,更多的是注重"重点突破、优势强化",寻求在新兴产业的技术发展方向与本地传统优势产业的新兴需求之间建立联系。新兴产业围绕本地需求选择聚焦领域,形成独特优势;传统产业的技术需求得到满足,原有优势进一步夯实。以伦敦为例,国际金融危机后的这些年,新创企业在金融科技领域的表现最为突出,这是数字技术创新和传统金融产业优势融合的结果。2008—2018年,伦敦48%左右的创业企业和创投资金都进入了这一领域。此外,伦敦的新创高技术企业数、新创企业接受投资交易次数、新创企业接受投资总额等都仅次于硅谷,这在很大程度上得益于伦敦作为全球金融中心的传统优势。

三、产城融合的"创新城区"

面对新一轮科技革命和产业变革,全球科创中心普遍面临着吸引新兴科技产业人才、推动本地产业转型的要求。打造创新产业发展与社区居民生活并重的"创新街区",正在成为发达国家科创中心转型的重要方式。"创新城区"不同于以产业空间为核心的创新产业开发区,而是产业空间与居住空间自然交织、富有街区活力与人文特色的"城市型"创新区域。这个概念由美国Brookings学会率先提出,是城市园区化的一个生动体现，认为创新创业的地理特征正在发生根本改变。美国波士顿、亚特兰大、纽约、芝加哥、西雅图等众多城市都在积极打造创新街区。比如波士顿东部海港创新区是一个非常成功的创新街区新建范例。波士顿市政府通过促进合作，创建紧密的生态系统，提供公共空间，建立开阔的开放空间和场地，创造多样化的办公空间，营造活跃的"24小时"社区，提供居住工作空间等一系列举措，打造了一个极具活力的"创新街区"。

四、效率+安全的空间新要求

未来的生产在强调安全的同时，也将对生产安全提出了更高的要求。除了对生产过程的安全管控，企业也应该具备应对突发性情况的可持续生产能力和连续管理能力。如何应对"黑天鹅"事件，保持生产经营的可持续性，成为未来企业必须思考和应对的问题。未来工场将从城市空间的效率与安全双重效用出发，正向识别和评价城市空间的效率水平、健康友好和可防疫程度。未来工场在重视提升企业竞争效率的同时，也将通过公共卫生学、医学、地理学等学科理论，把城市空间环境的主动性"健康支持"和被动性"可防疫"融为一体、双效叠加，通过动态开展"健康影响评估"可以准确描述城市不同区域空间环境的健康程度以及改进提升的可能性。在可防疫空间评价方面，设想通过合理遴选相关指标建立"可防疫指数"评价体系，可借此评价城市空间在传染性疾病防疫方面存在的缺陷与不足，从而为下一步企业生产计划提供决策支持。

城市时代的未来工场，将充分集聚高端研发机构、孵化器以及创业促进机构、高科技企业和创业企业，具备物理空间的紧凑性、交通的通达性、技术的网络性等特点，而且还具有高质量的居住、办公、休闲、零售等现代城市配套。正如前文所述，"未来工场"经常与"智慧园区""智慧工厂"等概念关联，乃至对等起来。这与人类社会变得愈发技术化、现代化是一体的两面，本无可厚非，甚至在科技至上的今天也没有办法区别开来。但一个最大的遗憾是，将未来工场与智慧社会、智慧工厂简单等同起来看，则让人们舍弃了工场在"未来"拥有的100种可能形态，只保留了

"智慧"这一种可能。一个更加宽泛的观点或者更可取，未来工场应该能够兼容更多的人类发展需求，除了智能之外，还应该包括绿色、环保与可持续，包括工作和生活场所的提供与支撑。

第四节 笕桥街道未来工场特色小镇的实践

笕桥街道（简称"笕桥"）坐落于浙江省杭州市，是一座工业小镇，先后10次被评为"杭州经济综合实力十强乡镇"，并且区域内重点企业发展稳健，拥有西子国际的飞机零件制造、万事利集团的丝绸制造、奥的斯机电的电梯制造等知名制造品牌，实体产业发达。笕桥历史文化底蕴深厚，在名人、古迹等方面有优越的资源优势，在中药、农耕、航空等特色文化开发方面也已经有了很好的基础。随着城市化的深入推进，笕桥的生态和文化资源逐步成为笕桥区别于其他地方的特殊"软实力"。笕桥紧紧抓住了数字经济发展和新制造机遇，通过未来工场特色小镇建设，打造出新时期的金名片，成为浙江展示未来工场的重要窗口。

一、发展定位及目标

笕桥未来工场特色小镇的战略定位如图9-2所示。

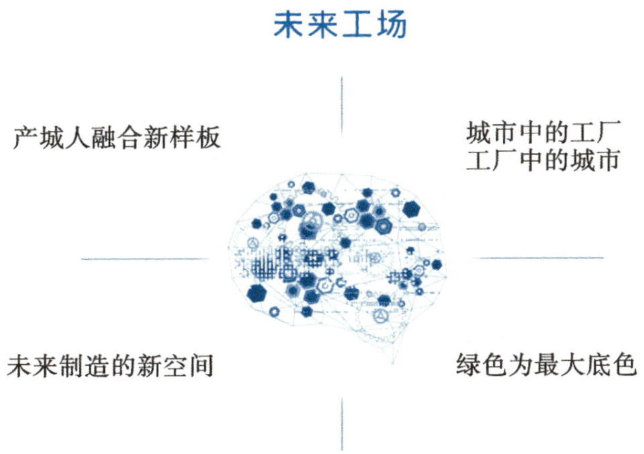

图9-2 笕桥未来工场特色小镇的战略定位

（1）近期目标：打造浙江省未来工场示范。建设浙江省规模以上工业企业的创新与实验工场集成化平台：新产品的开发工场，特别是跟C端相关的、适合微型制造的新产品设计与制造工场。

（2）中长期目标：打造长三角未来工场示范。

二、"1+2"未来工场场景

笕桥未来工场特色小镇致力于打造"1+2"重点未来工场场景。笕桥未来工场特色小镇空间布局如图9-3所示。

"1"：未来工场孵化大平台（FFP）。杭州作为数字经济的"巨人"，脑袋位于城西，脚底位于钱塘，笕桥成为支点，是连接城西科创大走廊、城东智造大走廊的重要结点。笕桥是加工创意的地方，让创意变产品，数据化驱动，以创意带动设计，以设计带动制造。

"2"：打造智能装备及产品大工场（SPP）和硬趣空间大工场（TSP）。

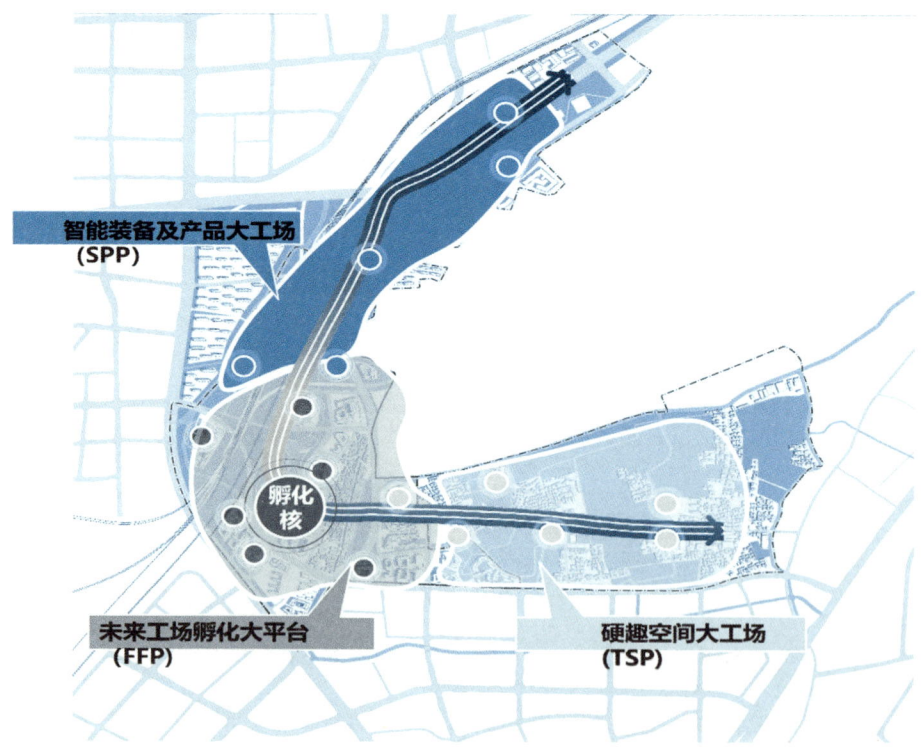

图9-3　笕桥未来工场特色小镇空间布局示意图

三、建设路径

路径一：打造未来产业的创新中心

以传统产业的智慧转型和新兴产业的智慧创业为主题，加快推进小镇智慧经济发展。构建政产学研创新合作平台，打造未来产业研究院。促进政府机关、企业、高等院校、科研院所之间实现资源共享、项目协作、技术互通、人才互助，通过跨界交流和整合多方资源，有效激发创新活力。将人工智能、大数据、5G等新基建作为未来产业发展的重要基础设施，以建设"未来工场"为契机，加快人工智能、大数据、5G等新一代信息技术转化为现实生产力。

路径二：打造创意产品的孵化商演中心

引进微念科技等创意直播平台，打造小设计、小制造、小销售的创意产品直播平台。加强与中国美术学院、中国工业设计协会和教育部高等学校工业设计专业教学指导分委员会等的合作对接，引进中国设计智造大奖（Design Intelligence Award，DIA）优秀成果，开展设计成果孵化、商演、融资等一条龙服务。加强上海、宁波、义乌等地创意项目的招商引资，打造创意项目的招商引资洼地。

路径三：打造跨区域的协同中心

充分发挥笕桥作为杭州城东门户节点和北部生态带核心节点的区位优势，重点接轨丁桥智慧小镇、钱塘智慧城、钱塘新区等创新核心区，尤其加强与丁桥智慧小镇、钱塘智慧城的战略合作，在项目招引与落地方面优势互补，共建新制造业发展高地。健全新制造招商网络，努力在重大项目引入方面实现突破。在长三角一体化、杭州湾大湾区、杭州城东智造走廊等战略中，努力承接上海及苏南的新制造产业溢出。

路径四：打造新制造业的集聚中心

（1）新制造产业集聚中心。发挥区内西子联合、万事利等知名企业的品牌及产业链生态优势，利用小镇的交通、平台、园区等优势，引进上下游企业，打造杭州新制造实体经济总部集聚中心。承接新兴产业培育孵化成果，积极发展创新企业总部。

（2）新制造人才集聚中心。加大高端人才引进力度，在完善引才育才政策、创新人才评价机制、优化人才落户办法等方面精准发力，为吸引国内外高层次人才在小镇创新创业提供一站式初创服务；探索区域人才共享机制，加强与创新核心区以及长三角核心城市高层次人才的交流合作，探索"周末工程师""项目合作人才"等柔性引人用人机制，为小镇经济转型升级及区域发展提供智力支持。

路径五：打造产城融合的双创中心

以"汇聚双创活力，澎湃发展动力"为指引，打造"工厂内物流机器人（AGV）满地跑，社区内服务机器人随处见"的新型特色小镇。完善小镇基础设施建设，优化城市配套服务，构筑绿色滨水生态带、文化休闲体验地、健康活力生活圈等城市绿地体系，吸引高层次人才和游客集聚，打造产城景高度融合、宜业宜居宜创的双创小镇。

四、重点产业项目

笕桥围绕"未来工场"特色小镇建设，谋划了一批具有创新性的未来工场建设项目。一是在园区西南片区，谋划布局了AGV核心零部件制造中心、硬趣空间大工场、智能装备生产中心、芯制造孵化器、数字农业网红中心、5G技术一号未来工场、5G技术二号未来工场、创意产品网红营销基地等项目，如图9-4和图9-5所示。

第九章 产业空间的迭代：从"园区"到"城区"　209

01 AGV核心部件制造中心
对黄家社区集体厂房进行改造，总面积1.5万平方米。引进AGV智能传感器、控制器、导航系统、驱动转向装置等核心部件研发及制造企业，打造具有行业集群效应与规模效应的AGV核心部件制造基地

02 硬趣空间大工厂
对黄家社区集体厂房进行改造，总面积1万平方米。重点引进3D打印等微制造服务企业，以及DIA中国设计智造大奖创意项目，打造创意产品的加工制造基地

03 智能装备生产中心
对黄家社区集体厂房进行改造，总面积4万平方米。引进高端检测设备及控制装置研发及生产制造企业，面向周边企业，开展数据采集、分析、智能诊断等方面的研究，重点打造适合 微型制造、柔性制造的智能装备生产中心

04 芯制造孵化园
对黄家社区集体厂房进行改造，总面积1万平方米，芯片"小试+中试"成果转化中心

图9-4　长三角未来工场特色小镇创建规划重点项目(一)

05 数字农业网红中心
对同心社区集体厂房进行改造,总面积1.2万平方米,引进设施农业、农旅养融合相关企业,打造观赏农业养殖、展示、加工、线上销售平

06 5G技术一号未来工场
对同心社区集体厂房进行改造,总面积2万平方米,引进和培育以5G相关联的射频芯片和模组、微波器件和天线等核心硬件研发制造企业,打造5G关键部件生产基地

07 5G技术二号未来工场
对同心社区集体厂房进行改造,总面积1万平方米,引进5G技术在农业、工业及出行、医疗、教育等民生领域的场景创新应用企业,打造5G技术场景创新应用示范基地

08 创意产品网红营销基地
对同心社区集体厂房进行改造,总面积2.3万平方米,引进网红直播平台协同小镇内的创意设计、制造企业,打造数字产品网上销售基地

图9-5　长三角未来工场特色小镇创建规划重点项目(二)

在园区的东北方向,重点布局了以智能装备及产品生产制造和配套为重点的产业项目,包括电梯后装中心、紧固件生产研发基地、终端装备制造未来工场、汽车未来工场等项目,如图9-6所示。

⑨ **电梯后装中心**
对横塘社区集体厂房进行改造，总面积10万平方米，引进西子电梯产业链上下游企业，打造电梯设备的后装中心。

⑩ **紧固件生产研发基地**
对横塘社区集体厂房进行改造，总面积8万平方米，引进西子航空产业链上下游企业，打造飞机、机车等紧固件研发生产基地。

⑪ **终端装备制造未来工场**
对横塘社区集体厂房进行改造，总面积9万平方米，引进智能装备及产品生产企业，打造产品终端组装基地。

⑫ **汽车未来工场**
对横塘社区集体厂房进行改造，总面积13万平方米，依托现有的汽车销售、服务、改造、维修相关的产业链基础，引进汽车电子、出行服务及汽车互联网新业态，打造汽车未来工场新业态。

图9-6 长三角未来工场特色小镇创建规划重点项目（三）

在园区的腰部区块，重点布局了以智能装备及产品生产制造和配套为重点的产业项目，包括长三角创业设计未来工场、长三角智能硬件未来工场、长三角智慧产业未来工场、笕桥未来科技大厦、黎明数字产业大厦等项目，如图9-7和图9-8所示。

未来工场

⑬ 长三角创意设计未来工场
创新新型用地建设，规划建筑面积20万平方米，引进创意设计成果孵化、商演、融资等一条龙服务链相关企业，打造长三角地区知名的创意设计未来工场

⑭ 长三角智能硬件未来工场
创新新型用地建设，规划建筑面积11万平方米，引进智能硬件大规模定制及制造企业，打造长三角知名的智能硬件柔性制造未来工场

⑮ 长三角智慧产业未来工场
创新新型用地建设，规划建筑面积9万平方米，引进人工智能、大数据、5G等相关企业，与小镇产业融合发展，培育小镇智慧产业，赋能小镇智慧发展

图9-7 长三角未来工场特色小镇创建规划重点项目（四）

第九章 产业空间的迭代：从"园区"到"城区" 213

16 笕石未来科技大厦
笕桥生态公园单元B1/B2/S42/22商业地块发开发，总建筑面积5.42万平方米，打造小镇的商业配套中心

17 黎明数字产业大厦
笕桥生态公园单元B1/B2/S2黎明社区留用地项目开发，总建筑面积5万平方米，打造数字产业引育中心

图9-8　长三角未来工场特色小镇创建规划重点项目(五)

第五节 杭州九天数字时尚未来工场的实践

  杭州钱塘智慧城坚持打造"大湾区·新链路·凤凰谷"、杭城东部一流创新的发展平台，聚焦数字时尚、智造融合，加快了数字时尚产业大发展；围绕"湾区之芯"建设，全面推进数字时尚产业化、时尚产业数字化和城市数字化协同融合发展，做大做强时尚经济产业体系。九天数字时尚未来工场（数时尚坊智造）是积极响应国家畅通国内国际双循环和浙江省及杭州市政府关于新制造业和数字经济产业融合发展的整体规划号召，顺应女装行业发展趋势，重塑杭州女装新优势的重要载体。

一、发展定位及目标

  "五新"发展定位包括以下五点。

1. 柔性制造的新工场

  通过服装产品模块化和服装生产工位及产线模块化，构建动态模块化生产单元，形成无固定流水线的生产调度模型，实现服装行业多品种、多款式、小批量的快速生产方式。

2. 未来工厂的新样板

  利用云计算、大数据、物联网、5G、人工智能等新一代信息技术，覆盖研发、设计、生产、物流、销售、服务等制造全生命周期，形成高端化、智能化、绿色化、服务化的现代制造场景，成为产品服务创新、消费者体验创新、业务价值模式创新的增值空间。

3. 女装设计的新高地

面向设计师，提供良好的产业政策、产业配套、商业环境和孵化平台，以及人才服务机制，聚合优秀设计师资源，打造产业发展新格局。

4. 产城人融合的新示范

以城市为基础，以产业为保障，以提升人的生活质量为目标，通过产业升级换代和城市服务配套，实现产业、城市、人文之间的活力互动、融合渗透，助推钱塘智慧城驶入产城融合发展的快车道。

5. 品质生活的新标杆

构建集"产品、服务、售后"三位一体的极致服务体验，让入驻人员真正体验到贴心、舒心、安心的专属服务和体验，打造高品质、高颜值、高魅力的宜居生活新标杆。

通过5—6年的努力，形成女装设计、面辅料研发集采、柔性微制造、展贸发布、品牌培育、科教服务、时尚体验等全产业链协同发展的新格局，基本建成省内一流、国内领先的时尚产业新基地，成为杭州女装未来工场的示范园区。具体来说，要实现以下"五个一"目标：

（1）建设一个"大规模批量"生产与"个性化定制"相结合的未来工厂。

（2）打造一个以品牌形象策划、网络展示发布、体验交互设计等为特征的时尚电子商务平台。

（3）引进一批创新示范引领、带动效应明显的时尚产业重点企业。

（4）集聚一批富于创新、具有国际视野的时尚创意创新创业人才。

（5）建立一个统一开放、竞争有序的现代时尚产品交易中心。

时尚智造全产业链协同发展的新格局如图9-9所示。

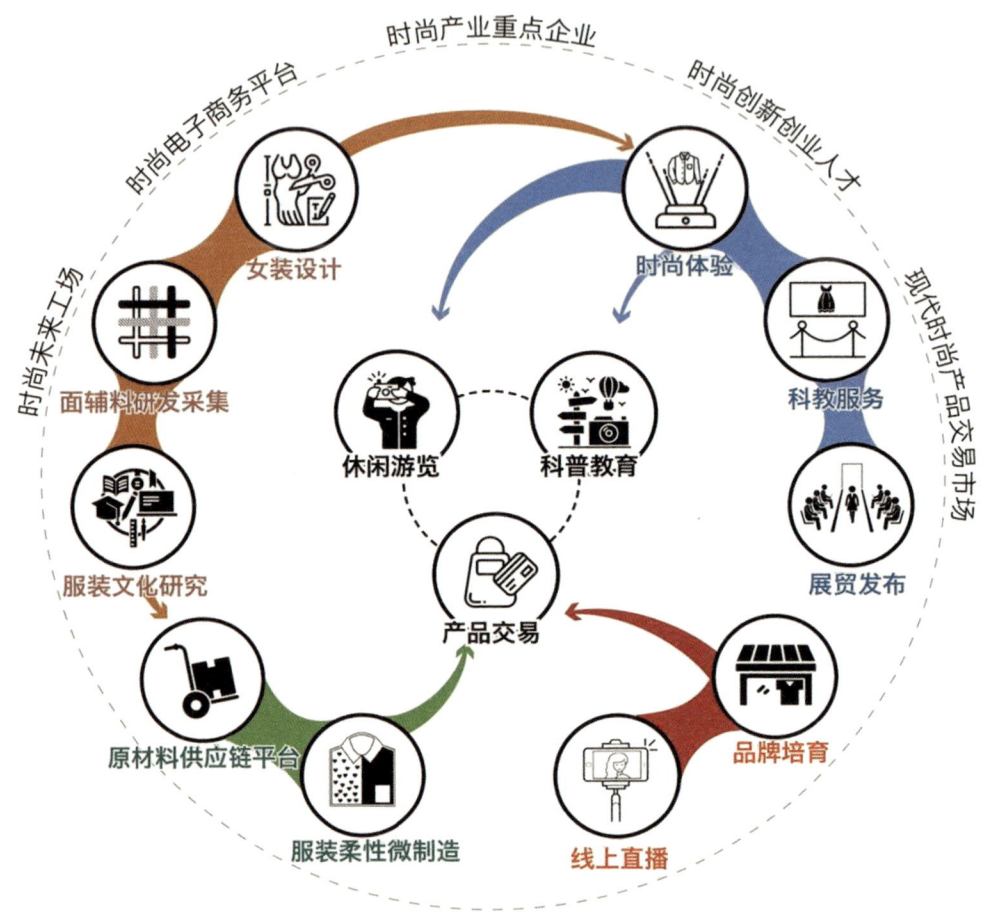

图9-9 时尚智造全产业链协同发展的新格局

二、"六新"核心建设内容

九天数字时尚未来工场将依托5G、物联网、云计算、大数据、人工智能等信息技术,打造围绕女装时尚主题的数字化智造云平台、小微企业育成中心、品牌孵化中心、展贸发布中心、科教服务中心与都市生活体验中心,如图9-10所示。"六新"核心建设包括以下六点。

图 9-10 "六新"核心建设内容

1. 建设女装数字化制造云平台，提升时尚新智造

打造数字时尚产业云平台和时尚大脑数据平台，利用5G、物联网、云计算、大数据、人工智能等新一代信息技术，助力产业升级和个性化发展。搭建数字化应用场景，建设以数字化研发设计、在线工艺和质量监控、自动运输包装、智能仓储、智能管理为特征的数字化车间、智能化工厂；支持和引导入驻企业和设计师顺应个性化、时尚化、功能化、绿色化的发展趋势，开发高质量的新产品，为消费者提供多样式的个性化定制服务。

2. 建设女装小微企业育成中心，壮大时尚新势力

本着资源共享、服务协同的模式，打造女装小微企业育成中心。通过设立或引入技术平台、公共服务平台、产学研平台、金融服务平台等公共服务中心，打造全方位、一站式服务体系，为入驻企业赋能，帮助小微企业成长，壮大杭州女装时尚新势力。

3. 建设时尚女装品牌孵化中心，培育时尚新品牌

整合款式设计、样版定做、委托生产、品牌包装、策划推广、销售代理等服务环节，形成一条龙式的中国时尚产业品牌孵化链。成立众创空间、设计师工作室,配套相关扶持政策,支持新锐设计师自创品牌;加强对入驻时尚企业和设计师的知识产权保护,提高创意设计、品牌等无形资产的价值,培育一批具有自主知识产权的知名企业品牌和设计师品牌;搭建和引进一批时尚产品直播平台,打造创意时尚产品的孵化商业中心。

4. 建设时尚女装展贸发布中心,打造时尚新盛宴

协调吸引时尚产业各地资源,定期设立线上云秀和线下时尚周活动,构建优势企业、重点产品、自主品牌、优秀设计师的集中发布展示和推介平台;举办高端时尚产业论坛、时尚设计大赛和趋势发布活动,开展媒体和时尚买手开放日等各类活动,实现最具前瞻性的资讯情报、商业机会等多层次融合,推进优质企业品牌孵化与提升;利用物联网、人工智能、虚拟现实等新一代信息技术,打造集合产品展示、服装试穿以及个性化购买的智能展厅。

5. 建设时尚女装科教服务中心,输入时尚新动力

围绕产业链关键环节进行人才培育与吸引,结合高等院校、重点企业、知名设计师等资源,打造高质量、国际范儿的时尚产业教育基地,以教育群服务产业群,为产业的转型升级提供新动力。打造"大学生培养—年轻设计师孵化—知名设计师助推—国际设计师引入"一体化的时尚教育体系,激活时尚产业人才创新链;建立由政府部门、高等院校、科研院所、相关博物馆和知名企业等组成的时尚产业政产学研用共同体或研究院,深化时尚产业产教融合,打通教育链、人才链与产业链的衔接堵点;定期邀请国内外著名设计师、艺术达人、时尚潮人举办公开课,为设计师和客户提供面对面的交流机会。

6. 建设时尚都市生活体验中心,缔造时尚新社区

构筑集时尚体验、创意设计、娱乐消费、商业休闲于一体的时尚新地标,让设计师和消费者快乐工作、品质生活。引导居民升级消费理念,培育网络消费、定制消费、体验消费等时尚消费新热点。

三、重点建设项目

为支持女装时尚"六新"中心的打造与营运,将在园区内布局企业总部园区、未来工场、共享设计平台、联合研发中心、智能仓储系统、女装智慧展厅、5G直播基地、面料博物馆、生活配套共九大重点支撑项目。

园区功能分布及效果如图9-11所示。

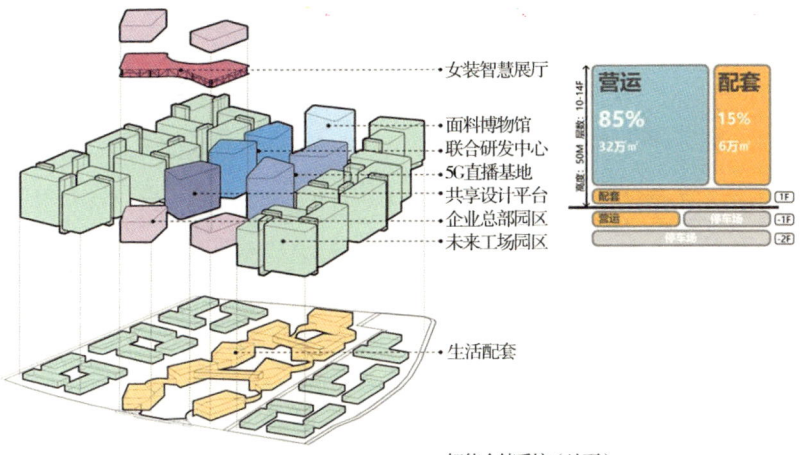

图9-11　园区功能分布及正视效果图

1. 企业总部园区

打造女装产业以及上下游产业的总部基地，建筑面积3.5万平方米，培育引进女装相关企业80家以上，成为钱塘智慧城重要的CBD和创新高地。企业总部与女装智慧展厅效果如图9-12所示。

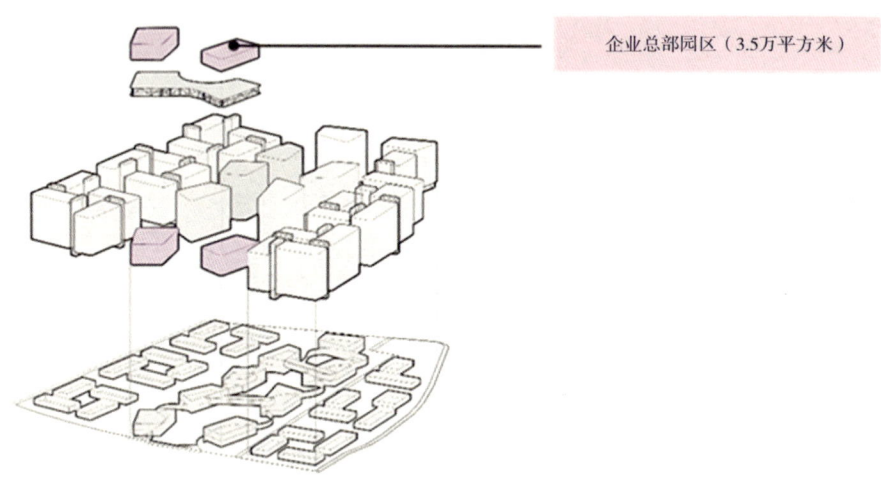

图9-12　企业总部与女装智慧展厅效果图

2. 未来工场园区

未来工场园区位于基地南北两侧,建筑采用组团布局形式,中央景观庭院提供休闲生态空间,园区环境宜人。打造以高端化、智能化、绿色化、服务化为发展方向的现代制造场景,建筑面积24.5万平方米。集聚女装共享打版平台、柔性制造车间、组装车间、烫熨中心等微制造要素资源,为园区女装企业的样衣生产,提供快速响应的柔性制造支持。如图9-13所示。

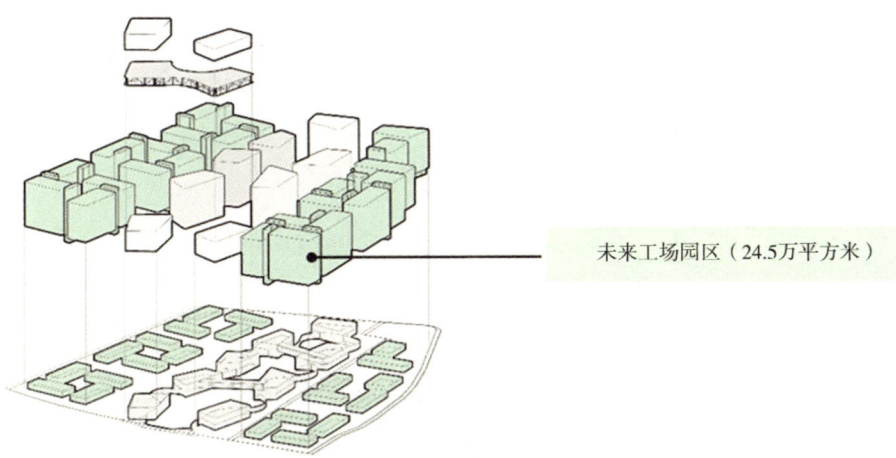

未来工场园区(24.5万平方米)

图9-13 未来工场园区与服装柔性智造车间

3.共享设计平台

共享设计平台位于中轴建筑群，打造园区共享设计师平台、共享设计软件平台、共享交流平台等，建筑面积1万平方米，促进园区企业强化女装原创设计，提升女装产业附加值，如图9-14所示。

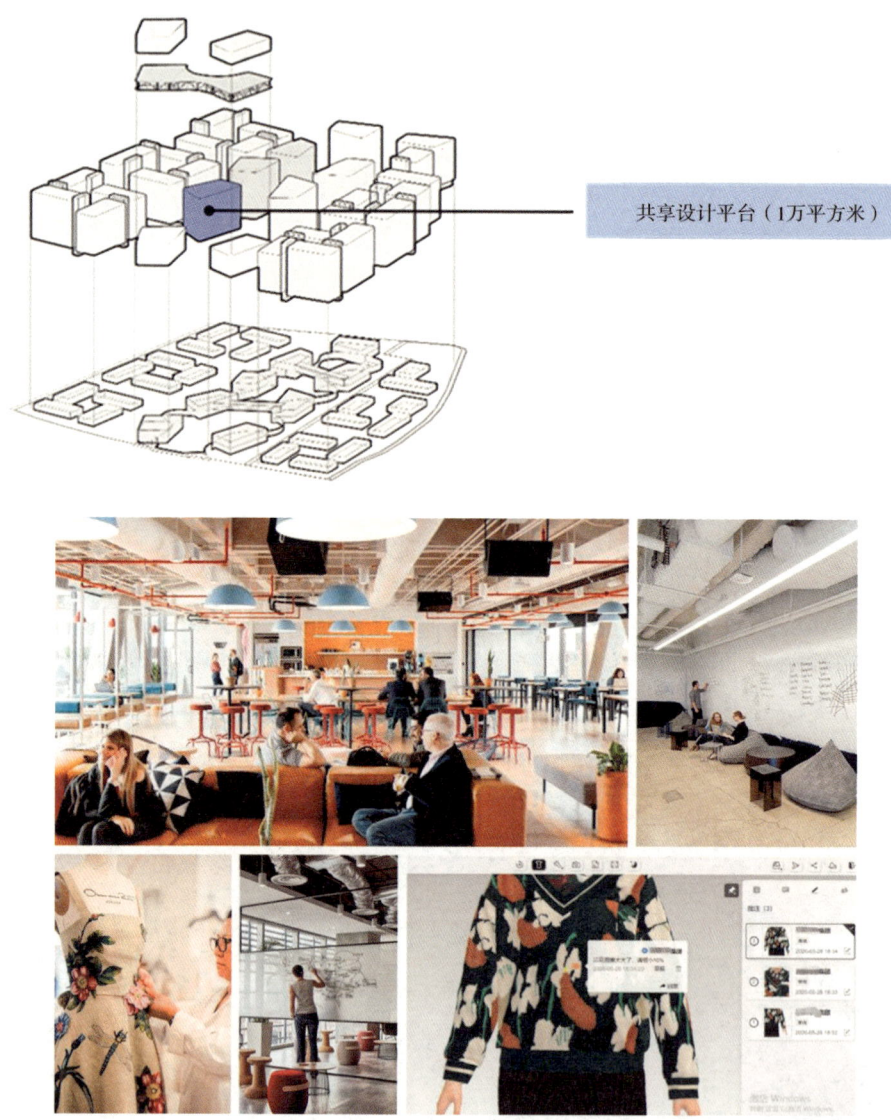

图9-14　共享设计空间与数字化平台

4.联合研发中心

联合研发中心位于中轴建筑群，联合中国美术学院、浙江理工大学、杭州职业技术学院等，打造女装产业的面辅料研发中心、产学研转化中心以及技术创新中心，建筑面积3万平方米，为园区女装企业提供技术支撑，如图9-15所示。

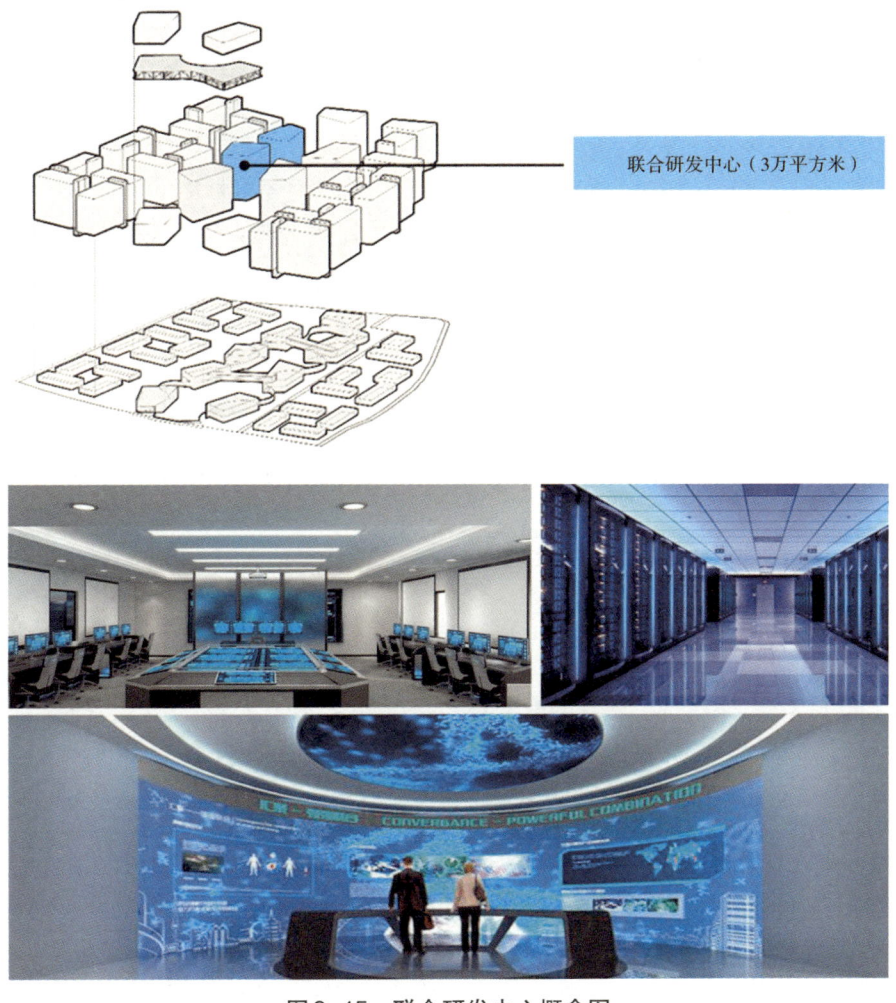

图9-15　联合研发中心概念图

5. 智能仓储系统

智能仓储系统位于地下空间，建筑面积5万平方米，通过物联网、大数据技术手段，打造智能仓储体系；通过云平台打造，让仓储—工厂—门店有效连接起来，提高产品周转率和仓储利用率。

6. 女装智慧展厅

女装智慧展厅位于中轴门户建筑空中廊桥，是通过数字技术和云渲染技术打造的具有可视化观感的未来展厅、时尚产品VR展厅，建筑面积1.5万平方米，将人、物、场景有效的融为一体，利用展厅实现各类时尚产品的体验，实现"前店后厂"模式和展销一体功能。同时，智慧展厅还将集中展示钱塘智慧城数字产业和时尚产业创新要素和科技成果，以及打造成"九天数字时尚智创谷"的创新发展模式、园区规划和产业孵化成果大走廊，女装智慧展厅效果图及概念图分别如图9-16和图9-17所示。

图9-16　女装智慧园区效果图

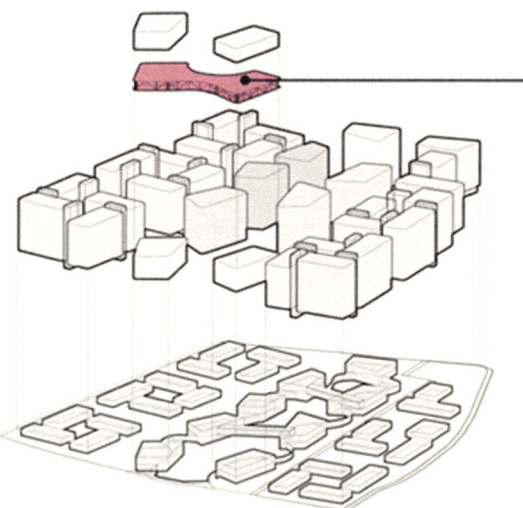

女装智慧展厅（1.5万平方米）

图9-17　女装智慧展厅概念图

7. 5G直播基地

5G直播基地位于中轴建筑群,围绕时尚产业链,以及依托于钱塘智慧城直播经济的基础,打造时尚产业专业直播基地和直播达人孵化基地,建筑面积3万平方米,如图9-18所示。

图9-18 直播基地概念图

8. 面料博物馆

面料博物馆位于中轴建筑群最东端，作为园区的东广场门户。博物馆通过实物、资料、场景、图文、模型、多媒体等，展示布料染制过程、传统布料编织过程、有历史价值的纺织品及目前最新的款式和设计样本等，建筑面积1万平方米，如图9-19所示。

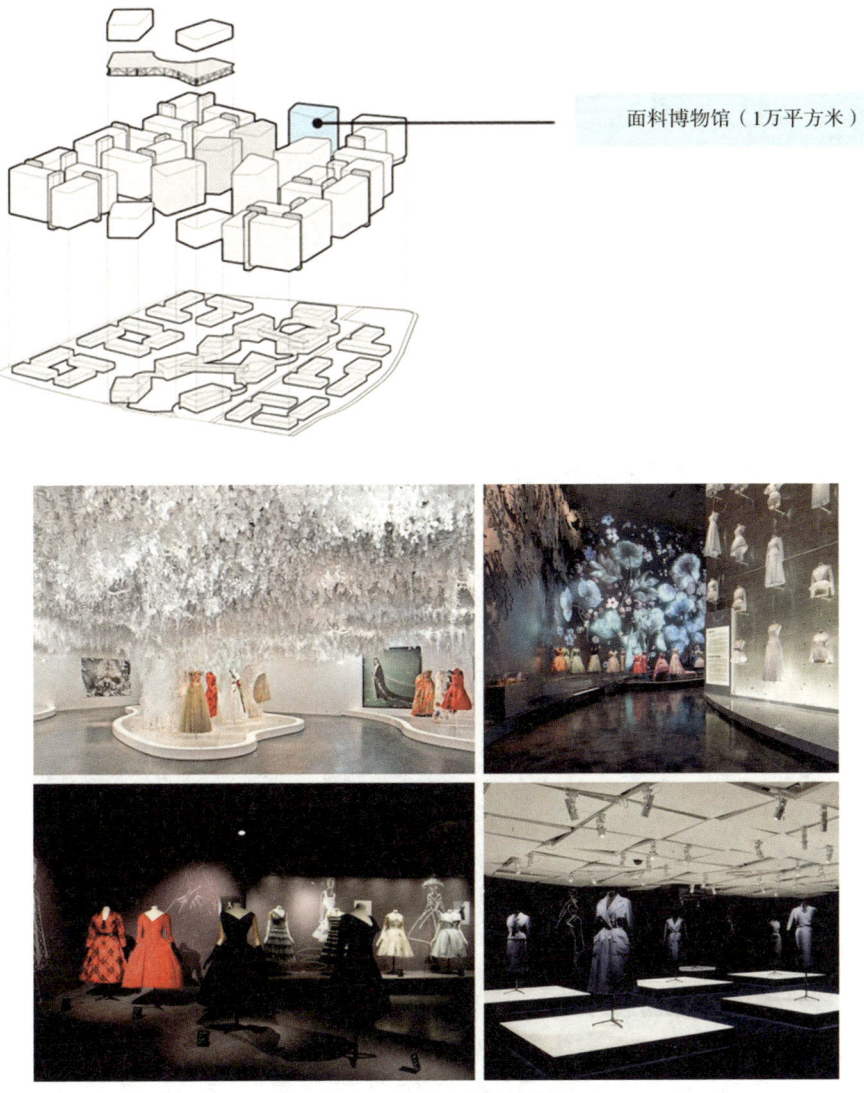

图9-19　面料博物馆概念图

9. 生活配套

生活配套空间位于中轴建筑群一层与地下一层，向中轴下沉广场开放。打造智慧门店、无人零售门店以及智慧生活体系，建筑面积1万平方米，让园区人才充分享受互联网技术带来的便利和科技带来的时尚体验，如图9-20所示。

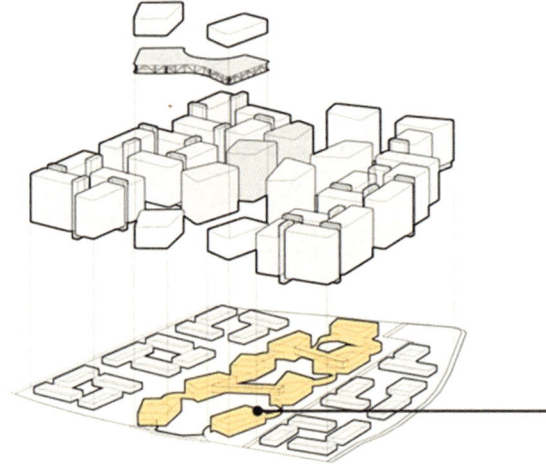

生活配套空间（1万平方米）

图9-20　生活服务场景效果图

第十章 未来工场的愿景及策略

在日趋复杂的国际政治经济背景下，通过战略、技术、人才、生态、基础设施、治理等多个维度的发展组合拳，引导未来工业从成本利润关切转向高增加值导向、从高速增长转向可持续与绿色制造、从大规模生产到个性化定制、从泰勒制方法转向基于知识分工、从"雇佣-解聘"转向人与工业的关系考虑，这是未来工场的使命。推进未来工场的行动可分为多种情形，车间级、工厂级、企业级、平台级、园区级项目中也常出现多主体参与的有利局面，这符合未来工场的倡导和预期。在具体推进过程中，要充分激活各类主体的参与积极性，包括企业、政府、高校、工会、行业协会、非政府组织（NGO）等主体。事实上，它们也恰恰是未来工场建设过程中的关键核心力量，激发每一个核心力量的主观能动性，是未来工场建设的核心环节。

第一节　未来工场的发展愿景

一、企业愿景

1. 全新制造模式支撑竞争力稳步提升

未来工场将先进数字制造技术广泛应用到企业内部生产和外部协同。基于数字孪生技术的虚拟制造生态系统未来将由高性能的人机协作来驱动，具备制造现场实时通信和整合、与外部环境同步连接的能力，由需求驱动而不限于工厂的全新制造模式将使其简单高效，彻底取代过去的非自动化、高消耗的低效模式。

随着设计水平和制造技术的快速提升，制造产品的生命周期变得越来越短，采用模块化的开放价值链可使整个系统更为敏捷、柔性，甚至更经济。未来工场致力于实现全价值链的开放协同，尤其是供应伙伴之间的网络最大化、数字化，支持参与者将其数字基础架构朝双向拓展。更进一步，这一理念倡导制造系统、企业生态内部交互，还拓展至工业与建筑业、现代服务业等大生态系统之间的交互。

要彻底扭转传统制造业只关注制造维度的理念，更加倡导"一切皆服务（Everything Is All Service）"这样一种全新理念，而这一前提往往依赖于产品的数字化、网络化与智能化，因此未来工场也会加快企业关于设计、制造、使用、维护、报废、回收等全生命周期的数字化转型，促使制造商重新思考产业链、价值链上的利益相关方（Stakeholders），特别是客户之间的关系，并逐步成为开放价值链中的一员。一个值得期待的现象就是，随着平台支撑的制造服务化发展，突破性的新型商业模式必将出现。

最后，先进技术也将带来企业员工管理模式方面的变化，如可穿戴设备、虚拟现实等技术赋予产业技术工人前所未有的先进能力。先进传感器技术能够实时提供位置、生产率、作业安全以及其他一些重要性能信息;增强现实、虚拟现实类的场景作业设备,帮助工人更快地掌握先进作业技能;可穿戴设备的应用,将有助于培养出一批技术能力更强的工人队伍。

2.保障员工的健康问题与可持续发展

未来工场在提升工人福利和能力方面,具有广阔的想象空间。当下,企业员工健康是企业与社会共同关注的问题。近年来,国内外员工因为健康问题被裁后对雇主发起司法诉讼和舆论追讨的案例屡见不鲜,其中不乏一些知名大企业。波士顿咨询公司(BCG)联合平安健康保险对全球79家不同行业、不同规模的企业雇主以及约1 700名员工进行了调研,结果显示,由于工作压力以及不健康的生活方式等因素影响,受访企业员工预期寿命出现平均约4.3岁的"健康赤字",这是一个国际现象。根据雇主反馈,由于员工健康问题而导致的缺勤天数为平均每年9天,损失天数占每年工作日总数的3.6%。在接受调查的1 700名员工中,约13%的员工在过去7天由于健康问题损失超过8个小时的工作时间。此外,10%的员工表示,工作效率也曾受到过严重的负面影响,另有43%的员工受到了轻中度的负面影响。整体调研结果显示,企业员工不健康生活方式和行为习惯,直接影响了他们的出勤率,导致生产力下降,给企业带来了效率损失。

企业的未来与员工自身的健康息息相关,为了帮助员工提高身体素质,改善不良健康状况,未来工场将员工的健康问题放在突出位置。提倡和引导企业雇主制定员工健康战略,通过安排一定的预算来保障员工的健康战略被充分执行。具体的,建立相对成熟的健康保障体系,提高针对员工的商业健康保险和其他健康福利的覆盖率。此外,雇主可以从心理层面加强对员工的支持,为员工营造更和谐的工作环境。一般而言,良好的动员机制,可以帮助企业免去类似"血汗工厂"之类的压榨式员工管理方式。这也是未来工场要重点审视的。

3. 从股东利益导向到社会效益最大化

回顾当代经济社会可持续发展历程，企业在其中起到的重要作用不可或缺。历史上，由各类国际组织牵头、各国大型企业重点参与推动的各类合作宣言，为推动全球商业文明和社会进步发挥了里程碑作用。时任联合国秘书长安南于1999年1月提出"全球契约"设想后，经100多个国家（含中国）的3 000多家著名大公司签署，2000年7月在联合国总部成立联合国全球契约组织（UNGC）。其提出的全球契约十项原则成为世界上最大的企业公民行动倡议。签约倡议的组织和企业一致同意并承诺：植根于普适原则的企业实践有利于使全球市场更稳定、更公平、更包容，有助于建设繁荣昌盛的社会。"全球契约"要求成员公司在加入契约两年内及其之后的每年提交年度进展报告（COP）。由此，全球范围内关于企业社会责任（CSR）的立法与企业的可持续发展报告披露活动进入全新发展阶段。对于企业在这一进程中的定位、演进、角色和作用，必须以发展的眼光来看待。控制论提供了很好的思维框架。控制论强调的是以"总体性、系统性、动态性"把握复杂体系。可持续发展是非常复杂的经济、社会、环境体系，既要追求利润，又要保护生态、创造社会福祉；既要满足当代人生存发展的需求，又不会因此而剥夺子孙后代的生存发展机会。

4. 影响力投资和改善世界的终极愿景

随着愈来愈多投资人不只追求财务回报，也注重环境和社会效益，"影响力投资"（Impact investing）正蔚为新潮。世界经济论坛于2020年1月发布了新版的《达沃斯宣言》，明确定义企业目的，如企业应该承担公平缴税的义务；对腐败采取零容忍；在全球供应链中维护人权，并倡导公平竞争的环境。要让企业坚守这些原则，需要新的指标。首先，需要一种涵盖"环境、社会和治理"（ESG）等方面，能够衡量"共享价值创造"（Shared Value Creation）的指标，用来补充传统财务指标的不足。第二个需要调整的指标，是企业高管的薪酬。自1970年以来，高管薪酬飞涨，主要原因是为了让管理高层的决策与股东利益保持"一致"。但在全新的利益相关者模式中，高管的薪水就应该改为与新指标（衡量共享价值创造）看齐。

专栏 10-1

2020年新《达沃斯宣言》：对地球负责

（1）企业存在的目的，是让所有利益相关者参与共享的、持续的价值创造。在创造这种价值时，企业不仅为股东，也为所有利益相关者（员工、客户、供应商、当地社区和整个社会）服务。

①企业借由提供最能满足需求的价值主张，为客户提供服务；支持公平竞争、对腐败零容忍。

②企业以尊严和尊重的态度对待员工：尊重多样性，努力改善工作条件和员工福祉，并透过技能提升和更新，持续为员工培养就业能力。

③企业将供应商视为创造价值的真正伙伴，并将对人权的尊重纳入整个供应链。

④企业通过其活动为整个社会服务，支持所在的社区，并缴纳应负担的税款。它是未来世界的环境管理者，自觉地保护着生物圈，并且倡导循环、共享和再生经济。

⑤企业为股东提供投资回报。

（2）企业不仅是创造财富的经济单位，作为社会体系的一部分，它所实现的是人类和社会的期望。它的绩效不仅是根据股东回报来衡量，还必须根据它如何实现环境、社会和治理目标来衡量。

（3）跨国营运的企业，不仅为最直接的利益相关者提供服务，也扮演企业全球公民的角色，它们应与其他利益相关者（政府、企业、公民社会）携手合作，改善世界现状。

二、政府愿景

1. 成为产业升级的强大武器

从政府角度来看，以未来工场这样一种全新的工业发展载体来实现产业转型升级是一条可取的路径。未来工场致力于越过传统数字技术应用的"试点陷阱"，成功克服概念验证、技术发现、数字孤岛、缺乏典型案例或者案例推广缓慢等大多数企业可能会面临的典型痛点，以技术高维视角，努力加快先进数字制造技术由"试点示范"向"规模化应用"转变，并由此重新定义行业制造标准。

2. 成为工业经济治理的有效支撑

不同于人类历史上曾经出现过的"占卜术""望星象"之类的一些"大胆猜想",数字经济、智能经济、绿色经济、低碳经济等新概念具有较强的现实意义,且许多已经成为各国在推进经济发展过程中的概念性框架和现实政策举措。未来工场所提倡的发展观,在当下具有进步意义。其提倡的新技术与制造业的融合将帮助各类经济实体提供经济发展的弯道超车机遇。尤其值得注意的是,未来工场在理念、技术、文化、组织、空间等多个方面的高度自治和自洽,将进一步促进时下较为流行的包容性增长理念。

从更长远的历史来看,人类在寻求经济增长过程中走了不少弯路,关于经济治理、制度创新的讨论也没有停止过。所幸的是在经历了多次技术变革的影响下,人类关于未来经济治理方式的共识越来越多、分歧越来越少。那么,站在当下,未来工场则可以被视为人类工业发展进程中的一个典型试验机,或者称为工业发展母机,成为承载人类关于工业经济发展和治理模式的一个新容器、新载体、新机制。这种新型模式的探索将为人类工业发展历程提供更加丰富的支撑。

三、社会愿景

1. 成为可持续发展观的坚定拥护者

未来工场所倡导的工业发展模式,将重新探究成本投入与工业产出之间的正相关关系,支持企业通过更多知识创新和能力驱动来实现投入更低、产出更高的现代工业。一言以贯之,未来工场追求绿色环保、高质量的工业发展模式,力争全面打造"有竞争力的可持续制造"。

在经济可持续方面,未来工场倡导从商业角度对企业在创新产品和设备、生产率、质量、灵活性以及节约成本等方面的收益和成本进行授权。未来工场将通过跨行业的标准化和模式化方法,对现有设备和基础设施进行再利用,积极地面向各材料、组件和产品的再利用延伸,利用可再生能源提供商业机会等。

在环境可持续方面,未来工场致力于提升基于环境可持续性的绿色制造能力。未来工场采用全流程绿色制造的理念，将会帮助社会实现制造的环境可持续性。目前一个流行的观点是低排放工厂和零排放工厂，加拿大部分地区甚至在尝试建设"负排放"工厂。

 专栏10-2

> **碳中和**
>
> 　　世界经济论坛在2020年达沃斯论坛上力推"碳中和"概念，这是一个高度契合未来工场发展理念的倡议。一般认为碳中和是指企业、团体或个人计算其在一定时间内直接或间接产生的温室气体排放总量，通常以每吨二氧化碳当量为单位，然后通过购买碳积分的形式，资助符合国际规定的节能减排项目，以消除企业、团体或个人的碳足迹，从而达到环保的目的。

2. 成为城市产城融合的关键使能平台

从空间转换的角度来看，不难发现，从我国首个园区出现到现在各类产业园区林立，"不惑之年"的产业园区发展也呈现出了较大的瓶颈期。离开中心城市，也就变相离开了市场、资金、人才和渠道，这是工业转型升级和高质量发展的不可承受之重。另外，封闭式的园区远郊生活状态，已无法满足今天高端科技人才对生活品质的全方位需求。像纽约、伦敦、东京、北京、上海这样的一线城市，一直是各类高端人才趋之若鹜的地方，而现在深圳、杭州、南京等也成了区域的经济中心，其贴近资金、产业及市场，便于物资、信息流通，为人才提供有吸引力的生活环境。

可以预见的一点是，为了维持城市、区域的竞争力，吸引住人才、资本、创新等高端要素是关键，未来各大科技型产业园区、区域中心城市以及国际化大都市都将走融合发展道路。未来工场作为城市产城融合的关键平台，可以有效支撑已有科技园区集聚的工业知识流、专业技术工作者以及具备可提高生产率的高适应性和创新型产业集群。同时，未来工场通过积极融入各大城市群和都市圈，通过城市综合竞争力提升来长期稳定地支持技术变革和业务创新，成长为都市经济区的"智造高地""人才高地""资本高地"。

第二节 未来工场的发展策略

一、未来战略

历史上，工业革命参与的深度与广度决定了一个国家和地区在全球竞争中的位置，而工业革命肇始于车间和工厂。在当前数字技术、绿色制造工艺、生物制造技术等蓬勃兴起的背景下，"工厂革命"的机会窗口再次开启。建立面向车间级、工厂级、企业级、区域级的未来工业发展战略，是当前政产学研各界需要迫切思考的共同话题。

1. 打造城市未来工场决策平台

欧盟在推进未来工厂建设进程中搭建了欧洲技术平台制造未来分平台，德国也通过建设工业4.0平台体系来统筹推进国家工业4.0战略实施。推进未来工场建设，可以借鉴欧盟和德国经验，建立由"一个工作组+一个软件平台"构成的未来工场工作平台体系，形成分工明确、协同推进的强大合力。

一是快速整合政产学研各方力量，成立未来工场跨界工作平台，下设标准规范、研究创新、网络安全、法律框架、教育培训等多个专项小组，进一步明晰未来工场的推进路线。

二是依托工业大脑、产业大脑、企业大脑等新工业运行维护管理平台，立足空间维度、时间维度和产业维度，建设集统计分析、动态监测、预警预测、企业服务、指数发布等诸多功能于一体的未来工场决策支持平台，提升未来工场建设可视、可管、可推广能力。

2. 倡导未来工场包容性发展观

未来工场是一种新工业发展观、方法论，从技术的角度来看是面向未来工业发展的整体解决方案，是结合了产品全生命周期运维信息和工业知识沉淀、测试、封装的制造中心、数据中心、服务中心。伴随着先进数字制造技术的大量涌现，其发展思路、应用场景、推进方式也处于动态变化过程中。从企业家决策维度来看，未来工场建设过程中需要各方保持创造性思维，洞悉其中存在的多种可能性，理解这不是一蹴而就的硬件堆叠，而是推动工业制造由传统的成本中心向效益中心、价值中心演变的支撑体系，需要久久为功、持之以恒地推进下去。

3. 打造面向未来的工业创新文化

工业创新活动的有效开展需要与之相适应的文化要素作支撑，无论是企业层面的创新文化，还是园区、城市层级的创新力提升，都需要深厚的创新文化土壤做支撑。创新文化的特质是崇尚冒险、宽容失败、激励草根、包容异端。未来工场社群应致力于形成一种提倡创新、鼓励创新、宽容创新失败的良好氛围。未来企业家应以勇于创新和冒险、崇尚开拓进取、敢于承受失败的精神推动企业的推陈出新。一个好的趋势是，随着国家近年来大力推动创新强国战略，国内创新环境得到了极大改善。可以预见，在未来工场的文化大熔炉里，有着不同母语、不同文化背景的工程师、科学家和企业家可以联结在一起，未来工场的各类主体能接触到全新的技术、理念和市场。

二、未来技术

未来工场建设涉及许多前沿制造技术和数字赋能技术，许多先进技术目前仍处于研发和市场准备阶段。在当前复杂多变的国际政治经济形势下，推进未来工场建设要立足于抢抓国产替代新形势新机遇，着力突破、掌握一批关键核心技术，牢牢把握主动权。

1. 强化先进数字制造技术规模化应用

建设未来工场的本质是服务于企业、行业和区域经济高质量发展，是以提升资源配置效率、改善产品质量、增强业务价值、实现生态可持续发展为出发点和落脚点。找准合适的关键使能技术和商业模式是其中的重点和难点。要引导不同地区、不同行业企业围绕"技术、人才、组织、流程"四个维度，制定清晰合理的未来工场发展战略和整体业务目标，进而勾勒出未来工场所聚焦的技术能力以及工厂体系架构，从而确保企业数字化转型的速度和灵活性，支持企业多尝试新的组织管理模式，如成立内部技术创新小组、科研攻关小组，赋予相关团队更大的决策权以推动共同目标的实现。

2. 增强数字化解决方案供给能力

针对中小企业，建设未来工场仍然需要进一步强化数字化基础能力。一个有效的途径就是加快培育一批专业化水平高、服务能力强的未来工场建设系统解决方案供应商，开发与行业特色、运营环境适配度较高的数字化转型解决方案。从当前来看，政府在推进中小企业数字化转型方面采取了以下几个方面的有益探索：一是引导制造业头部企业剥离系统解决服务板块，成立整体解决方案提供商，并面向能级更高的未来工场集成服务商转型；二是支持高能级ICT服务商做大做强，加快培养一批数字化互联互通领域的领先者，提升其在企业数字化互联互通领域的行业影响力和标准话语权。目前，国内从消费互联网跨界到工业互联网，并转型成为数字解决方案服务商的阿里巴巴等企业，其联合之江实验室、中控打造的supET工业互联网平台，已经成为浙江省工业互联网发展的基础支撑平台，已成功接入工业设备约50万台（套），开发集成工业App 1.3万款，与多个地方政府、高端科研院所以及数十家行业级平台、200多家服务商建立了合作，聚集了570个生态伙伴，拥有3.5万名开发者。

3. 积极开展多元化路线发展探索

未来工场是驱动工业数字化、智能化、绿色化、创新化转型的重要方向，其建设路径也与企业和各大建设主体的技术储备、人才结构、发展方向紧密相关。正如前面所描述的，未来工场秉承开放式的发展观，不拒绝新思路、新方法，其建设路径也并非完全固定。尤其是随着各类数字制造技术、节能环保技术和绿色制造工艺的兴起，不同企业可能基于不同目标而开展不同的技术路线探索，这是值得支持、鼓励和提倡的。一个好的结果是，随着未来工场建设路径的多元化，其建设、运维过程中所形成的各方面数字化用例、绿色智造先进案例，可以成为行业内共享的经验和知识。

三、未来人才

推进未来工场的建设，需要有一批未来人才支撑，其中具有未来视野的企业家、高技术的产业工人和掌握复合型知识的创新人才是关键。未来工场将重点围绕人才的"选用育留退"等多个方面，建立面向未来发展所需的多维人才体系，其中，未来教育系统也需要得到相应的重塑。

1. 培养一批"未来企业家"

未来工场建设不是简单的企业信息化改造，是更高维度的"工厂革命"，牵涉到多部门协调，必要时可能涉及工厂内部利益格局的剧烈调整。因此，要推动未来工场建设，往往需要顶层决策者对"未来工场"有着坚定的决心和较为深刻的认识，能够指导企业层面制定正确的推进战略，积极打通数字部门和非数字部门支架的交流、配合，开辟新的能力、新的商业模式，最终成为未来工场俱乐部的一员。

2. 培养一批"未来工人"

未来工场将会是生产运营流程的高度一体化，并对人才提出了更高的技术能力要求，也要求产业人才从过去单一领域的专才转向横跨多领域、学习能力更强、具有数字化思维的复合型人才。随着未来工业的融合态势加快，企业要更加充分利用数字技术和赋能平台建设，使员工养成终身学习的好习惯，进而增强一线员工的创新能力。另外，对当下中国企业而言，在推动劳动力结构转型的过程中，要兼顾员工友好的原则。例如，历史上曾经出现过的一些新技术应用，导致工人阶层的抵制。因此，数字技术的应用，还要充分考虑企业现有的人才结构，做到界面友好和用户友好。

3. 打造敏捷型企业组织

敏捷节点型组织把企业从中心集权分散为多个小中心，分布型的节点制已成为网络化组织的主要特征。例如，海尔的倒三角组织、红领的源点组织、华为的三维组织，已经区别于传统金字塔式的科层制组织结构。在每个节点上，每个小微能够资源分享、知识分享、自主经营、自我管理。节点化的目的在于消除市场冲击距离，让听得见"炮火"的人做出决策。活力化成为节点组织的变革目标，而自演进是组织变革的主要动力。

4. 深化未来教育改革

产教融合被认为是面向新型产业发展培育专业人才的有效路径。无论在国内还是在国外，都有较为成功的经验示范。对未来工场而言，可以积极探索以课堂教育与实际工作相结合的职业教育体系，从而为产学研合作制定数字化工厂培训项目指明道路。鼓励龙头企业直接与工科院校建立联合学院，通过产教融合和资源互补，为其未来工场的建设定向培养和输送人才。除了教育机制，职业培训课程本身也需要做出调整，实现课程培训的标准化。目前在杭州余杭，工业富联（杭州）数据科技有限公司正在积极推进的灯塔学院总部建设，打造覆盖华东、辐射整个北方区域的工业互联网研发、培训、业务网络和智能制造生态及商业孵化器。这种产教融合的方式受到了企业家的广泛好评，是值得关注的一个方向。最后，要在商业、自然科学和工程等传统领域加大人才培养力度，培育出熟练掌握数据分析、产品管理、项目管理、IT架构或者信息安全的跨学科数字化工程师。

四、未来生态

未来工场是先进制造技术与数字技术融合应用的第一车间，是新技术、新产品、新模式、新业态创新的第一场景，是联结产业链、创新链、人才链、资金链的第一枢纽，呈现出典型的跨界融合特点。布局未来工场，在强化自主创新的同时，也必须重视开放合作创新，要着力搭建兼收并蓄的产业生态。

1. 组建未来工场创新发展联盟

由政府牵头，联合制造业龙头企业和高能级ICT数字赋能企业，共同组建"未来工场创新发展联盟"。要注重针对企业数字化转型以及未来制造场景的探索，以电子信息、高端装备、生物医药、未来汽车等产业数字化、网络化、集群化发展为目标，联动行业内"专精特新"型中小企业，形成舆论烘托、行业内企业合力推进的良好局面。

2. 创设未来工场主题论坛

高能级软平台是城市竞争力水平的重要体现，是城市获取高端稀缺创新资源的重要路径。对各类试图在"未来工场"建设中抢占先机的城市而言，创立国家级乃至世界级"未来工场高峰论坛"，为建设未来工场提供外脑支撑和舆论烘托，提升该地区影响力和价值输出能力。

专栏10-3

> **会展经济——产城融合的新引擎**
>
> 会展经济起源于19世纪中期，1851年伦敦万国工业产品大博览会是历史上首次全球性的会展盛宴，向全世界展示了各国经济、科学、文化、交通运输等技术的进步成果，同时作为交流平台，极大促进了贸易发展。随后会展经济概念不断丰富，逐步形成了目前公认的MICE生态体系（图10-1），集会议（Meetings）、奖励旅游（Incentives）、大型企业会议（Conventions）、展览（Exhibitions）于一体，作为对会展经济更为广泛的定义。通过数据比较，国家经济发展水平与该国会展面积呈明显正相关。无

论是会展业发达的欧美国家，抑或后来居上的新加坡、日本，各国都在大力发展会展经济。高级别会展中心的乘数效应则会带动会展上下游和相关科创产业发展，助力本地经济腾飞。中国的会展产业起步较晚，但呈现出了迎头追赶的态势，部分世界级展览和会议（如夏季达沃斯论坛、博鳌亚洲论坛）选址中国。但是，各主办城市仍尚未形成世界级的会展产业集群，换言之，中国目前真正意义上产城融合、展城一体的会展综合体十分匮乏。

基于未来工场的视角，会展经济将成为产业生态的重要组成部分。在成熟的MICE生态中，展览和大中型会议通常作为流量核心，互相导流：展览作为规模最大的活动，聚集大量商流和人流，带来同期会议需求；大中型会议通过分会场的模式产生小型的会议需求，注重深度互动；以企业为主要人群的奖励旅游亦产生不同会议规模的需求。最后，MICE汇聚产业链上下游及衍生产业的商流和人流，需求的迭代升级和信息的实时交互推动会展的衍生产业发展。

具体而言，大型国际性的展览和会议将直接带来高品质会展上下游产业的集聚；其所吸引的高端人流将带动本地消费升级；同时，进一步吸引创新型人才并汇聚大量信息流、技术流，从而实现对会展产业以及会展驱动产业的触媒激活，形成相关尖端科创产业集群，进而构建起完善的生态系统。

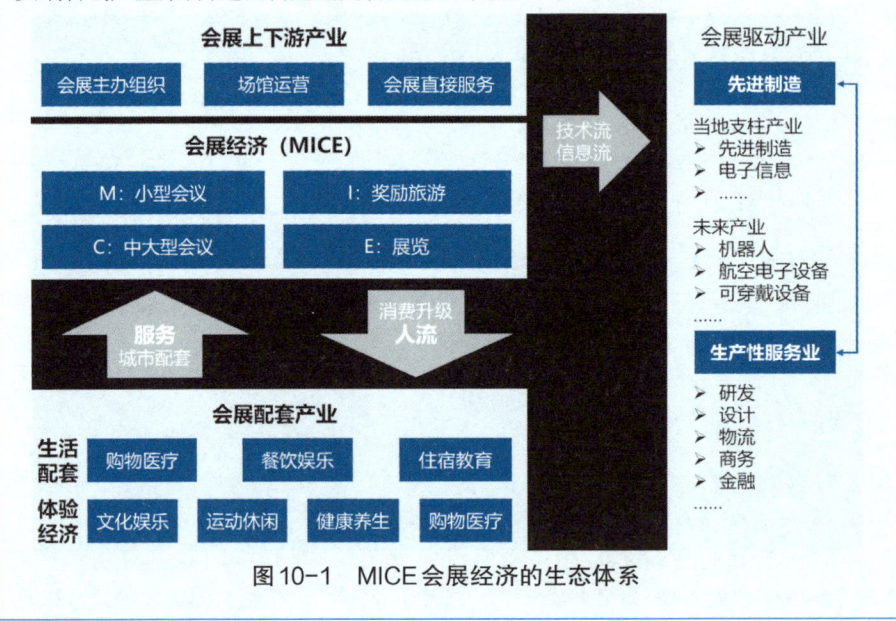

图10-1　MICE会展经济的生态体系

3.谋划一批未来工场试点项目

未来工场属于全新概念，其经济效益有时并不容易量化，尤其是在初始阶段，多数未来工场的项目建设团队往往只能够提供相对有限的概念演示和技术示范，因此可能导致难以争取到资金和利益相关方的认可。解决上述问题的一个有效手段就是试点示范。通过试点示范项目建设，不少头部企业能发现最适合自身打造未来工场的路径。同时，企业试点示范的项目也可以将成效展现给区域内企业并获得高度认可，进而赢得更多企业理解认同与投入。可重点面向机械、化纤、化工、橡胶、纺织、服装等传统产业，遴选一批数字化基础较好、应用效果较为典型、意愿较为强烈的企业、平台、园区率先开展未来工场项目实施，聘请专业第三方服务机构研究制订对标行业一流水平的解决方案，推动关键领域技术装备和软件系统达到国际国内先进水平，在现有技改政策基础上加大项目扶持力度。

4. 加快未来工场应用场景拓展

加快未来工场与各行业的融合发展，在制造、农业、商业、物流、金融、电信、医疗、教育、家居等重点行业和领域广泛开展试点示范，推动未来工场关联科技成果规模化应用，全面提升产业发展高端化、智能化、绿色化、服务化水平。

五、未来基建

未来工场是一个特殊的经济社会技术系统，效益高低不仅取决于企业的内部表现，也取决于周边的公共系统。因此，很有必要把公共基础设施和研究体系纳入变革路线图中。科学界、工业界和产业社区等各类主体必须集中力量来争取长远目标的实现。在补齐铁路、公路、轨道交通等传统基建的基础上，大力发展5G、人工智能、工业互联网、数据中心、智慧城市、在线教育医疗等"未来基建"，使改革创新稳增长，打造集约高效、经济适用、智能绿色、安全可靠的现代化基础设施体系。

1. 支持未来工场发展的基础设施

回顾历史，一定条件下的基础设施是支撑工业革命得以发展的关键所在。农业革命时期的水渠、水坝、井田制等保障了当时中国的农耕活动和生产组织形式；海上三角贸易以及东印度航线带来的棉花供应与纺织品销售是第二次产业革命发生在英国的必要条件；德国和美国在政府推动下建立了第三次产业革命的两类基础设施建设，硬件是公路、铁路、开矿、发电、电网，软件是社会保障与全民义务教育体系及理工类大学的大发展。对当下的中国而言，尽管以"铁公基"为代表的基础设施投资在拉动经济增长的作用上大大减弱，尤其是边际效应更是大幅缩减，但其作为工业发展的基础支撑，仍是未来工场集聚人气、要素的基本所在。

2.提升数字经济基础设施建设水平

数字经济基础设施，简称"数字基建"，是以新发展理念为引领、以技术创新为驱动，以信息网络为基础，面向高质量发展需要，提升数字转型、智能升级、融合创新等服务的基础设施体系，是"新基建"的核心组成部分，是支撑未来工业、未来经济的关键。总的来看，未来工场区别于传统工业场景的一个特点就是大范围的数字基础设施布局，包括推进以5G、工业互联网、数据中心为代表的基础设施建设，并融合云计算、物联网、大数据、人工智能等新一代信息技术，打造泛在感知、开放互联的数字经济基础设施体系，如图10-2所示。但数字基建并非数字经济的土壤，数字基建是数字经济园地的工具、养料，而真正的土壤，则是人的体验。值得注意的是，数字基础设施的建设，在推进未来工场与城市大脑、车联网、未来社区、智慧医疗等典型应用场景联动方面，也具有重要作用。

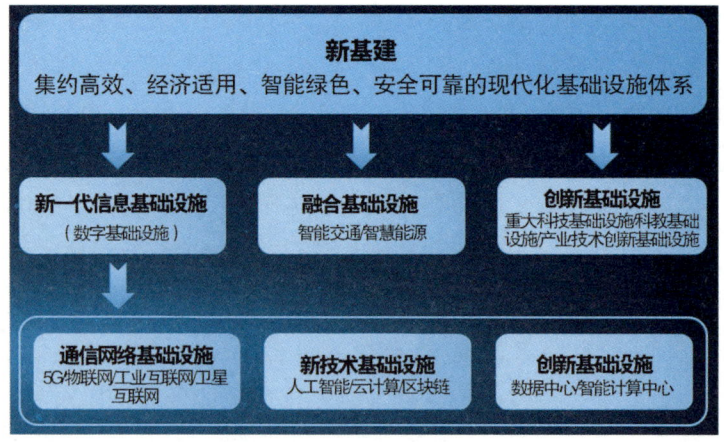

图 10-2 数字经济基础设施与新基建

3.强化数字化供应商网络打造

未来工场十分看重数字化供应商网络的部署和管理来提高竞争优势和经济实力，一是从大处着眼，站在顶层设计的角度，深挖数字化网络的价值，彻底打破传统线性供应链思维，考虑若干生产网络内各参与方如何能够即刻获取数据和信息，如何创造价值；二是从具体细节处切入，面对快速变化且竞争不断白热化的商业化环境，通过设立短期目标和长期目标相结合的方式，争取高层支持；三是迅速推广，创造性地应对寻找、培训和保留高技能人才的主要挑战，以处理数字化供应网络解决方案快速变化的问题。

六、未来治理

未来工场是一个崭新事物，其发展涉及庞杂的技术体系，因此它也是新兴科技孵化和应用的第一场景，对新兴科技的监管自然会延伸到未来工场。这也给政府、企业、行业组织等关于未来工场的建设带来了挑战。

1.坚持包容审慎监管原则

关于算法、人工智能和隐私问题，可以利用技术能力来开发产品/服务，这些产品/服务在设计时应考虑各种与法律有关的因素。有关与竞争对手的算法共谋和消费者权利（包括隐私权）合规的问题，在很大程度上可以通过产品设计创新来解决（例如，通过默认设置和多层"点选即视为同意"合同）。

2.工业数据确权及治理

应该积极鼓励新型数字产品和服务发展，强化工业大数据确权，在法律法规层面确立工业大数据资产地位，研究制定工业大数据资源完善、价值实现、质量保证、安全可控的管理协调机制，引导行业组织、骨干企业加快制定工业大数据确权、流通、交易、保护等方面的标准规范。

3.数字治理的云端实践

如果说新冠肺炎疫情防控是检验我国治理能力的一次大考，那么数字治理能力提升则是其中的关键考点。以杭州健康码的全国首创为开端，浙江主动化疫情之"危"为治理之"机"，充分发挥数字经济、政府和社会数字化的先行优势，在经济和社会治理多个领域发起"码"上行动，实现从大规模人群流动的精密智控到企业精准服务、消费精准激活、市场精准监管和基层精细化治理的全面创新探索，成为利用数字技术推进治理体系和治理能力现代化的鲜活案例。其中，由笔者率先倡导提出，并在浙江省内引起强烈反响的"企业码"体制机制创新，在探索涉企服务优化、经济治理方面形成了重要经验。

专栏10-4

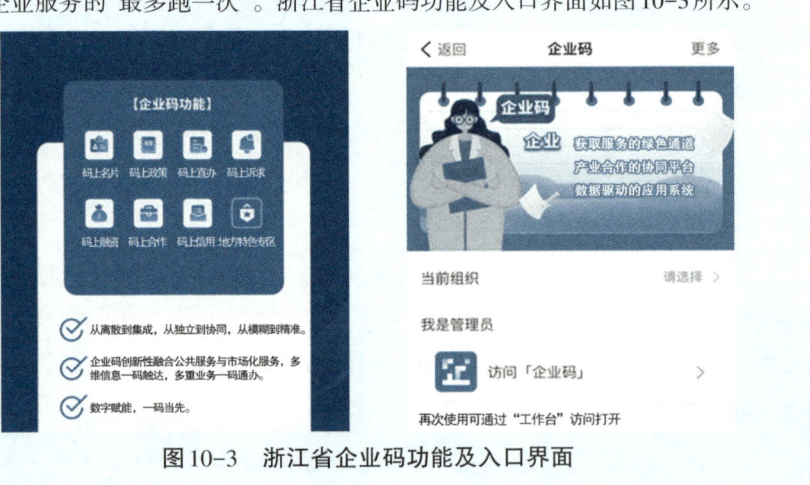

数字治理的浙江"企业码"实践

"企业码"是浙江继"健康码"之后的又一重要治理创新，是企业获取服务的绿色通道、产业合作的协同平台、数据驱动的应用系统。其特征是以二维码为标识，以企业基础数据仓和涉企数据供应链为数据基础，以省企业综合平台为应用支撑，以企业数据授权使用为突破口，以便捷、高效、开放、安全为原则，围绕政策宣达、公共服务、产业链合作和政银企联动等环节，通过多系统工作协同和数据资源集成利用，实现企业服务的"最多跑一次"。浙江省企业码功能及入口界面如图10-3所示。

图10-3 浙江省企业码功能及入口界面

1. 企业码是企业信息集成和合作交流的重要载体

企业码综合集成有关涉企部门大数据,形成企业多维画像和信息库,以公共基础信息和企业可授权使用信息相结合的方式,对外快速呈现企业情况,有助于"三服务"联络员、有关部门和机构快速了解企业,方便企业之间的相互识别和交流。

2. 企业码是密切部门协同合作的重要平台

各部门根据工作需要,在企业码上布局业务应用场景,通过涉企数据协同和系统联通,进一步畅通部门之间的业务协同和工作合作,实现互促发展,更好服务企业。

3. 企业码是线上线下联动、多部门工作协同的"三服务"新载体

企业码在线上集成多元化服务功能和服务产品,在线下依托省"三服务"工作机制和省信访局"12345"工作体系,通过线上线下相结合,贯通多部门横向协同和省市县纵向联动,破除服务事项的数据壁垒,形成"三服务"新载体。

4. 企业码是省企业服务综合平台的迭代升级

在省企业服务综合平台现有服务功能和服务模式的基础上,融合人工智能、移动互联网、数据中台和业务中台等能力,企业码让企业简便操作系统、快捷进入通道、高效获取服务,进一步畅通政府和企业、企业和机构、企业和企业之间的多向联系。

5. 企业码是打破信息孤岛、实现信息共享的集成体现

企业码开发和链接多应用场景,建立数据接口、流程接口和功能接口,通过企业授权使用机制,建立不同系统间的数据联系,并通过扫码实现线下场景的数据连接,形成以企业码为重要节点的数据汇集共享。

6. 企业码是企业获取服务的重要通道入口

企业码在省企业服务综合平台、浙里办、钉钉、浙政钉、支付宝等多端口设置进入通道,方便企业便捷进入政府和社会服务网络,便利地获取各类服务和政策信息,解决企业困难诉求。

7. 企业码是阿里中台和客户端框架下的综合应用

企业码以省企业服务综合平台为支撑,以钉钉为载体,在钉钉和浙里办实现服务推广、服务受理,在浙政钉实现审批、办理、推送等后台管理。依托阿里巴巴赋码平台,增强系统稳定性和信息安全性。